翻译过程显微

校译者的思维与心理活动

王世钰 / 著

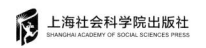

上海社会科学院出版社

前　言

译文悄静，而译者的思维和心理活动却从未如此。

译者或许是风轻云淡地坐在电脑前翻译，但更可能是在反复确认自己暂时没有紧急任务、不无忐忑地将手机静音之后，假装平心静气地坐下来翻译。除了偶尔的发呆，思维和心理活动几乎一刻不停：对原文的反复琢磨、对自己译文的不断否定、翻译进度拖沓带来的心急火燎、眼酸脑涨带来的神衰意倦……都是译者头脑和内心的风卷云涌。

翻译活动中，享受成功愉悦的时间总是短暂的，传说中的兴会神到、灵感忽现大都如铁树开花，难得一次。译者大部分时间都在屡战屡败、屡败屡战。钱锺书曾提及王阳明谓弟子"致知之旨"如"搔痒"："杭城元宵，市有灯谜，曰：'左边左边，右边右边；上些上些，下些下些；不是不是，正是正是；重些重些，轻些轻些！'"[①]搔痒必须直接搔着痒处，方能解痒，王阳明以此作为"致知之旨"的隐喻。[②]而翻译的过程也如此，一段话、一个句子、一个单词如何翻译，译者也是上下求索，左右采获。有时候，看似不起眼、极易处理的源语词句译成目标语，或过轻，或过重，或意蕴不足，或力度过猛，译者左右上下挠抓，就是难以获得直戳痒处的酣畅感，大部分时间都在犹豫、否决、琢磨。那恰到好处的搔痒、如箭中红心般痛快淋漓的感受对译者而言实属奢侈。译者在翻译过程中自我否定的频率之高，世间大概很难有其他活动可与之比肩。深呼吸，或许是译者在翻译活动中所需要的——用以抚平无数次自我否定依然无法满意的挫败感，然后硬着头皮进行下一轮自我否定，自我激励。

而译文在出版后，还要面对读者的检验，被读者挑出不尽如人意之处实在是很容易的事。通常情况下，译者兢兢业业，对文本中的每句话、每个词都力图有足够的时间和精力分配，但相较于整个文本而言，只能给予

[①][②]　钱锺书.管锥编[M].北京：中华书局，1986：968.此"搔痒"隐语原文出自耿定向《耿天台先生全书》卷八《杂俎》。

若干分之一的注意力。在翻译过程中,面对摩肩接踵的术语、密匝匝的段落,译者又需要反复拿捏、润色,这样的单调活动,极易使人感到疲倦,并且译文永远无法抵达完美,永远不会有全无瑕疵、无须再次修订的情况。而与此相比,读者却可以用百分之百的注意力、相对充沛的精力聚焦其中的任何一个词句,给出更为精妙的译文,并以此作为代表性案例评点译者。

译文都是译者经历了一系列思维和心理活动后产生的。不起眼的一个词语或许是译者惊觉自己出错后的及时补救,不足道的一句话或许是译者反复雕琢后精疲力竭的妥协。译者自身的语言功力固然影响着译文的质量,但译者的心理也决定译文的选择、风格的走向,比如译者与作者共情的意愿、译者对读者的在意程度等,都可能决定译文的选择。正因为此,译者翻译活动的过程、译者的思考过程和心理活动才值得了解。埃德温·根茨勒也主张探索能够"接受翻译中所有不精确和不适切的研究方法",①并援引麦克法伦的观点,指出这个方法"关注翻译现实中的种种实践而非不切实际的理想或虚幻的真理","在对翻译作出价值判断之前,我们必须对其性质有更多的了解。翻译即其所为(Translation is as translation does),根据这一观点,最具前景的研究方法就是分析翻译程序"。②这里所说的"翻译程序"就是指现实翻译中的所有动作,③而译者真实的思维和心理活动是对该程序的重要诠释。

译文修改者或校译者(如果与译者并非一人)思维和心理活动的复杂程度可能比译者更甚,虽然其翻译的责任和任务没有原译者重,但在修改中要考虑的译本外的因素比原译者要多。译者在翻译时,主要处理源语文本和目标文本之间的关系,但是校译者在考虑源语文本和目标文本之间关系的同时,还要考虑原译者生产的目标文本和校译者所修改的文字的关系,需要把握作者的思想,亦需揣度原译者的想法,同时也要平衡好自己修改的力度。而将校译者的思维轨迹和译校的主要过程记录下来,是对校译者思维空间与时间的显微,即如将物体置于显微镜下,显微其局部特征,或类似用升格摄影法看其慢动作,把瞬间的思考延缓、定格,呈现在读者眼前。显微镜下的物体样貌和非显微视角下的物体样貌通常截然

---

①③ 埃德温·根茨勒.当代翻译理论(第二版修订本)[M].傅敬民,译.上海:上海外语教育出版社,2022:122.

② 麦克法伦,转引自埃德温·根茨勒.当代翻译理论(第二版修订本)[M].傅敬民,译.上海:上海外语教育出版社,2022:122.

不同。慢动作视角下的局部对象未必如事物的整体那么全面,甚至有时还不那么美观,但这些如实的视角和历程塑造了译文最后的样貌。

基于此,笔者有幸受《当代翻译理论》和《翻译模因论》汉译者之托,修改这两部学术著作的汉译文本,并记录下笔者校译、修改时真实的思维轨迹和心理过程。笔者接手这一任务时也曾犹豫不决,顾虑重重:作为才疏识浅的后来者,修改资深的德高望重的译者的译文是否合适?但原译者谦光自抑,坚持让笔者根据自己的感觉修改。笔者将修改的思维和心理过程记录下来并出版,固然可为译界增加一点关于翻译过程的真实记录,但毕竟涉及原译需修改之处,会显得自己狂妄自大,这样做是否更不合适?因此笔者在校译中记录下自己的思维过程与修改轨迹后,起初并未打算出版,准备仅供自己教学与研究参考。但原译者恢廓大度,襟怀洒落,多次鼓励笔者将修改记录出版,坚持认为这是有意义的尝试。于是笔者不揣浅陋,将翻译中如实记录的这一过程整理、付梓,为译者思维和心理的研究增加一点微不足道的材料,同时也如实展示那个才短思涩、没有功力手到擒来的自己,那个需要反复琢磨、勤也难补拙的自己。

管见所及,敬请读者赐教。

王世钰

2023 年 7 月 3 日

目 录

前 言 … 1

第一章　译文生产过程的本质：期望逼近极限的运动 … 1
　　第一节　译文修改中的取值过程 … 5
　　第二节　译文选择时的主动放弃 … 122
　　第三节　译文提交后的被动接受 … 135

第二章　译者施加的精神影响：向前驱译文靠拢的趋势 … 157
　　第一节　文稿译者的精神影响 … 158
　　第二节　前辈译者的精神影响 … 194

第三章　译论作用的客观限度：译论与翻译实践的罅隙 … 199
　　第一节　对忠实原则的虔诚 … 201
　　第二节　忠实过度的问题 … 273

第四章　校译中遇到的其他问题举隅 … 278
　　第一节　理解不透彻之阙 … 278
　　第二节　援引不精确之疏 … 281
　　第三节　沟通不到位之失 … 284

后 记 … 286

第一章　译文生产过程的本质：
期望逼近极限的运动

假设存在完美的译文，翻译就是努力向完美译文运动的过程。假如完美的译文指的是令译者和读者都满意、无须再次修订、完全准确、与原文完全贴合的译文，则此种译文永不可得。所有当下的译文，即使读者和译者认为臻于至善，实际也并不完美，可以进一步完善。小至词语的翻译，大至整部译文，它们永远可以修订，永远无法抵达完美。"尽管翻译不断被修订，但始终存在漏洞。'一次翻译……永远无法终结，始终能被完善，无论每一次完善多么微小。'"[①]这一永远无法到达的问题是翻译问题，也是哲学问题，但可以通过数学中的"极限"（Limit）概念来明晰阐释。"极限"指某函数中的一个变量，此变量在变大（或者变小）的永远变化的过程中，不断逼近函数值 A 而永远不能到达 A（"永远不能够等于 A，但是取等于 A"）。[②]如果将完美译文标记为 A，译者的初稿标记为 A_1，译者的第一次修改稿为 A_2，第二次修改稿是 A_3，译者的定稿是 A_4……将每一次生成的译文，根据其与完美译文距离按由远及近的顺序排列为 A_1，A_2，A_3，A_4，……，A_n……译文被斟酌修改的次数越多，取正整数的 n 越大，则总体而言，A_n 距离完美译文越近的可能性越大。或者至少可以说，译文的修改者认为，截止到某一个时间点的最新译文版本，相较于此前的译文版本，离完美译文更近，也即相较于 A_{n-1}，A_{n-2}……的译文版本而言，A_n 距离完美译文越近的可能性越大。当然，在向完美译文行进的过程中，也会有曲折反复，依照某种翻译标准，假如译文被修改了很多次，某一次后改的译文甚至可能不如先前某一次修改的译文。但总体趋势、总体愿景是译文在不断修改的过程中向理论上的完美状态行进。理论上，n 可以无限增大，使得

[①] 安德鲁·切斯特曼.翻译模因论——翻译理论中的观点传播[M].傅敬民，译.上海：上海外语教育出版社，2020：256.

[②] Stewart, James. *Calculus: Early Transcendentals* [M]. Boston: Thomson Brooks, 2020：88，110.

A_n 和完美译文的间距为 0,即抵达完美的终点,但事实上,译者不可能无休无止地斟酌译文,且无论译者花费多少心血,译文始终可被修改,因而 n 无法取得无穷大,完美译文亦无法获得。A_n 永远不能等于 A,但是取等于 A。

译文向完美的极限值逼近的过程,是许许多多的值的集合。译者经过千思百虑定稿的文本,甚至读者最终阅读到的译文和此前的修改稿一样,只是翻译向极限运动过程中的一个取值。许多值未必会被记录,但存在于译者的思维活动中,存在于译者琢磨切磋的过程中。最终被记录下来的,只是其中的一个值。但是因为完美的极限无法获得,无法通过译者的才资和勤勉获得,而译文又必须在截稿期限内确定、付梓,因此译者只能取一个相对平衡的值,亦即在平衡了自己的精力与时间、源语的功能、目标语的读者接受等诸多因素之后,确定译文文本,而这样的文本必也是付梓前和完美译文距离最短或者向完美译文运动得最卖力的译文文本。安德鲁·切斯特曼指出,"译文提交并出版的那一刻,代表了不可逾越的界限,标志着外界不可能再对译文施加影响。如果这一刻正好标志着译者不再能发现需要纠正的错误,不再需要进行修改译文,那是最佳状态。此后,尝试性理论就完全交由公众的检视来进行了。但问题是,这一阶段从理论上讲永远不可能存在着终点,其他人很可能还会发现或者提议需要修正的错误,甚至译者本人也会在一段时间之后继续发现需要修正的错误。"[①]因此也有学者直言,认为翻译是"遗憾的艺术",指出"文学翻译很难做到尽善尽美,永远有改进和提高的余地。也许再好的译本也只能起到承上启下的作用,总有一天会被更好的译本所代替"。[②]但不完美的译文却不仅限于文学翻译,而是一切译本尽皆如此。

当然,这种现象可以用波普尔的哲学理论来解释,波普尔认为人们永远处在不断认识真理的过程中,但无法完全认识、占用真理,真理是相对的、暂时的,"我们是真理的探索者,但不是真理的占有者"。[③]波普尔提出的图式"$P_1 \rightarrow TT \rightarrow EF_1 \rightarrow P_2$",[④]这在切斯特曼的著作中也被重点提及,也即认为真理只能通过不断发现与消除错误的方式来接近,"知识的发展或

---

① 安德鲁·切斯特曼.翻译模因论——翻译理论中的观点传播[M].傅敬民,译.上海:上海外语教育出版社,2020:160—161.
② 艾珉.前言[Z].包法利夫人.福楼拜.李健吾,译.北京:人民文学出版社,2003:13.
③ 卡尔·波普尔.客观的知识:一个进化论的研究[M].舒炜光,等译.杭州:中国美术学院出版社,2003:48.
④ 同上书:147.

学习过程不是重复或累积的过程,而是消除错误的过程,是达尔文式的选择而不是拉马克式的指示"。①翻译的过程与此相似,需要不断消除错误以接近完美译文,但区别在于,译文并非总有对错之分,译者和校译者面对的问题往往是译文贴切与否,如何修改能够得到更好的结果等。但修改的结果如波普尔所言,永远无法占有绝对完美的译文,只能在不断改进中与之接近。

而从语言角度来看,这实际上是"言不尽意"的表现,也即言无法完全精切地表达意。当然,言可以做到相对清楚地表达意,否则交流就无法产生,如塞尔所言,"我们的语言中的语词,如兔子、树之类的语词,一般都具有可被理解的清楚意义。由于它们具有这些意义,我们才能够使用它们来指称和谈论实在世界中的真实对象"。②但是言、象、意的关系从《周易·系辞上》"书不尽言,言不尽意"即开始被阐发;《庄子·天道》则称"世之所贵道者,书也。书不过语,语有贵也。语之所贵者,意也,意有所随。意之所随者,不可以言传也,而世因贵言传书";刘勰也指出,要阐释圣人之道,言不能尽意,"神道难摹,精言不能追其极"。③此外,对于需要穷幽极微的意旨,言也不能尽意,"至于思表纤旨,文外曲致,言所不追,笔固知止",而不同职业的专家能手也难以凭借语言道出其职业的诀窍,"伊挚不能言鼎,轮扁不能语斤"。④当然,这种"言不尽意"所诠释的是关于语言本身的客观事实,但也存在这样的现象:主观上作者不能或不愿让言尽意。比如格莱斯顿对《伊利亚特》和《奥德赛》的研究说明荷马在描述色彩时就不准确,⑤这可能是荷马有意制造朦胧的文学效果,或者未能做到表达精确。比如多伊彻提到荷马描写大海颜色的词语,原文 oinops(οἶνοψ)指"看起来像葡萄酒"的意思,翻译时被修正为"暗如葡萄酒"。但有学者认为,大海的颜色和葡萄酒联系起来比较牵强,比较常见的解释就是指"黎明和日落时翻腾的海就会呈现这种色彩"。⑥可以上观点毕竟证据不足,于是就产生了多种猜想。有学者提出,大海可能因为某种海底植物的生长被映射出此类颜色,甚至还有学者为此琢磨如何使得葡萄酒的颜色能

---

① 安德鲁·切斯特曼.翻译模因论——翻译理论中的观点传播[M].傅敬民,译.上海:上海外语教育出版社,2020:147.
② 约翰·塞尔.心灵、语言和社会:实在世界中的哲学[M].上海:上海译文出版社,2006:10.
③ 刘勰.文心雕龙[M].王志彬,译注.北京:中华书局,2012:419.
④ 同上书:325.
⑤⑥ 盖伊·多伊彻.话镜[M].王童鹤,杨捷,译.北京:清华大学出版社,2014:39.

够呈现出海的蓝色,提出某些种类的葡萄酒"能反射出蓝色和紫色,家酿葡萄酒酿出的醋中尤其明显"。①之所以带来这些不确定的猜测,甚至较为牵强的联想,皆因荷马本身给出的语意不明,使得学者这类专业的读者都只能百思不得其解、连猜带蒙。再如《尤利西斯》的译者提到作品第四章末,布卢姆听到报时钟声是连续的"heigho",这个象声词也使得乔伊斯的研究者犹疑不定、理解模糊且彼此不同。②可见无论作者是不能还是不愿给出明朗的语意,结果都是言不尽意,至少在某些情境中无法做到言尽意。

因为言不尽意,本来未必能精确表达作者原意的文字在被译成另一种语言时,则言不尽意的可能性和程度更增一层。不同的语言对同一客观对象的描述本身难以同心叠合,③且一种语言表达自身已难尽意,表达他者若要尽意则更为不易,"意,神秘不可道,自己之言尚不能尽自己之意,他人之言,更无法尽自己之意"。④从一种语言翻译到另一种语言,朝向完美译文的运动中,译文只能取其间的一个值。在某一个时间段中,对译者而言,这个值可能是最接近完美译文的值,当然,随着时间推移和思考的深入,还可能出现更接近完美译文、更贴切的值。《尤利西斯》的译者提到在译原文"Dooooooooooog"这表示拖长的呼声时,译者用汉语中的"猪"来翻译,但是对原文中的十一个"o"不知如何处理,打算重复"猪"字,在有限的条件下认为也做到了"尽可能",翻译成"猪猪猪猪猪猪猪猪猪猪猪天",其后有建议者提出,可以用中文的韵母来解决,译者受到启发,于是将其改成"猪乎乎乎乎乎乎乎乎乎乎天"。如译者所言,这就更加"尽可能"地接近圆满的译文。⑤改文让人总体感觉比前译更贴合原文的意蕴,但也只是在向完美译文运动过程中的一次取值,即便译文在很长一段时间内不会被修改或被认为没有必要修改,客观上也仍然与原文存在距离,与无须作任何修改的译文存在距离,并且这一距离永远无法被克服。就某特定时期而言,此译文是在综合考虑了译者的时间和精力成本等因素之后平衡的产物。但译文永远可以或必须修改,这是因为在语言

---

① 盖伊·多伊彻.话镜[M].王童鹤,杨捷,译.北京:清华大学出版社,2014:39.
② 金隄.译后记[Z].詹姆斯·乔伊斯,尤利西斯.金隄,译.北京:人民文学出版社,1994:907.
③ Schopenhauer, Arthur. On Language and Words[A]. 1851. In Douglas Robinson. *Western Translation Theory*:*From Herodotus to Nietzsche*. London and New York:Routledge, 2014:247.
④ 贺麟.论翻译[A].翻译论集.罗新璋,陈应年,编.北京:商务印书馆,2009:517.
⑤ 金隄."小花"如何?——再版前言[Z].詹姆斯·乔伊斯,尤利西斯.金隄,译.北京:人民文学出版社,1994:5.

急速更新迭代的当代语境中，对作为语言较小单位的语词的翻译也需要及时更新，而译者常常"因为时间太短而无法为非常具体的术语找到适合、对应的语言"。①

对校译者而言亦如是。经过修改的译文同样也只是在向完美译文运动中的一个取值，也是反复琢磨的结果。其中，小到不起眼的一个词语，大至一个段落，校译者也都会反反复复地纠结、思考，当这一过程被置于显微的、慢动作的视角下，甚至显得可笑而迂腐。但在本书所提及的例文中，这些被显微的细节、被放慢的动作构成了只具有普通心智的笔者作为修改者校译和修改的真实过程。反复的思考与修改虽然永远无法使译文抵达完美，有时甚至与理想的完美状态还存在较远的距离，但却是校译者在当下平衡各方面因素后给出的结果。因此，笔者在修改以下译文时，虽然尽可能认真校译了每一句话，有时对最后的修改结果实际上并不满意，但综合考虑多方因素后，也只得一仍其旧。如同《写我人生诗》的译者所言，"我怀着诚挚与敬意，尽我所能地认真翻译了书中的每一句话，每一首诗。我对自己的工作并不完全满意，却不得不承认这也许就是我现阶段能做到的全部"。②

第一节　译文修改中的取值过程

以下对译文修改的不到之处，虽然可以用时间有限、精力有限等理由来解释，但笔者也自知，即便在理想状态下，翻译、修改时享有无限多的时间，译文的不完美也永远存在。

原译：……但翻译确实存在于每一门语言与其他（现在或过去的）表意系统的相互联系之中。③

---

① Orengo, Alberto. Localising News: Translation and the "Global-national" Dichotomy [J]. *Language and Intercultural Communication*, 2005(02):168-187.

② 塞琪·科恩.写我人生诗[M].刘聪,译.北京:中国人民大学出版社,2014:5.

③ 此处"原译"指译者的译文，是译者交给笔者时译文的样貌，读者切勿将其作为译者的终稿进行指摘。此处"原译"排序在前，"原文"（原作者的英文原文）在后，这是因为笔者在修改时，首先接触、阅读的通常是原译，然后才去定位、查看原文，接着思考，给出改文；对于少部分一看较棘手的文字，笔者接触到原译后，尽量不让原译在头脑中留下过多痕迹，先根据原文翻译，然后将自己的译文与原译比较，再作优化，但毕竟亦需根据原译定位原文位置，都要先接触原译。因而此处也按笔者的认知顺序来排版原译和原文。

原文:… yet translation inheres in every language by its relationships to other signifying systems both past and present. (Chapter 1, *CTT*)①②

思维过程与修改轨迹③:

……但无论过去还是现在,翻译都天然存在于每门语言与其他符号

---

① 原文后圆括号中的此类内容表示该段英文原文在原著中的具体章节,如"(Chapter 1, *CTT*)"指该段英文出自 *CTT* 一书原文中的第一章。原译的章节出处与原文一致,故不再重复标注。

CTT—Gentzler, Edwin. *Contemporary Translation Theories* (Revised Second Edition) [M]. Clevedon: Multilingual Matters, 2001.

MT—Chesterman, Andrew. *Memes of Translation : The Spread of Ideas in Translation Theory* (Revised Edition) [M]. Amsterdam/Philadelphia: John Benjamins Publishing Company, 2016.

若原著中的英文原文在句末有文内注,本书中为避免视线干扰,隐去此文内注,如下例:

We will never have, and in fact have never had, to do with some "transport" of pure signifieds from one language to another, or within one and the same language, that the signifying instrument would leave virgin and untouched. (Derrida, 1981:20) (Chapter 6, *CTT*)

此段英文句末有文内注,本书中则去掉原文句末的文内注"(Derrida, 1981:20)",直接写成如下形式:

We will never have, and in fact have never had, to do with some "transport" of pure signifieds from one language to another, or within one and the same language, that the signifying instrument would leave virgin and untouched. (Chapter 6, *CTT*)

② 译者交给笔者的译稿中,关于 *CTT* 译文中第一章"导论"开始之前的译文内容(即"丛书主编序""第一版序""修订版序"),笔者未曾修改;*CTT* 和 *MT* 中除此之外的内容,笔者都作了校对或修改。对 *MT* 译文的修改从 2020 年 2 月 16 日开始,至 2020 年 4 月 17 日结束;对 *CTT* 的修改从 2020 年 8 月 2 日开始,至 2020 年 11 月 29 日结束。实际的校译时间应更短,因笔者在校译的同时还忙于记录下思考与修改的过程,记录时间有时甚至超过了校译时间。

③ 本书中的"思维过程与修改轨迹"是笔者修改译者文稿时的思维过程与修改轨迹,但并未包含笔者修改过程中所有的心理和思维活动,而是笔者觉得有必要记录下来并且在翻译中得以记录下来的步骤,因为翻译中的每一个思维和心理活动的瞬间、所有意识流不可能逐一被记录。此记录按照时间顺序排列,一般最后一步为笔者修改的终稿。修改的终稿未必被原译者采纳,欲知本书中修改的终稿是否被原译者采纳,可以查看上海外语教育出版社 2022 年出版的《当代翻译理论》(第二版修订本)(下称《当》)和上海外语教育出版社 2020 年出版的《翻译模因论》(下称《翻》)的相应内容。对《当》的思维过程和修改轨迹记录比《翻》要稍微详细一些。

在对《翻》和《当》的原译修改时,笔者有时会参照谷歌翻译结果(https://translate.google.com/)和有道翻译结果(https://fanyi.youdao.com/index.html#/),尤其是当源语文本中出现长句时,笔者通常都会先行参照机器译文。笔者从修改《当》第五章译文起,至第六章、第七章,开始在修改译文前参照 DeepL 译文,具体参照步骤如下:通常笔者先将每章所有原文经由 DeepL 译出(https://www.deepl.com/translator),修改译文时常快速浏览以作校对之用;有时针对某个句子会仔细参详(本书中凡有明确记录的,皆为仔细参详的译文)。DeepL 翻译的具体时间如下:第五章译文于 2020 年 10 月 30 日 9:17 由 DeepL 译出;第六章译文在 2020 年 11 月 14 日 11:05 由 DeepL 译出;第七章译文于 11 月 22 日 14:02 由 DeepL 译出。此三章中参看谷歌翻译(https://translate.google.com/)的时间亦与查看 DeepL 的时间相似,前后时间差不超过 5 分钟。文中凡参看 DeepL 翻译结果处,除有其他特殊查看时间的会具体再作标注,余者不再逐一标注。

系统的关系之中。改完后发现"天然存在于"的表达受到英文句法影响，需再作修改。①

……<u>无论今昔</u>，翻译都<u>根植于</u>每门语言与其他符号系统的关系之中。
……<u>古往今来</u>，翻译都根植于每门语言与其他<u>表意</u>系统的关系之中。

原译：先后任爱荷华及普林斯顿翻译培训班主任的埃德蒙·基利（Edmund Keeley）在其论文《翻译的身份》（*The State of Translation*）中写道："1963年还没有专门的持续开设的翻译论坛；没有翻译中心，没有文学翻译者协会，也没有致力于翻译、译者以及相关问题的出版物。"

原文："In 1963 there was no established and continuing public forum for the purpose; no translation centres, no associations of literary translators as far as I know, no publications devoted primarily to translations, translators, and their continuing problems."（Chapter 2，*CTT*）

思维过程与修改轨迹：

先后任爱荷华及普林斯顿翻译培训班主任的埃德蒙·基利（Edmund Keeley）在其论文《翻译的身份》（*The State of Translation*）中写道："<u>据我所知</u>，1963年还没有专门的持续开设的翻译论坛；没有翻译中心，没有文学翻译者协会，<u>也没有专门讨论</u>翻译、译者以及<u>接踵而至的</u>问题的出版物。""先后任爱荷华及普林斯顿翻译培训班主任的埃德蒙·基利（Edmund Keeley）"如果改成"埃德蒙·基利（Edmund Keeley），先后任爱荷华及普林斯顿翻译研讨班主任"是否对读者更友好些？斟酌片刻后放弃修改。"As far as I know"原译没有译出，要不要译出？仔细品味后，觉得不妨译出。"Continuing problems"要不要翻成"纷至沓来的问题"？"源源不断的问题"？"接踵而至的问题"？"接踵而至"似乎好一些。但把"接踵而至"放进句子里一读，似乎不顺。改成"后续问题"似乎好一点。

先后任爱荷华及普林斯顿翻译培训班主任的埃德蒙·基利（Edmund Keeley）在其论文《翻译的身份》（*The State of Translation*）中写

---

① "思维过程与修改轨迹"中，宋体为译文，第一句中的下划线表示在原译基础上的主要修改，其后每句中的下划线都表示在此前一次修改的基础上进行的进一步主要修改。译文中或有错误，但为真实体现校、译过程原貌，未做修正。
楷体字记录为笔者修改译文时真实的心理活动或对此类心理活动的简单解释、描述，有时也附有笔者在校译完成后或译著出版后回看校译文字的思考与感受。加下划线的是重点考虑过的翻译思路。部分原文有斜体，表强调，翻译中有些<u>已用文字表达</u>，就不再一一用斜体标出。

道:"据我所知,1963年还没有专门的持续开设的翻译论坛:没有翻译中心,没有文学翻译者协会,也没有专门讨论翻译、译者以及后续问题的出版物。"

原译:虽然学术界对翻译并不重视,但翻译而来的文学作品在公开市场上的销售却达到了前所未有的高度。泰德·休斯或许是这个时期对文学翻译的政治紧迫性和大众追捧性表述最为直接的人:现代诗歌译本销量的激增是史无前例的,虽然这股热潮只代表了刺激当下的诸多极端能量潮的一部分,但它却受到了所有这些能量的滋养——佛教、嬉皮意识形态的大众疯狂、年青人的反叛、披头士时代的流行音乐……这个历史时刻也许可以被视为……一种由内向外的展开、一个西方工业社会现实观的世纪性改变。

原文:Perhaps no one articulated the political urgency and popular attraction of literary translations during this period better than Ted Hughes: That boom in the popular sales of translated modern poetry was without precedent. Though it reflected only one aspect of the wave of mingled energies that galvanized those years with such extremes, it was fed by almost all of them—Buddhism, the mass craze of Hippie ideology, the revolt of the young, the Pop music of the Beatles and their generation ... That historical moment might well be seen as ... an unfolding from inwards, a millennial change in the Industrial West's view of reality. (Chapter 2, *CTT*)

思维过程与修改轨迹:

虽然学术界对翻译并不重视,但翻译而来的文学作品在公开市场上的销售<u>空前高涨</u>。<u>这个时期,对于文学翻译的政治紧迫性和大众吸引力,表述最精当的也许非泰德·休斯莫属</u>:现代诗歌译本销量的激增是史无前例的,<u>这股热潮,只是杂乱纷呈的思潮之冰山一角;这些思潮,席卷那些年,内容甚或截然相反,几乎尽皆滋养了这股热潮</u>……对改文不满意,暂停校译下文,返回再改。

虽然学术界对翻译并不重视,但翻译而来的文学作品在公开市场上的销售空前高涨。这个时期,对于文学翻译的政治紧迫性和大众吸引力,表述最<u>到位</u>的也许非泰德·休斯莫属:现代诗歌译本销量的激增,<u>史无前例</u>;这股热潮,只是杂乱纷呈的思潮之冰山一角;这些思潮,席卷那些年,内容甚或截然相反，几乎尽皆滋养了这股热潮——佛教、嬉皮意识形态的狂热、<u>年轻</u>人的反抗、披头士流行音乐以及他们那<u>一代……可以说,这一历时性时刻由内而外、渐次明朗,是工业化的西方现实观的千年巨变</u>。发现"思潮"和"热潮"易混,试图修改。

虽然学术界对翻译并不重视,但翻译而来的文学作品在公开市场上的销售空前高涨。这个时期,对于文学翻译的政治紧迫性和大众吸引力,表述最到位的也许非泰德·休斯莫属:现代诗歌译本销量的激增,史无前例;<u>而这一现象只是杂乱纷呈的思潮之冰山一角;而那些思潮</u>,席卷那些年,内容甚或截然相反,<u>诗歌译本热的现象却受其滋养而催生</u>……回读,再改。

虽然学术界对翻译并不重视,但翻译而来的文学作品在公开市场上的销售空前高涨。这个时期,对于文学翻译的政治紧迫性和大众吸引力,表述最到位的也许非泰德·休斯莫属:现代诗歌译本销量的激增,史无前例,而这一现象只是杂乱纷呈的思潮之冰山一角;<u>那些思潮——佛教、嬉皮意识形态的狂热、年轻人的反抗、披头士流行音乐以及他们那一代——席卷那些年,内容甚或截然相反,几乎尽皆滋养、催生了诗歌译本热的现象</u>……可以说,这一历史性时刻由内而外、渐次明朗,是工业化的西方现实观的千年巨变。改来改去,先把"这一"改成"这样的",然后改成"<u>这</u>",最后还是用"<u>这一</u>"二字。接下来又将此句中的"<u>译本热</u>"改成"<u>译诗热</u>",把"<u>席卷那些年</u>"先后改成"<u>风起云涌那些年</u>""<u>彼时风起云涌</u>"。

虽然学术界对翻译并不重视,但翻译而来的文学作品在公开市场上的销售空前高涨。这个时期,对于文学翻译的政治紧迫性和大众吸引力,表述最到位的也许非泰德·休斯莫属:现代诗歌译本销量的激增,史无前例,而这一现象只是杂乱纷呈的思潮之冰山一角;那些思潮——佛教、嬉皮意识形态的狂热、年轻人的反抗、披头士流行音乐以及他们那一代——<u>那些年风起云涌</u>,内容甚或截然相反,几乎尽皆滋养、催生了<u>译诗热</u>的现象……可以说,这一历史性时刻由内而外、渐次明朗,是工业化的西方现实观的千年巨变。书稿提交后,发现"现代诗歌译本销量的激增,史无前例"中的"的"应去掉;此外,对休斯的引文如按此处改文排版,本应加上双引号。

原译:随着这个世界像个年迈的橙子那样收缩,各种文化中的人们彼此都更加靠近……

原文:As this world shrinks together like an aging orange and all peoples in all cultures move closer together ... (Chapter 2, *CTT*)

思维过程与修改轨迹：

随着这个世界<u>如老橙皱缩</u>……对改文不满意,暂停修改下文,返回再改。"年迈的橙子"原文是"an aging orange"。译者翻译到这里是疲劳了,还是故意使用"年迈的"拟人修辞? 笔者决定把"年迈的"换种说法,换成什么呢?"变老的"?"逐渐老化的"?"成熟的"? 太别扭了,怎么说都拗口。于是尝试换用简洁表达。

<u>世界如老橙皱缩,各文化中之民族皆渐次近聚</u>……"Peoples"在原文中的意思似乎是指"民族",不是"人们"。前半句翻译成"老橙皱缩"这种简洁的风格,后半句最好文风一致,因此改成"各文化中之民族皆渐次近聚"。

世界如老橙皱缩,各文化中之民族<u>都逐渐</u>近聚……"皆渐次近聚"好像过于古雅,需要再改得平实些,但改文仍有些文言化,并不满意。

原译：……两个人可以从性情气质到在各种感觉刺激下产生的语言行为都一模一样,但是,这种具有相同诱因以及相同发音的话语所要表达的意思或观点可能相差甚远。

原文：... two men could be just alike in all their dispositions to verbal behavior under all possible sensory stimulations, and yet the meanings or ideas expressed in their identically triggered and identically sounded utterances could diverge radically. (Chapter 2, *CTT*)

思维过程与修改轨迹：

……<u>在各种可能的感觉刺激下,两个人产生的语言行为倾向也许相似</u>,但是,<u>这种诱因相同、听上去一样的话语所要表达的意思或观点可能迥然不同</u>。①

原译：比如,在"展示"部分,他认为"充分展示的东西从这一战略词汇的诸多含义上来说可能是结构清晰、详细明确的。但其同样也很有可能是界定不明、模糊不清。"相反的情况也可能存在："另一方面,许多手法——从快讯记者和时事评论员的新闻摘要到他们的常规报道——都简

---

① 但凡书中"思维过程与修改轨迹"中只出现一句的,多因笔者未能及时记录思维过程,只留下了最终校改痕迹。

化了所呈现事物的实际情况。"

原文：For example, under "realizing" he allowed "what is highly realized may be distinct, explicitly structured, detailed, definite in most of the senses of this strategic word. But it may equally well be very indefinite." In addition, the converse may be true: "On the other hand, many devices—from headlines to the routines of the dispatch editor and commentator—reduce the reality of what is presented."(Chapter 2, *CTT*)

思维过程与修改轨迹：

比如，在"具体表现"部分，他认为"就策略词汇的诸多含义而言，其**充分展示**的东西可能清楚**明显**、结构**明晰**、具体详细、确凿无疑，但其同样也很有可能是界定不明、模糊不清的。"反之亦然："另一方面，许多手法——从快讯记者和时事评论员的新闻摘要到他们的常规报道——都简化了所呈现事物的实际情况。"修改后发现"明显""明晰"有重字，四字结构的词语也太多了一些，准备再改。

比如，在"具体表现"部分，他认为"<u>就该</u>策略词汇的诸多含义而言，其充分展示的东西可能清楚明显、<u>结构了然</u>、详细确凿，但其同样也很有可能是界定不明、模糊不清的。"反之亦然："另一方面，许多手法——从快讯记者和时事评论员的新闻摘要到他们的常规报道——都简化了所呈现事物的实际情况。"

比如，在"具体表现"部分，他认为"就该策略词汇的诸多含义而言，其充分展示的东西可能清楚明显、结构了然、详细确凿，但其同样也很有可能是界定不明、模糊不清的。"<u>反之亦可</u>："另一方面，许多手法——从快讯记者和时事评论员的新闻摘要到他们的常规报道——都简化了所呈现事物的实际情况。"

比如，在"具体表现"部分，他认为"就该策略词汇的诸多含义而言，其充分<u>表现</u>的东西可能清楚明显、<u>结构了然</u>、<u>内容详细</u>、<u>言之凿凿</u>，但其同样也很有可能是界定不明、模糊不清的。"反之亦可："另一方面，许多手法——从快讯记者和时事评论员的新闻摘要到他们的常规报道——都简化了所呈现事物的实际情况。"

原译：标题中的奥西里斯（Osiris）在分散的肢体重新聚集在一起之后，不仅成了地狱判官，还成了生命复活的源头，肢体重聚的能量得到了再次彰显。

原文：Osiris, when his scattered limbs are regathered, becomes not only the God of the Dead, but also the source of renewed life, the limbs' reunited energies reasserting themselves. (Chapter 2, *CTT*)

思维过程与修改轨迹：

标题中的奥西里斯（Osiris）在分散的<u>四肢重新聚集在一起之后，不仅成为了冥神</u>，还成了生命复活的源头，肢体重聚的能量<u>使自己恢复了活力</u>。究竟用"四肢"还是"肢体"，反复犹豫，最终还是将"肢体"改成"四肢"。

标题中的奥西里斯（Osiris）在分散的四肢重新聚集在一起之后，不仅成为了冥神，还成了生命复活的源头，<u>四肢重组，使其再次焕发活力</u>。

标题中的奥西里斯（Osiris）在分散的四肢重新聚集在一起之后，不仅成为了冥神，还成了生命复活的源头，<u>肢体重聚的能量使自己恢复了活力</u>。又改回原译。

标题中的奥西里斯（Osiris）在分散的四肢重新聚集在一起之后，不仅成为了冥神，还成了生命复活的源头，<u>四肢重聚，再焕活力</u>。再改成"四肢"。对无关紧要的译文改来改去，属于译文修改过程中的强迫症。

原译：对于庞德来说，词语可以从别的方向上而不一定要以线性的方式切割，它们可以从历史的角度向后切，可以从并置的角度向两边切，也可以向前切。

原文：Words, for Pound, can cut other directions than linear; they can cut backward, historically, and sideways, juxtapositionally, as well as forward. (Chapter 2, *CTT*)

思维过程与修改轨迹：

对于庞德来说，<u>词语的运动方向可以是非线性的，可以向后探源、向两侧发散、向前精进</u>。担心原译"向后切""向两边切""向前切"不太好理解，因此修改。

对于庞德来说，词语的运动方向可以是非线性的，可以<u>溯源向后、发散两侧、精进向前</u>。

原译：但作为创意作家和实践译者，他们的译作非常出名，影响力也很大。强调活力与能量，忽视偏好物质的美学参照，对性的坦白直率、使用多样的词汇、方言、口语和白话……

原文：But in terms of creative writers and practicing translators in the United States, their translations are well known and influential. The strategies employed-an emphasis on vitality and energy; the absence of aesthetic references in favor of material; the sexual frankness; the use of varied lexicons, dialects, colloquialisms, and vernaculars … (Chapter 2, *CTT*)

思维过程与修改轨迹：
但作为创意作家和实践译者，他们的译作非常出名，影响力也很大。强调活力与能量，<u>物质优先、美学缺席</u>，对性的坦白直率、使用多样的词汇、方言、口语和白话……

原译：翻译活动及其获得的制度性支持（虽然不多）在60—70年代是增长的，但随后就趋于平缓了。

原文：But despite the increase in translation activity and its gaining of limited institutional support in the sixties and seventies, the process of growth plateaued. (Chapter 2, *CTT*)

思维过程与修改轨迹：
<u>但是，尽管翻译活动在增加，并且在60—70年代获得了有限的机构支持，但却遇到了发展瓶颈</u>。1."制度性支持"的说法好像有些别扭？"institutional support"能不能翻译成"机构的支持"？但原译为什么处理成"制度性支持"？笔者常常在修改时需要揣摩原译者的用意，生怕改得不恰当。2."趋于平缓"改成"发展遇到了瓶颈"是否更接近原文语意？3.文稿提交后查DeepL译文，译文如下："但是，尽管翻译活动有所增加，而且在60年代和70年代获得了有限的机构支持，但增长过程却趋于平稳。"(https://www.deepl.com/translator，2023年2月3日10:23参看。)发现机器翻译将"the process of growth plateaued"处理成"但增长过程却趋于平稳"，在褒贬色彩的拿捏上出现了问题，但"有所增加"比笔者改文中的"在增加"更文从字顺。

原译：文学作品给我们提供了诸多能够"阐明"现实非理性世界的模式，对于这个世界我们的感受就是一片"混乱，充斥着交织的空间、行为和特征"。

原文：Literary works present us with models by which we can "clarify" the real, irrational world that we experience as a "confusion of intermingled space, action, and character". (Chapter 2, *CTT*)

思维过程与修改轨迹：

文学作品给我们提供了诸多能够"阐明"现实非理性世界的模式,对于这个世界,我们的感受就是一片"混乱,充斥着交织的空间、行为和特征"。对该句式不满意,准备尝试其他句式。

文学作品为我们提供了<u>一些模式,通过这些模式</u>,我们可以"阐明"<u>这个真实的、非理性的世界</u>,这个让我们感觉"<u>空间、行为和角色交织集糅、混沌杂乱</u>"的世界。

原译：事实上,庞德学过希腊罗马语的西方传统,他懂得<u>一些</u>希腊语,对拉丁语了解更多,他能够熟练使用普罗旺斯语和意大利语,他的法语和西班牙语很优秀,而他的英语/美语水平更是个传奇。

原文：In fact, Pound had learned the languages of the Greco-Roman Western tradition. He knew some Greek, more Latin, was fluent in Provençal and Italian, his French and Spanish were excellent, and his English/American legendary. (Chapter 2, *CTT*)

思维过程与修改轨迹：

事实上,庞德学过<u>受</u>希腊罗马<u>影响</u>的西方传统<u>语言</u>,他懂得一些希腊语,对拉丁语了解更多,他能够熟练使用普罗旺斯语和意大利语,<u>精通法语和西班牙语</u>,而他的英语/美语水平更<u>享有盛名</u>。同时去掉原译中的"很优秀"等字。犹豫是否将"是个传奇"改成"享有盛名",查阅两部英语字典后,感觉"享有盛名"更符合原文"legendary"的意思,因此修改。

事实上,庞德学过<u>西方传统的希腊罗马语言</u>。他懂得一些希腊语,对拉丁语了解更多,他能够熟练使用普罗旺斯语和意大利语,精通法语和西班牙语,而他的英语/美语水平更是享有盛名。

原译：韦努蒂对翻译的重新思考尝试接近隐藏在美国文学翻译背后的无言事实。

原文：Venuti's rethinking of translation tries to access the inarticulated non-dit that lies behind most literary translation in the United States. (Chapter 2, *CTT*)

思维过程与修改轨迹：
韦努蒂重新思考翻译，试图获知大多数文学翻译背后的隐言。

原译：因此或许可以说，虽然不同语言的结构从理论上讲存在多样性，但也呈现出一些令人惊叹的相似性(amazing similarities)，特别包括(1)非凡相似的(remarkably similar)核心结构，其他所有结构都是通过其重排、置换、增加或删除等得以生成；(2)在它们最基本结构层面上的两个类别的高度平行——词语的形式类别(如名词、动词、形容词等)和转换中的基本功能类别：实体、事件、抽象概念和关系词。

原文：It may be said, therefore, that in comparison with the theoretical possibilities for diversities of structures languages show certain amazing similarities, including especially (1) remarkably similar kernel structures from which all other structures are developed by permutations, replacements, additions, and deletions, and (2) on their simplest structural levels a high degree of parallelism between formal classes of words(e.g. nouns, verbs, adjectives, etc.) and the basic function classes in transforms: objects, events, abstracts, and relationals. (Chapter 3, CTT)

思维过程与修改轨迹：
<u>因此可以说，与结构多样性的理论可能性相比，语言具有惊人的相似性</u>……译至此处，回读改文。

因此可以说，<u>虽然语言的结构多样性存在多种理论可能，但语言也具有惊人的相似性</u>，尤其包括(1)非常相似的核心结构，而所有其他结构都<u>以此为基础，进而通过重组、替换、增减而成</u>……暂停继续往下修改，回读，再改。

因此可以说，虽然语言的结构多样性存在多种理论可能，但语言也具有惊人的相似性，尤其包括(1)非常相似的核心结构，而所有其他结构都<u>在此基础上</u>通过重组、替换、增减而成；(2)<u>在语言最简单的结构层面，单词井然有序的分类</u>(如名词、动词、形容词等)……再次回读并修改。

因此可以说，虽然语言的结构多样性存在多种理论可能，但语言也具有惊人的相似性，尤其包括(1)非常相似的核心结构，而所有其他结构都在此基础上通过重组、替换、增减而成；(2)<u>高度平行性</u>：在语言最简单的结构层面，单词的<u>规范分类</u>(比如分成名词、动词、形容词等)<u>与</u>转换中的基本功能分类(比如分成对象、事件、抽象内容和关系性)高度平行。

因此可以说,虽然语言的结构多样性存在多种理论可能,但语言也具有惊人的相似性,尤其包括(1)非常相似的核心结构(所有其他结构都在此基础上通过重组、替换、增减而成);(2)高度平行性:在语言最简单的结构层面,单词的规范分类(比如分成名词、动词、形容词等)与转换中的基本功能分类(比如分成对象、事件、抽象内容和关系性)高度平行。

因此可以说,虽然语言的结构多样性存在多种理论可能,但语言也具有惊人的相似性,尤其包括(1)非常相似的核心结构:所有其他结构都在此基础上通过重组、替换、增减而成;(2)高度对应的分类:就语言最基本的结构层面而言,单词的规范分类(比如分成名词、动词、形容词等)与转换时的基本功能分类(比如分成对象、事件、抽象内容和关系性)高度平行。在"非常相似的核心结构""高度对应的分类"后使用冒号,半是为读者理解方便,半是因为笔者此处犯了保持形式一致的"完美主义综合征"。

因此可以说,虽然语言的结构多样性存在多种理论可能,但语言也具有惊人的相似性,尤其包括(1)非常相似的核心结构:所有其他结构都在此基础上通过重组、替换、增减而成;(2)高度对应的分类:在语言最基本的结构层面,单词的规范分类(比如分成名词、动词、形容词等)与转换时的基本功能分类(比如分成对象、事件、抽象内容和关系性)高度平行。

原译:虽然奈达如此声称,但他的理论还是借助了乔姆斯基的转换部分(transformational component)才得以成型的——在乔姆斯基《句法结构》发表的两年前,奈达读过这部作品的影印版。

原文:Despite claims to the contrary, Nida's theory crystallized with the addition of Chomsky's transformational component—Nida read Chomsky's *Syntactic Structures* in mimeograph form two years before it was published. (Chapter 3, *CTT*)

思维过程与修改轨迹:

虽然奈达的说法相反,但他的理论还是借助了乔姆斯基的转换部分(transformational component)才得以成型的——在乔姆斯基《句法结构》发表的两年前,奈达读过这部作品的影印版。欲将原译中的"如此声称"改成"虽然奈达这么说",但感觉有点口语化,决定改成"虽然奈达的说法相反",但改好后发现和下文不够连贯,要改成"言之凿凿"好像又过头了,改成"虽说如此"似乎也不行。

虽然奈达所言相反，但他的理论还是借助了乔姆斯基的转换部分（transformational component）才得以成型的——在乔姆斯基《句法结构》发表的两年前，奈达读过这部作品的影印版。

原译：他的深层结构假设包含了向表层结构进行转化和解释所必需的所有句法和语义信息，不论人们是否同意他对人类大脑结构的假设，深层结构的概念都有效地帮助了实践译者在第二种语言中再现"底层（underlying）"信息。

原文：Whether one accepts Chomsky's beliefs on how the human mind is structured or not, his deep structures, postulated to contain all the necessary syntactic as well as semantic information for a correct transformation into surface structure and interpretation, lend themselves well to the translation practitioner trying to represent an "underlying" message in a second language. (Chapter 3, *CTT*)

思维过程与修改轨迹：

无论人们是否接受乔姆斯基关于人脑结构的观点，他的深层结构（假定包含所有必要的句法和语义信息，以正确转换为表面结构和解释）都帮助翻译从业人员在第二语言中再现"底层"信息。尝试将译文重新架构，使译文语序与原文基本一致，看看效果是否更好。

无论人们是否接受乔姆斯基关于人脑结构的观点，他的深层结构（假定包含所有必要的句法和语义信息，以正确转换为表面结构和解释）都助力翻译从业人员在第二语言中再现"底层"信息。

原译：奈达提出了他的理论主张，但他的理论是否受到了什么无言之实的影响？

原文：Nida makes theoretical claims, but is there a *non-dit*① operative that affects his theory? (Chapter 3, *CTT*)

思维过程与修改轨迹：

奈达提出了他的理论主张，但他的理论是否受到了什么隐言的影响？

奈达提出了他的理论主张，但他的理论受到了什么未曾言明的因素影响？

---

① 如前所述，部分原文有斜体，表强调，翻译中已用文字表达，就不再一一用斜体标出。

奈达提出了他的理论主张，但他的理论有没有受到未曾言明的因素影响？

奈达提出了他的理论主张，但他的理论有没有受到隐形的因素影响？

奈达提出了他的理论主张，但他的理论有没有受到某种潜隐的因素影响？最后其实也不确定"non-dit operative"这样处理是否合适。

原译：他的底层假设到底是什么？

原文：What are the underlying assumptions?（Chapter 3，*CTT*）

思维过程与修改轨迹：

他的潜在假设是什么？

他的基本假设是什么？

原译：语言学理论着眼的是处于完全同质的语言社区中的理想说话者/听话者……

原文：Linguistic theory is concerned primarily with an ideal speaker-listener …（Chapter 3，*CTT*）

思维过程与修改轨迹：

语言学理论着眼的是处于完全同质的语言社区中的理想说话者/听者……原译中的"听话者"和"说话者"是平行表达，具有对称性，但感觉"听话者"似易产生歧义，犹豫片刻，将其改成"听者"。

原译：乔治·斯坦纳（George Steiner）认为，应该足够重视乔姆斯基的理论并意识到它对理解翻译的重要作用，他1975年的专著《通天塔之后》（*After Babel*）就是一个很好的例子。

原文：George Steiner, whose comprehensive 1975 book on translation theory *After Babel* serves as one example, felt it important enough to deal extensively with Chomsky's theory and its relevance to understanding translation.（Chapter 3，*CTT*）

思维过程与修改轨迹：

乔治·斯坦纳（George Steiner）认为，应该充分重视乔姆斯基的理论并意识到它对理解翻译的重要作用，他1975年那本包罗万象的著作《通天塔之后》（*After Babel*）就是一个很好的例子。对"comprehensive"的处理犹豫良久，最终翻译成"包罗万象"，但感觉"包罗万象"一词表达的广博程度稍深于原文，一时未想到更满意的文字，只得一仍其旧。对"专著"一词的修改也反复琢磨，认为既然被描述成"comprehensive"，就不必讲"专著"，但同时又认为"专著"显得更有学术性，犹豫不决，但最终改为"著作"。此外，还想把原译中的"一个"去掉，但又感觉改不改无所谓，最终未改。

原译：……因此，对奈达而言，翻译就是一种对（作用于人的）词语力量的重述。

原文：... and translation thus, for Nida, becomes the rearticulation of the power of the word(over people). (Chapter 3, CTT)

思维过程与修改轨迹：

……因此，对奈达而言，翻译<u>成了上帝之语的权力（对人而言）</u>的重述。"Word"如表示"上帝之言"，首字母一般要大写，但此处根据上下文，特别是"the word"之后括号里的"over people"，感觉"word"虽未大写，但似乎仍是"上帝之言"的意思，犹豫片刻，将其译为"上帝之言"。

……因此，对奈达而言，翻译成了上帝之语的权力<u>（之于人）</u>的重述

……因此，对奈达而言，翻译成了上帝<u>话</u>语的权力（之于人）的重述。

原译：然而，乔姆斯基和奈达的理论也存在着显著的差异，这似乎也说明奈达的模式是简化了的乔姆斯基模式，或者在很大程度上来说是对乔姆斯基的挪用而以此来适应翻译研究。

原文：There are significant differences between Chomsky's and Nida's theories, however, which tend to illustrate that Nida's model is a simplified version of Chomsky's, to a large degree misappropriated in order to apply it to translation. (Chapter 3, CTT)

思维过程与修改轨迹：

然而，乔姆斯基和奈达的理论也存在着显著的差异，这似乎也说明奈达的模式是简化了的乔姆斯基模式，或者在很大程度上来说是对乔姆斯基的挪用，<u>从而</u>适应翻译研究。改完觉得读来语涩。

然而，乔姆斯基和奈达的理论也存在着显著的差异，这似乎也说明奈达的模式是简化了的乔姆斯基模式，或者在很大程度上来说是对乔姆斯基<u>理论</u>的挪用，<u>使之适于</u>翻译研究。

原译：奈达似乎将核心句和由短语结构组成的基础部分混为了一谈，而且我们永远无法所明确奈达的这一指称到底是指什么。

原文：Nida seems to conflate the concept of kernel sentences with the base component composed of phrase structures, and one is never clear exactly what he means by such references. (Chapter 3, *CTT*)

思维过程与修改轨迹：

奈达似乎将核心句和由短语结构组成的基础部分<u>混为一谈</u>，而且我们永远<u>搞不清楚奈达谈及相关概念时到底指的是什么</u>。

奈达似乎将核心句和由短语结构组成的基础部分混为一谈，而且<u>在奈达谈及相关概念时，我们永远搞不清楚他到底指的是什么</u>。

奈达似乎将核心句和由短语结构组成的基础部分混为一谈，而且我们永远搞不清楚<u>奈达的所指究竟</u>是什么。

奈达似乎将核心句和由短语结构组成的基础部分混为一谈，而且我们永远搞不清楚奈达的<u>相关</u>所指究竟是什么。

奈达似乎将核心句和由短语结构组成的基础部分混为一谈，而且我们永远搞不清楚奈达的所指<u>到底</u>是什么。此处改完和原译区别不大，但如果不改，又觉得放不下。

原译：翻译被等同于一种启示，使得那现在已经呈现出原型地位的原文信息明显可见。

原文：Translation is equated with revelation, making visible that original message which now takes on archetypal status. (Chapter 3, *CTT*)

思维过程与修改轨迹：

翻译被等同于一种启示，使得<u>具有原型状态</u>的原文信息明显可见。

翻译被等同于一种启示，<u>彰显</u>具有原型状态的原文信息。同时去掉前之改文中的"明显可见"等字。

翻译被等同于一种启示，<u>显明</u>具有原型状态的原文信息。

翻译被等同于一种启示，<u>能显</u>明具有原型状态的原文信息。

翻译被等同于一种启示，能显明具有原型<u>性质</u>的原文信息。

翻译被等同于一种启示，能显明具有原型性的原文信息。同时去掉前之改文中的"质"字。

翻译被等同于一种启示，能显明<u>已现</u>原型性<u>质</u>的原文信息。

翻译被等同于一种启示，能显明已<u>具</u>原型性质的原文信息。改来改去，有时就如这般为一两个字反复纠结，改完也并不十分满意。同时去掉前之改文中的"质"字。

原译：我认为，作者与文本之间的关系十分复杂并具有欺骗性……

原文：I suggest that the relationship between author and text is complex and potentially deceptive ...（Chapter 3，*CTT*）

思维过程与修改轨迹：

我认为，作者与文本之间的关系十分复杂并<u>可能迷人眼目</u>……此处想把原译的"欺骗性"改得语气上较委婉些。

原译：但是奈达对此加以否认，提出了相反的观点，认为原初信息可以被确定下来而且也不会改变。

原文：Nida would deny this as a matter of faith, positing instead the opposite viewpoint，i. e.，that the original message can be determined and does not change.（Chapter 3，*CTT*）

思维过程与修改轨迹：

但是奈达<u>出于信仰否认这一点</u>，提出了相反的观点，认为原初信息可以被确定下来而且也不会改变。补上"as a matter of faith"的译文。

原译：……他的解经式翻译使原文文本变得模糊，以至于当代读者已经无法了解原文的样态。

原文：...his translation as exegesis obscures the original text to such a degree that it becomes unavailable to the contemporary reader.（Chapter 3，*CTT*）

思维过程与修改轨迹：

……他的解经式翻译使原文文本变得模糊，<u>当代读者已无法理解他的译文</u>。

……他的解经式翻译使原文文本变得模糊，当代读者已无法理解<u>其</u>译文。

……他的解经式翻译使原文文本变得模糊，当代读者已无法理解。去掉前之改文中"理解"之后的对象。

原译：文字符号只是人类起源的标签，"信息"来自更高的源头。

原文：Verbal symbols are only labels of human origin, and the "message" is from a higher source. (Chapter 3, *CTT*)

思维过程与修改轨迹：

言语符号只是人类起源的标签，"信息"的诞生则更加源远流长。此处对"higher source"思索良久，感觉"higher"若译成"更高的源头"似较难理解，译成"源远流长""更深远""更远的""更深的"？最终还是选择"源远流长"。

语言符号只是人类起源的标签，"信息"的起源则更早。又改掉。

语言符号只是人类起源的标签，"信息"的由来则更加源远流长。反复犹豫后，还是使用"源远流长"。

原译：……为了实现预期的反应，他拥有对信息进行更改、压缩和简化的破格。

原文：... in order to achieve the intended response, he has license to change, streamline, and simplify. (Chapter 3, *CTT*)

思维过程与修改轨迹：

……为了获得预期的响应，他有资格更改、优化、简化信息。

……为了获得预期的响应，他有资格更改、精炼、简化信息。将"优化"改成"精炼"主要是因为前之改文中"优化""简化"有重字。

原译：然而，对奈达理论最为细致深入的运用并不是发生在英国或美国，而是在德国。

原文：The most detailed application of Nida's theory has not occurred in England or America, but in Germany ... (Chapter 3, *CTT*)

思维过程与修改轨迹：

然而，对奈达理论最为细致深入的运用并未出现在英国或美国，而在德国。对在原译基础上修改的结果不满意，于是不看原译，重新翻译。

德国对奈达理论运用得最细致深入，而非英美。

德国——而非英美——对奈达理论运用得最细致深入。

德国(而非英美)对奈达理论运用得最细致深入。

德国(而非英美)对奈达理论的运用最细致深入。同时去掉前之改文中的"得"字。

原译：文本可译性的保证，就是在句法、语义以及人类经验的(自然)

逻辑中存在普遍范畴。

原文：The translatability of a text is thus guaranteed by the existence of universal categories in syntax, semantics, and the(natural) logic of experience. (Chapter 3, *CTT*)

思维过程与修改轨迹：

<u>句法、语义以及(自然)经验逻辑中存在普遍范畴</u>,<u>这保证了文本的可译性</u>。

句法、语义以及(自然)经验逻辑中存在普遍范畴,这<u>就</u>保证了文本的可译性。加上"就"字是否使句意的承接更自然些？更接近"thus"的意思？但好像也是可有可无。

原译：威尔斯没有打破乔姆斯基生成语法的链条……

原文：Instead of breaking the chains of Chomsky's generative grammar ... (Chapter 3, *CTT*)

思维过程与修改轨迹：

威尔斯没有<u>解开</u>乔姆斯基生成语法的<u>束缚</u>……

威尔斯没有<u>冲破</u>乔姆斯基生成语法的束缚……改完后又感觉原译"打破……链条"不必改；笔者犹犹豫豫,生怕自己作了不必要的修改。

原译：威尔斯按照原型和非历史的方法对文本进行分类,通过对意义的改述消除差异,消除具体的文字游戏,也消除文本在历史语境中所产生的暗指。

原文：By paraphrasing meanings, Wilss eliminates differences, specific word plays, and implications of texts as they occur in history; rather, texts are classified archetypically and ahistorically. (Chapter 3, *CTT*)

思维过程与修改轨迹：

<u>通过释义,威尔斯消除差异、具体的文字游戏以及文本在历史语境中的含义;更确切地说,文本按原型和非历史性</u>。试着按原文语序翻译,看结果是否更易于理解。"非历史性"读来似乎不易理解,准备再改。

通过释义,威尔斯消除差异、具体的文字游戏以及文本在历史语境中的含义;更确切地说,文本按原型<u>分类</u>,<u>且不考虑历史性</u>。

通过释义,威尔斯消除<u>了</u>差异、具体的文字游戏以及文本在历史语境中的含义;更确切地说,文本按原型分类,且不考虑其历史性。

通过释义,威尔斯消除了差异、具体的文字游戏以及文本在历史语境中的含义;更确切地说,文本按原型分类,且不考虑其历史背景。

通过释义,威尔斯抹除了差异、具体的文字游戏以及文本在历史语境中的含义;更确切地说,威尔斯按原型给文本分类,且不考虑其历史背景。

原译:本章目前为止所描述的翻译"科学"都倾向于建立在一种不能被经验加以证实的有关语言本质的主张之上。

原文:The "sciences" of translation described so far in this chapter thus tend to be theoretically founded on an assumption about the nature of language that cannot be empirically verified. (Chapter 3, *CTT*)

思维过程与修改轨迹:

至此,本章所描述的翻译"科学"都倾向于建立在有关语言本质的假设之上,而这一假设无法通过经验证实。笔者想把"倾向于"改成"往往",因为总感觉"倾向于"这一表达是汉语受了拼音语言影响形成的,但发现译者对原文中的大部分"tend to"都喜欢使用"倾向于"来翻译,于是准备放弃修改。

到目前为止,本章所描述的翻译"科学"都倾向于建立在有关语言本质的假设之上,而这一假设无法通过经验证实。

到目前为止,本章所描述的翻译"科学"往往建立在有关语言本质的假设之上,而这一假设无法通过经验证实。但读来读去,最后笔者想将"倾向于"改成"往往"的感受还是占了上风。对于文中别处出现的"倾向于",笔者有时会将其改成"往往"等语,有时则保留原状;究竟改还是不改,其实都看笔者当时阅读的感受,较具主观性。

原译:威尔斯早期反对萨丕尔沃尔夫假设,后来更反对那些基于这一假设且日渐盛行的翻译模式。从这一点就能明确看出,威尔斯和奈达的观点是十分相近的。

原文:Nowhere is Wilss's proximity to Nida more apparent than in his argument against encroaching translation models based upon the Sapir/Whorf hypothesis he objected to years earlier. (Chapter 3, *CTT*)

思维过程与修改轨迹:

威尔斯早期就反对萨丕尔-沃尔夫假说,后来也同样反对基于这一假说建构的、日渐盛行的翻译模式,<u>由此可见</u>,威尔斯和奈达观点相近。

威尔斯早期就反对萨丕尔-沃尔夫假说,<u>自然也</u>反对基于这一假说建构的、日渐盛行的翻译模式,由此可见,威尔斯与奈达观点相近。

威尔斯早期就反对萨丕尔-沃尔夫假说,自然也反对基于这一假说建构的、日渐盛行的翻译模式,由此<u>最能看出</u>,威尔斯与奈达观点相近。

威尔斯早期反对萨丕尔-沃尔夫假说,反对基于这一假说建构的、日渐盛行的翻译模式,由此最能看出,威尔斯与奈达观点相近。删除了前之改文中的"就""自然也"。

原译:……奈达在该书中称,跨语际交流之所以是可能的,一个原因就是"不同文化中的人们的普遍性远远大于其差异性",而且"在同一个文化中,某些行为和态度与所谓的标准行为相比,其极端性往往比人们想象的要大得多"。

原文:... in which Nida argues that one reason for the possibility of interlingual communication is that "what people of various cultures have in common is far greater than what separates them" and that "even within an individual culture there are usually more radical extremes of behavior and attitude than one finds in a comparison of so-called normal or standard behavior". (Chapter 3, *CTT*)

思维过程与修改轨迹:

……奈达在该书中称,语际交流之所以是可能的,一个原因就是"不同文化中的人们的普遍性远远大于其差异性",而且"<u>同一种文化中,行为和态度的极端现象比所谓的正常或标准的行为要多</u>"。因原译"跨语际交流"中的"跨"和"际"字表达的意思相同,且前文多将"interlingual"翻译成"语际交流",所以此处删去"跨"字。

……奈达在该书中称,语际交流之所以是可能的,一个原因就是"不同文化中的人们的普遍性远远大于其差异性",而且"同一种文化中,<u>极端的行为和态度比所谓的正常或标准的行为要多</u>"。

……奈达在该书中称,语际交流之所以是可能的,一个原因就是"不同文化中的人们的普遍性远远大于其差异性",而且"<u>同一文化中,激进的</u>行为和态度比所谓的正常或标准的行为要多"。

……奈达在该书中称,语际交流之所以是可能的,一个原因就是"不同文化中的人们的普遍性远远大于其差异性",而且"同一文化中<u>通常会</u>

有更极端的行为和态度,这比人们在比照所谓的正常或标准行为时发现的要多"。

……奈达在该书中称,语际交流之所以是可能的,一个原因就是"不同文化中的人们的普遍性远远大于其差异性",而且"在同一种文化中,极端的行为和态度与正常或标准行为相比,其极端的程度比人们认为的要更重(也即极端行为和态度的界定,其范围比人们认为的更小)"。

……奈达在该书中称,语际交流之所以是可能的,一个原因就是"不同文化中的人们的普遍性远远大于其差异性",而且"在同一种文化中,极端的行为和态度与所谓的正常或标准行为相比,其极端的程度比人们认为的要更深(也即极端行为和态度的界定,其范围比人们认为的更小)"。

……奈达在该书中称,语际交流之所以是可能的,一个原因就是"不同文化中的人们的普遍性远远大于其差异性",而且"在同一种文化中,极端行为和态度与所谓的正常或标准行为相比,其极端的程度比人们认为的要更深(也即极端行为和态度的界定,其范围比人们通常认为的要小)"。

……奈达在该书中称,语际交流之所以是可能的,一个原因就是"不同文化中的人们的普遍性远远大于其差异性",而且"在同一种文化中,极端行为和态度与所谓的正常或标准行为相比,其极端的程度比人们认为的要更深"。

原译:他在最后总结时建议,要想创造出好的译文,译者必须具备自由使用语言的能力,以及生成诸多联想、选择和可能的能力……

原文:He concludes by suggesting that the ability to play freely with the language, to generate lots of associations, options, and possibilities ... (Chapter 3,*CTT*)

思维过程与修改轨迹:

他在最后总结时建议,要想创造出好的译文,译者要能游刃有余地使用语言,能生成……此处若译成"能生成",笔者预感要让后文接续顺畅比较棘手,故而开始思考其他替代表达方式。

他在最后总结时建议,要想创造出好的译文,译者要能游刃有余地使用语言,能联想丰富,提供多种译文选择……

他在最后总结时建议,要想创造出好的译文,译者要能游刃有余地使用语言,联想丰富,提供多种译文选择……同时去掉前之改文中的

"能"字。

原译：弗米尔用英语写了《翻译行为中的目的与委任》(*Skopos and Commission in Translational Action*)(1989)一文，将自己的翻译理论大致描绘了出来。

原文：Vermeer has authored one article in English outlining his theory titled "Skopos and Commission in Translational Action" (1989). (Chapter 3, *CTT*)

思维过程与修改轨迹：

弗米尔用英语写了《翻译行为中的目的与委任》(*Skopos and Commission in Translational Action*)(1989)一文，<u>大致勾勒了自己的翻译理论</u>。

弗米尔用英语写了《翻译行为中的目的与委任》(*Skopos and Commission in Translational Action*)(1989)一文，勾勒了自己的翻译理论。感觉"勾勒"就自带"大致"之意，因此删除"大致"二字。

原译：然而，对于英语世界助益更大的则是克里斯蒂安·诺德(Christiane Nord)的《作为一种有目的之行为的翻译：功能翻译理论阐释》①(*Translation as a Purposeful Activity：Functionalist Approaches Explained*)(1997)，该书是对功能学派的理论的总结。

原文：More helpful to the English speaking world has been Christiane Nord's summary of the theory in *Translation as a Purposeful Activity；Functionalist Approaches Explained* (1997). (Chapter 3, *CTT*)

思维过程与修改轨迹：

针对此译的修改主要涉及书名的译文，因此以下只列出针对书名翻译的步骤。笔者将原译相关译注中"但根据曹明伦的观点"一语至结束处删除，其他内容暂时保留。

---

① 原译文译注是：上海外语教育出版社引进该书时为该书配的中文译名是《目的性行为——析功能翻译理论》，后来出版的中文译本名为《译有所为——功能翻译理论阐释》。但根据曹明伦的观点，"n. as n."式标题应该被解读为"被视为 n.的 n."或"作为 n.的 n."，而不应该解读为"n.是 n."。"作为 n.的 n."意味着"翻译在某种特定条件下具有某种性质"，按此理解可以拓展我们研究翻译的视野，而"n.是 n."却断言"翻译就是什么"，或"翻译无条件地具有什么性质"，不利于我们把握翻译的本质属性。

《译有其旨:功能翻译理论阐述》/《作为目的性行为的翻译:功能翻译理论阐述》笔者自己也不确定原译者偏好哪一类译文,因此这里列出两种可能的译文,供原译者参考。译后发现"目的性行为"的表达别扭,易让读者第一眼断句成"目的/性行为",因此还需继续修改。

《译有其旨:功能翻译理论阐述》/《<u>具有目的性的翻译</u>:功能翻译理论阐释》

《译有其旨:功能翻译理论阐述》/《<u>翻译的目的性</u>:功能翻译理论阐释》

《译有其旨:功能翻译理论阐述》/《<u>翻译具有目的性</u>:功能翻译理论阐释》

原译:此外,像韦努蒂这种反对文本流畅和连贯的理论家,也和功能主义的研究保持了距离。

原文: Additionally, theorists such as Venuti, who prefers the incorporation of devices that upset a text's fluency and coherence, also distance themselves from the functionalist approach. (Chapter 3, *CTT*)

思维过程与修改轨迹:

此外,像韦努蒂这种<u>喜欢运用颠覆文本流畅性和连贯性的技法</u>的理论家,也和功能主义的研究保持了距离。改完后试读,感觉修饰语太长,恐读者断句不易。

此外,像韦努蒂这种<u>理论家,喜欢颠覆文本流畅性和连贯性</u>,也和功能主义的研究保持了距离。

此外,像韦努蒂这种理论家,喜欢颠覆文本<u>的</u>流畅性和连贯性,也和功能主义的研究保持了距离。

原译:然而,功能学派却轻松而又有效地做到了这一点。

原文: The functionalists, however, add cultural factors easily and well. (Chapter 3, *CTT*)

思维过程与修改轨迹:

<u>而功能学派却添加了文化因素,轻而易举,恰到好处</u>。犹豫片刻,还是将原文的"cultural factors"译出。

原译:因为在商务和政治领域的广泛使用,功能学派的前途似乎得到

了保障。

原文：Given the utility of such an approach in the business and political world, the future of the functionalist approach appears assured. (Chapter 3, CTT)

思维过程与修改轨迹：

功能学派理论在商务和政治领域具有实用性，应用前景似乎明朗。

功能学派理论在商务和政治领域具有实用性，前景似乎明朗。同时去掉前之改文中"应用"两字。

功能学派理论在商务和政治领域具有实用性，<u>应用</u>前景似乎明朗。试图修改得更加简洁，但出于某种微妙的感知差异，感觉加上"应用"两字似乎可以强调其实用性。

原译：但是，对那些困惑于广泛传播的当代企业价值的人而言（这些价值常常被社会不加批评地照单全收），功能研究学派的研究也有着令人担忧的地方。

原文：For those troubled by the widespread and often uncritical acceptance of contemporary corporate values, the functionalist approach may remain somewhat troubling. (Chapter 3, CTT)

思维过程与修改轨迹：

<u>但</u>对有些人来说——他们对现代企业价值观广为流传，而且常常是不加批判的接受感到不安，功能学派的研究方法仍有些令人担忧。改至此处，回读，发现破折号之后是病句。

<u>但是，</u>现代企业价值观广为流传，<u>而且</u>常被不加批判地接受，有些人对此不安，对这些人来说，功能学派的研究方法令其忧心。

但是，现代企业价值观广为流传，而且常被不加批判地接受，有些人对此不安，对<u>这些</u>人来说，功能学派的研究方法<u>也</u>令其忧心。

原译：霍恩比的模式让学者能够分析翻译创造性的一面，以及"存在于规则、规范和独特认识之间的引人入胜、无穷无尽的各种关系"。

原文：Snell-Hornby's model allows the scholar to analyze the creative side of translation and the "tantalizing and unending variety of relationships that exist between rule, norm and the more or less idiosyncratic realization". (Chapter 3, CTT)

思维过程与修改轨迹：

霍恩比的模式让学者能够分析翻译创造性的一面,以及"存在于规则、规范和<u>或多或少有些另类</u>的认识之间的引人入胜、<u>无休无止</u>的各种关系"。思考为何原译者未将"more or less"译出,琢磨片刻,决定还是将其译出。

霍恩比的模式让学者能够分析翻译创造性的一面,以及"存在于规则、规范和<u>多少有些另类</u>的认识之间的引人入胜、无休无止的各种关系"。

原译: 接下来的第 4 章将追溯翻译研究派的形成阶段,第 5 章将介绍其与多元系统理论的融合。

原文: Thus, the following two chapters will trace the evolution of translation studies from its early formative years in Chapter 4, through its union with polysystem theory in Chapter 5. (Chapter 3, *CTT*)

思维过程与修改轨迹：

接下来的两章将追溯翻译理论的演进,从翻译理论早期的形成(第四章)到翻译研究与多元理论的结合(第五章)。此处原译虽和原文稍有出入,但原文主要意思已经清晰表达出来了,是否需要修改呢?犹豫片刻,还是决定严格按照原文的意思修改。

接下来的两章将追溯翻译<u>研究</u>的演进,从翻译<u>研究形成之初的发展</u>(第四章)到翻译研究与多元理论的结合(第五章)。

接下来的两章将追溯翻译研究的演进,<u>第四章关注翻译研究的初期发展</u>,第五章则探讨翻译研究与多元理论的结合。

接下来的两章将追溯翻译研究的演进,第四章关注翻译研究的初期<u>形成</u>,第五章则探讨翻译研究与多元理论的结合。

接下来的两章将追溯翻译研究的演进,第四章关注翻译研究的初期<u>成型</u>,第五章则探讨翻译研究与多元理论的结合。

接下来的两章将追溯翻译研究的演进,第四章关注翻译研究的初期<u>形成阶段</u>,第五章则探讨翻译研究与多元理论的结合。

原译: 因此,这个理论不是静态的;它伴随着互相竞争的资质学者们的动态共识而发展……

原文: The theory would then not be static; it would evolve according to the dynamic consensus of qualified scholars, who constitute a forum of competition ... (Chapter 4, *CTT*)

思维过程与修改轨迹:

因此,这个理论不是静态的;有资质的学者无形中<u>组构了竞争论坛,取得的共识是动态发展的,理论随之发展</u>……是否需要修改原译中的"动态共识"一词?原文"the dynamic consensus"这么译,完全正确,但笔者似乎不能完全看懂,但如果改成"取得的共识是动态发展的"是否契合原文语意?犹豫片刻,决定为了读者能看懂而修改。

因此,这个理论不是静态的;有资质的学者无形中<u>构建</u>了竞争论坛,取得的共识是动态发展的,理论<u>也</u>随之<u>演进</u>……

因此,这个理论不是静态的;有资质的学者<u>互争雄长</u>,取得的共识是动态发展的,理论也随之演进……

原译:这种异于前人的研究方法指出,翻译研究的客体不是存在于自然界的可以进行科学分析的静止事物,也不是某种高不可及的只能借助神秘方式才能揭示的超验性真理。

原文: The variable approach acknowledged that the object being investigated is not something fixed in the real world to be scientifically investigated, nor is it the object of higher, transcendental truth to be revealed in a mystical way. (Chapter 4, *CTT*)

思维过程与修改轨迹:

这种<u>变化的</u>研究方法指出,翻译研究的客体不是<u>现实世界</u>可以进行科学分析的静止事物,也不是某种高不可及的、<u>借助神秘方式揭示的</u>超验性真理。

这种变化<u>发展</u>的研究方法指出,翻译研究的客体不是现实世界可以进行科学分析的静止事物,也不是某种高不可及的、借助神秘方式揭示的超验性真理。考虑到原译中的"异于前人的研究方法"可能暗含此方法有进步发展之意,因而此处加上"发展"一词。

原译:本章的目标之一就是要展示,通过将文本视为既是文化所产也是文化能产,翻译研究派改变了对表征的认识论问题。

原文: One goal of this chapter is to show how translation studies displaced the epistemological problem of representation by viewing the text as both produced and producing. (Chapter 4, *CTT*)

思维过程与修改轨迹：

本章的目标之一就是<u>将文本视为被产和能产的对象，从而展示翻译研究如何取代再现的认识论问题</u>。原译文不够连贯，因此修改。

本章的目标之一就是将文本视为被产和能产的对象，从而展示翻译研究如何<u>解决</u>再现的认识论问题。

本章的目标之一就是将文本视为被产和能产的对象，展示翻译研究如何<u>摈除</u>再现的认识论问题。同时去掉前之改文中"从而"两字。

原译： 确实，俄国形式主义在使用主题概念（thematic concepts）的同时也将其放逐至次要地位，他们更加关注的是成分概念（compositional concepts）。

原文： Indeed, Russian Formalists, while using thematic concepts, relegated them to secondary status, and were more concerned with compositional concepts. （Chapter 4, *CTT*）

思维过程与修改轨迹：

确实，俄国形式主义在使用主题概念（thematic concepts）的同时也将其<u>贬降</u>至次要地位，他们更加关注的是成分概念（compositional concepts）。原译"放逐"似乎有些别扭，最好换个词，换成什么词呢？想了好久才勉强想出个"贬降"。

原译： 他们还借助形式主义另外一个或许称得上最为著名也是最容易接受的"陌生化（defamiliarization/*ostranenie*）"手法来衡量文本与传统之间的关系。

原文： Borrowing another aspect of Russian Formalism, perhaps its best known and most easily embraced principle—the defamiliarization (*ostranenie*) device—translation studies scholars attempted to measure the text's relation to its tradition. （Chapter 4, *CTT*）

思维过程与修改轨迹：

<u>俄国形式主义的另一手法，也许是最著名、最易被接受的手法——"陌生化"——被翻译研究学者用来衡量文本及其传统的关系</u>。因笔者感觉"陌生化"是学界耳熟能详的概念，故在修改句型结构的同时也将原译中给出的"陌生化"的原文删除，删后却又感觉还是恪遵原译、保留"陌生化"的英文原文比较妥帖，但最终竟未修改，乃笔者之误。

俄国形式主义的另一手法，也许是最著名、最易被接受的手法——"陌生化"——被翻译研究学者借用，以衡量文本与其传统的关系。

原译：这一学派的学者陷入了两难的困境：一方面，他们想要明确并限定研究的领域；另一方面，他们也暗自了解，对真实译本的研究可以触发与当代文学理论密切相关、极具价值的洞见和发现。

原文：Its scholars tended to be caught in the bind, on the one hand, of trying to define and limit a field of investigation and, on the other, of being secretly aware that valuable insights and discoveries very relevant to contemporary literary theory happen as one studies actual translated texts. (Chapter 4, *CTT*)

思维过程与修改轨迹：

这一学派的学者陷入了两难的困境：一方面，他们想要明确并限定研究的领域；另一方面，他们也暗暗意识到，对真实译本的研究可以触发与当代文学理论密切相关、极具价值的洞见和发现。原译"暗自了解"似乎有些生硬，因此修改。

原译：随着符号学在翻译过程中的作用得到认可，以及帮助译者领悟文本意义的解释成分得到断定，列维已经准备好向世人展示他的翻译方法论了。

原文：With the establishment of the semiotic horizons that come into play in the course of translation, and with the positing of the interpretive component which enables the translator to grasp the meaning of the text in question, Levý was in a position to present his translation methodology. (Chapter 4, *CTT*)

思维过程与修改轨迹：

符号学在翻译过程中的作用得到认可，确立解释成分（该成分帮助译者领悟所涉文本的意义），伴随着这一过程，列维就可以提出他的翻译方法论了。同时删去了原译中的"随着"。

符号学在翻译过程中的作用得到认可，确立解释性成分（该成分帮助译者领悟所涉文本的意义），如此列维就可以提出他的翻译方法论了。

符号学在翻译过程中的作用得到认可，解释性成分（该成分帮助译者领悟所涉文本的意义）得到确定，如此列维便可以提出他的翻译方法论了。

符号学在翻译过程中的作用得到认可,解释性成分(该成分帮助译者领悟所涉文本的意义)得到确定,于是,列维得以提出他的翻译方法论。同时去掉前之改文中的"了"字。

原译:这个论点所暗含的关于内容会发生什么的潜台词,此时在他的理论中变得更加富有争议。

原文:The subtext that has been developing throughout the argument, i.e., what happens to the content, becomes more problematic at this point in his theory. (Chapter 4, *CTT*)

思维过程与修改轨迹:

这个论点中的潜台词,也即内容会发生什么,此时在他的理论中变得更有争议性。试着按原文语序译出,看是否效果更好。

这个论点中的潜台词,也即内容会发生什么变化,此时在他的理论中变得更有争议性。

原译:比如,他写道,只要译本更好地克服内在矛盾,它就能够在整体上得到更佳的实现。

原文:He writes, for example, that the translation as a whole is more fully realized the better it overcomes its own inherent contradictions. (Chapter 4, *CTT*)

思维过程与修改轨迹:

比如,他写道,翻译作为一个整体,越能克服自身的内在矛盾,就越能被充分翻译。

比如,他写道,译本作为一个整体,越能克服自身的内在矛盾,就越能被充分翻译。

比如,他写道,译本作为一个整体,越是能克服自身的内在矛盾,就越能极情尽致。其后尝试将"极情尽致"改成"透彻酣畅",但最后又改回"极情尽致"。笔者对此并不满意,因感觉该词不够通俗易懂。

原译:这就导致了一个与美国文学译者所持观点十分相似的结论:一种偏向于在译语中"精确再现"原文"审美意义"的正确(true)或"忠实(faithful)"的方法。

原文:This led to a conclusion that is very much like the one reached by American literary translators: a true or "faithful" method that favors the "exact recreation" of the "aesthetic beauty" of the original in the second language. (Chapter 4, *CTT*)

思维过程与修改轨迹:

这就得出了一个结论,类似美国文学译者的观点:翻译要采用一种真实的或"忠实的"方法,偏向于在目标语中展示源语的"精确再现"和"审美"。试图将句子改得简短些,以便于读者能高效断句、理解。

这就得出了一个结论,类似美国文学译者的观点:翻译要采用一种真实的或"忠实的"方法,偏向于在目标语中精确再现源语、呈现源语的"唯美"。

这就得出了一个结论,类似美国文学译者的观点:翻译要采用一种如实的或"忠实的"方法,偏向于在目标语中"精确再现"源语、呈现源语的"唯美"。

这就得出了一个结论,类似美国文学译者的观点:翻译要采用如实的或"忠实的"方法,偏向于在目标语中"精确再现"原文、呈现原文的"唯美"。同时去掉前之改文中"一种"两字。

原译:讽刺的是,列维不仅构建了一个能够解决翻译理论建构固有问题的翻译理论,鉴于译本总是不可避免地充满矛盾,他还同时强化了形式主义的一个副产物——我们不仅要知道符号与对象存在对应,还要了解符号与对象之间的关系往往并不充分。

原文: Ironically, then, instead of just constructing a theory of translation that smoothes over the inherent problem of how this is to be done, given that the translated text is invariably shot full with contradictions, Levý's theory also reinforced a by-product of Formalism: in addition to the awareness of the correspondence of sign to object, there is the necessary opposite function simultaneously in process, namely that the relationship between sign and object is always inadequate. (Chapter 4, *CTT*)

思维过程与修改轨迹:

具有讽刺意味的是,鉴于译本总是充满矛盾,列维的理论不仅缓解了翻译理论如何建构的内在问题,而且还强化了形式主义的副产品:除了意识到符号与物体的对应关系外,在过程中同时具有必要的相反功能,即符号与物体之间的关系总是不充分的。试着调整下句序,看是否更便于读者理解。

具有讽刺意味的是,鉴于译本总是充满矛盾,列维<u>不仅减轻</u>了翻译理论如何建构的内在问题,<u>还强化了形式主义的副产品</u>:除了意识到符号与物体的对应关系外,在过程中同时具有必要的相反功能,即符号与物体之间的关系总是不充分的。

具有讽刺意味的是,鉴于译本总是充满矛盾,列维<u>的理论不仅改善了</u>翻译理论如何建构的内在问题,还强化了形式主义的副产品:<u>其理论不仅意识到,符号与客体相互对应,且同时必然有相反功能运作,换句话说,符号与客体之间的关系往往并不充分</u>。改完后,仍觉得"必然有相反功能运作"不太好理解。

具有讽刺意味的是,鉴于译本总是充满矛盾,列维的理论不仅改善了翻译理论如何建构的内在问题,还强化了形式主义的副产品:其理论不仅意识到,符号与客体相互对应,<u>且</u>同时必然<u>存在相反功能</u>,换句话说,符号与客体之间的关系往往并不充分。

具有讽刺意味的是,鉴于译本总是充满矛盾,列维的理论不仅改善了翻译理论如何建构的内在问题,还强化了形式主义的副产品:<u>列维认为</u>,符号与客体相互对应,<u>且必然同时存在相反功能</u>,<u>换言之</u>,符号与客体之间的关系<u>永不适切</u>。

具有讽刺意味的是,鉴于译本总是充满矛盾,列维的理论不仅改善了翻译理论如何建构的内在问题,还强化了形式主义的副产品:列维认为,符号与客体相互对应,且必然同时存在相反功能,换言之,符号与客体<u>从不</u>适切。

具有讽刺意味的是,鉴于译本总是充满矛盾,列维的理论<u>改善了</u>翻译理论如何建构的内在问题,还强化了形式主义的<u>副产物</u>:列维认为,符号与客体相互对应,<u>同时必也相互对立</u>,换言之,符号与客体<u>永不适切</u>。

具有讽刺意味的是,鉴于译本总是充满矛盾,列维的理论改善了翻译理论如何建构的内在问题,还<u>巩固了形式主义的一个附带观点</u>:列维认为,符号与客体相互对应,同时必也相互对立,换言之,符号与客体永不适切。

具有讽刺意味的是,鉴于译本总是充满矛盾,列维的理论改善了翻译理论如何建构的内在问题,还巩固了形式主义的一个附带观点:符号与客体相互对应,同时必也相互对立,换言之,符号与客体永不适切。去掉了"列维认为"。

原译：在翻译过程和翻译产品中已经得以显现的正是概念的流动性和符号的易变性，以及这二者关系的进化发展。

原文：That which is made manifest in the process and product of translation is the very mobility of concepts, the mutability of signs, and the evolution of the relationship between the two. (Chapter 4, *CTT*)

思维过程与修改轨迹：

在翻译过程和产品中，概念的流动性、符号的易变性、这两者关系的演变得以体现。试图将原译改得更简洁些，让读者一眼就能断句并读懂。

翻译过程和翻译产品已彰显了概念的流动性、符号的易变性和这两者关系的演变。

翻译的过程和产品已彰显了概念的流动性、符号的易变性和这两者关系的演变。

原译：列维的翻译理论似乎是在探寻一种不可能——首先寻找客观标准（criteria），将不同语言中能够把一般表达转化为艺术表达的诗意形式特征分离出来，进行编目；然后建立范式，达成对这些特征元素的替换，运用于翻译。

原文：It would seem that Levý's translation theory was asking the impossible, i.e., to develop objective criteria for isolating and cataloguing in multiple languages the particular poetic formal features which transform a normal expression into an artistic one, and then to establish paradigms enabling the substitution of those elements appropriate to translation. (Chapter 4, *CTT*)

思维过程与修改轨迹：

列维的翻译理论似乎是在探寻一种不可能——建立客观标准，分离、归类多种语言中的具体诗歌形式特征，这些特征可将一般表达转化为艺术性的表达，然后建立范式，将这些特征元素替换进翻译。

列维的翻译理论似乎是在探寻一种不可能——建立客观标准，将多种语言中的具体诗歌形式特征分离、归类，这些特征可将一般表达转化为艺术性的表达，然后建立范式，将这些特征元素替换进翻译。

列维的翻译理论似乎是在探寻一种不可能——建立客观标准，将多种语言中的具体诗歌形式特征分离、归类，这些特征可将一般表达转化为艺术性的表达，然后建立范式，将这些特征元素用翻译转换。

列维的翻译理论似乎是在探寻一种不可能——建立客观标准,将多种语言中的具体诗歌形式特征分离、归类,这些特征可将一般表达转化为艺术性的表达,然后建立范式,<u>翻译这些特征元素</u>。

列维的翻译理论似乎是在探寻一种不可能——建立客观标准,将多种语言中的具体诗歌形式特征分离、归类,这些特征可将一般表达转化为艺术性的表达,然后建立范式,<u>使这些特征元素可被翻译</u>。

列维的翻译理论似乎是在探寻一种不可能——建立客观标准,将多种语言中的具体诗歌形式特征分离、归类,这些特征可将一般表达转化为艺术性的表达,然后建立范式,使这些特征元素<u>可译</u>。反复揣摩对"isolating and cataloguing in multiple languages the particular poetic formal features"的理解。

列维的翻译理论似乎是在探寻一种不可能——建立客观标准,将多种语言中的具体诗歌形式特征<u>(这些特征可将一般表达转化为艺术性的表达)</u><u>分离</u>、归类,然后建立范式,使这些特征元素<u>可被翻译</u>。

列维的翻译理论似乎是在探寻一种不可能——建立客观标准,将多种语言中的具体诗歌形式特征<u>——</u>这些特征可将一般表达转化为艺术性的表达<u>——</u>分离、归类,然后建立范式,使这些特征元素可被翻译。

列维的翻译理论似乎是在探寻一种不可能——建立客观标准,将多种语言中的具体诗歌形式特征<u>分离、归类——</u>这些特征可将一般表达转化为艺术性的表达<u>——</u>然后建立范式,使这些特征元素可被翻译。

原译:米科沿袭了形式主义对形式和内容的区分,或者说是对形式和主题的区分,他假定了语言要素的头等重要性。

原文:He shared the Formalist distinction between form and content, or between form and theme, and posits the primary importance of the linguistic elements. (Chapter 4, *CTT*)

思维过程与修改轨迹:
米科沿袭了形式主义对形式和内容的区分,或者说是对形式和主题的区分,他<u>认为语言要素最重要</u>。尝试将译文改得更便于读者理解。

原译:题材(subject matter)依语言结构而定并由语言结构组成。

原文:The subject matter is contingent upon and constituted by the linguistic structure of the language. (Chapter 4, *CTT*)

思维过程与修改轨迹：
主题内容由语言的结构决定、构成。尝试将译文改得更加简洁些。

原译：或许，俄国形式主义最为重要、但也是最未受理解的就是它的历史维度。对形式主义的抨击都倾向于批评其"颓废的(decadent)"为艺术而艺术(art-for-art's-sake)的信念以及缺少对历史参数的考虑。

原文：Perhaps the most important and least understood aspect of Russian Formalism was its historical dimension. Attacks on the school tend to criticize its "decadent" art-for-art's-sake beliefs and its lack of historical parameters.（Chapter 4，*CTT*）

思维过程与修改轨迹：
或许，俄国形式主义最为重要、但<u>最不为人所理解的</u>……对改文不满意，暂停校译下文，返回再改。

俄国形式主义最重要、<u>人们最缺乏了解的方面可能是其历史意义</u>……删除"或许"，但仍不满意，需返回重改。

俄国形式主义<u>的历史性</u>可能是最重要、人们<u>也</u>最缺乏了解的……仍不满意，返回再改。

俄国形式主义的历史性可能是最重要<u>的方面</u>，<u>但人们也最缺乏了</u>解……反复调整都不满意。

俄国形式主义的历史性可能最重要，<u>但人们对其也最缺乏了解。</u>"颓废"、信奉"为艺术而艺术"、缺乏历史性，<u>这是</u>……对在原译基础上的修改效果不满意，最终决定将原译放在一边，先相对客观地给出自己的译文。

俄国形式主义的历史性可能最重要，但人们对其也最缺乏了解。<u>形式主义经常因以下因素而受抨击</u>："颓废"、信奉"为艺术而艺术"、缺乏历史性。

俄国形式主义的历史性可能最重要，但人们对其也最缺乏了解。<u>人们经常抨击形式主义</u>"颓废"、信奉"为艺术而艺术"、缺乏历史性。

原译：翻译研究派同样也不注重意义，不关心对原文内容的确定（此与奈达等人的理论相左），不准备为接受文化中的读者们提供容易理解的消费品。

原文：Translation studies scholars similarly refused the tendency toward focusing on meaning, on determining the original content（seen earlier in theories like Nida's), and on preparing the text for easy consumption by readers in the receiving culture. (Chapter 4, *CTT*)

思维过程与修改轨迹：

翻译研究派同样也不注重意义，不关心对原文内容的确定（此与奈达等人的理论相左），不打算为接受文化中的读者提供<u>易接受的文本</u>。改文最后一个分句中出现了两个"接受"，对改文不太满意。

原译：因此，一般来说，译文中总是会出现某些变异，因为其与原文的同一（identity）或差异问题永远都不可能解决无余（without residue）。

原文：Thus in a translation we can as a rule expect certain changes because the question of identity and difference in relation to the original can never be solved without some residue. (Chapter 4, *CTT*)

思维过程与修改轨迹：

改文一：因此，一般来说，译文中总是会出现某些变异，<u>因其与原文的同一或差异问题永远都会拖泥带水</u>。去掉英文原文。

改文二：因此，一般来说，译文中总是会出现某些变异，因其<u>不能一劳永逸地解决</u>。给出两种改文，供译者选择。

原译：……波波维奇的理论模式为那<u>些</u>能够激发表达转换的译者审美预设带来助益。

原文：... his theoretical model lends itself to determining the aesthetic presuppositions of the translator that motivate shifts of expression. (Chapter 4, *CTT*)

思维过程与修改轨迹：

……他的理论模式<u>有助于确定译者的审美前提</u>……返回再改。

……他的理论模式有助于<u>奠定</u>译者的审美前提，<u>从而激发表达转换</u>。尝试将译文改得更加简洁些。

原译：要想明确表达整体的意义和它的诗性要素，就必须对最小的细节进行观察。这些细节按照一定的结构组合起来之后，能够决定作品的艺术风格。

原文：In order to determine what an expression as a whole means, what determines its poeticity, one has to look at the smallest details that, when structurally built together, determine the work of art's style. (Chapter 4, *CTT*)

思维过程与修改轨迹：

要想明确<u>整体表达</u>的意义和它的诗性要素,就要洞幽烛微,<u>这些毫末细节在结构上</u>能够决定作品的艺术风格。

要想明确整体表达的意义和它的诗性要素,就要洞幽烛微,这些毫末细节<u>组构在一起</u>,能够决定作品的艺术风格。

要想明确整体表达的意义和它的诗性要素,就要<u>观察秋毫之末</u>,<u>这些</u>细节组构在一起,能够决定作品的艺术风格。

要想明确整体表达的意义和它的诗性要素,就要观察纤毫之末,<u>而这些</u>细节组构在一起,能够决定作品的艺术风格。因为感觉"洞幽烛微"和"观察秋毫之末"的表达有些文学感性色彩,故而最终改成更中性化的"观察纤毫之末"。

原译： 米科否认这一结论,他相信自己能够确定一套独立于任何具体风格之外的表达特征并对其进行编目,这些特征在翻译行为中可以按需进行互换(interchange)。

原文： Miko argued against such a conclusion, believing that he could determine and catalogue a system of expressive features independent of any one specific style, features that can be interchanged as necessary in the act of translation. (Chapter 4, *CTT*)

思维过程与修改轨迹：

米科否认这一结论,<u>认为他可以确立一套系统并对其编目,这套系统独立于任何一种具体的风格之外</u>,其特征在翻译行为中可以按需进行互换。尝试将译文改得更便于读者理解。

米科否认这一结论,认为他可以确立一套<u>关于表达特征的系统并对其分类</u>,这套系统独立于任何一种具体的风格之外,其特征在翻译行为中可以按需进行互换。

米科否认这一结论,认为他可以确立一套关于表达特征的系统,<u>并对特征进行分类</u>,这套系统独立于任何一种具体的风格之外,<u>这些</u>特征在翻译行为中可以按需互换。

米科否认这一结论,认为他可以确立一套关于表达特征的系统,并对特征进行分类<u>;</u>这套系统<u>与</u>任何一种具体的风格<u>都不相关</u>,这些特征在翻译行为中可以按需互换。

米科否认这一结论,认为他可以确立一套关于表达特征的系统,并<u>将特征分类</u>;这套系统与任何一种具体的风格都不相关,这些特征在翻译行为中可以按需互换。

原译:米科认为,可以在具体文本的文体特征和文学传统中使用的类似特征之间建立联系,借此可以对文本的表达特征做出更好的界定。

原文:Expressive features of the text, according to Miko, can best be determined by relating those features of style of a specific text to similar characteristics used within the literary tradition. (Chapter 4, CTT)

思维过程与修改轨迹:

米科认为,<u>文本的表达特征可以通过建立以下联系来确定:将具体文本的文体特征与文学传统中使用的类似特征建立联系</u>。

米科认为,文本的表达特征可以通过<u>在以下两者间建立联系来确定:具体文本的文体特征与文学传统中使用的类似特征</u>。

<u>关于文本的表达特征,米科认为,</u>这可以通过在以下两者间建立联系来确定:具体文本的文体特征与文学传统中使用的类似特征。为更便于读者理解,此处尝试使用不同的句式。

<u>米科认为,建立这两者间的联系——具体文本的文体特征与文学传统中使用的类似特征,就可以确定文本的表达特征</u>。

米科认为,建立这两者间的联系——具体文本的文体特征与文学传统中使用的类似特征,就可以<u>恰如其分</u>确定文本的表达特征。

米科认为,建立这两者间的联系——具体文本的文体特征与文学传统中使用的类似特征<u>——</u>就可以<u>恰切</u>确定文本的表达特征。

原译:在文本和传统的中间地带可以确定文体的主体性(subjective qualities)和特异性(idiosyncrasies),前者包括情绪化、非理性和表现力等;后者包括反语、抽象、简洁和愉悦等。

原文:In that place between the text and its tradition, subjective qualities of style—emotional, irrational, expressive—as well as idiosyncrasies of style—irony, abstraction, brevity, joviality—can be determined. (Chapter 4, CTT)

思维过程与修改轨迹：

在文本和传统的中间，可以确定风格的<u>主观性质</u>(情感、非理性和表现力等)和特质(反讽、抽象、简洁和愉悦)。试图修改得让读者看起来更轻松些。

在文本和传统<u>之间</u>，可以确定风格的主观性质(情感、非理性和表现力等)和特质(反讽、抽象、简洁和愉悦)。

在文本和传统之间，风格的主观性质(情感、非理性和表现力等)和特质(反讽、抽象、简洁和愉悦)<u>都可以被确定</u>。

在文本和传统之间，风格的主观性质(情感、非理性和表现力)和<u>风格</u>的特质(反讽、抽象、简洁和愉悦)都可以被确定。删掉"等"。

在文本和传统之间，<u>可以确定风格的</u>主观性质(情感、非理性和表现力)和风格的特质(反讽、抽象、简洁和愉悦)。

在文本和传统之间，风格的主观性质(情感、非理性和表现力)和风格的特质(反讽、抽象、简洁和愉悦)<u>都可以被确定</u>。划线部分内容还是使用此前修改的一个版本。

原译：要想获得文体的对应，需要谨慎处理，因为差异虽然非常细微，但却头等重要；如果这些元素在翻译中被省略，那么其就失去了俄国形式主义最为重视的"文学性"。

原文：The problem of achieving correspondence of style is a delicate one because the nuances are fine, but of primary importance; if such elements are omitted from the translation, it loses its "literariness", the very quality Russian Formalism values most. (Chapter 4, *CTT*)

思维过程与修改轨迹：

<u>文体对应</u>的问题比较微妙，<u>因为差别虽细入毫芒，却至关重要</u>；如果这些元素在翻译中被省略，那么<u>翻译</u>就失去了俄国形式主义最为重视的"文学性"。起初打算沿袭原译句法，以"<u>要实现文本的对应</u>""<u>文体要对应</u>"等语开头，但如果这样处理，后面的文字衔接起来不流畅爽利，修改起来也费时费脑，于是另立炉灶重译。

文体对应的问题比较微妙，因为差别虽细<u>若纤毫</u>，却至关重要；如果这些元素在翻译中被省略，那么翻译就失去了俄国形式主义最为重视的"文学性"。

文体对应的问题比较微妙，因为差别虽<u>微若纤芥</u>，却至关重要；如果这些元素在翻译中被省略,那么翻译就失去了俄国形式主义最为重视的"文学性"。想更换"微若纤芥"中与"微妙"中重复的"微"字,又考虑更换"微若纤芥"一词,因感觉该词过于细腻、感性,但最终放弃,因疲于反复推敲。

原译:米科提出,这些元素都可以剥离和分析,可以通过寻求功能而非字面等值的方法进行翻译。
原文:Miko suggested these elements could be isolated, analyzed, and translated using a methodology that finds functional rather than literal equivalents.(Chapter 4,*CTT*)
思维过程与修改轨迹:
米科提出,这些元素可以<u>被分离、被分析、被翻译,寻求功能对等而非字面等值</u>。尝试将译文改得更简洁。
米科提出,这些元素可以被分离、<u>分析、翻译</u>,寻求功能对等而非字面等值。

原译:波波维奇的研究始于列维和米科的驻足之处,他开始用比较的方法来确定发生在作品翻译中的同一性与差异性,解释译文与原文的关系。
原文:Anton Popovič's project begins where the work of Levý and Miko leaves off: he began the comparative work of locating the conformities and the differences that occur when a work is translated and explains the relationship of the translated work to the original.(Chapter 4,*CTT*)
思维过程与修改轨迹:
波波维奇的研究从列维和米科中断的地方开始,他开始了比较工作,确定了作品翻译中的<u>一致与差异</u>。尝试将译文改得更简洁。
波波维奇的研究从列维和米科中断的地方<u>起步</u>,他开始了比较工作,确定了作品翻译中的一致与差异。
波波维奇的研究从列维和米科中断的地方起步,他开始了比较工作,<u>找出译文中(与原文的)合契与差异</u>。
波波维奇的研究从列维和米科中断的地方起步,他<u>开始比较</u>,找出译文中(与原文的)合契与差异。

波波维奇的研究从列维和米科止驻之处承续,他开始比较,找出译文中(与原文的)合契与差异。

波波维奇的研究从列维和米科停驻之处承续,他开始比较,找出译文(与原文)的一致与差异,解释译文与原文的关系。

原译:波波维奇没有规定如何消除翻译的损失以及平息翻译的变异,相反,他承认由于两种文化的智力和审美价值存在内在差异,翻译过程中必然会出现损失、增益或变异。

原文:Instead of prescribing a technique which eliminates losses and smoothes over changes, Popovič accepted the fact that losses, gains, and changes are a necessary part of the process because of inherent differences of intellectual and aesthetic values in the two cultures. (Chapter 4, *CTT*)

思维过程与修改轨迹:

波波维奇没有规定如何消除翻译带来的损失,没有规定如何平滑切换,而是接受事实,认为翻译过程中必然有得失、变化,因为两种文化的智力和审美价值存在内在差异。尝试稍微调整下句序,看看是否更便于读者理解。

波波维奇没有规定如何消除翻译带来的损失,没有规定如何顺畅切换,而是接受事实,认为翻译过程中必然有得失、变化,因为两种文化的智力和审美价值存在内在差异。

波波维奇没有规定如何消除翻译带来的损失,没有规定如何顺畅切换、减少变化,而是接受事实,认为翻译过程中必然有得失、变化,因为两种文化的知性和审美价值有内在差异。

原译:谁能对文体风格的替换做出合理判断?

原文:Who judges the adequacy of the stylistic substitutions? (Chapter 4, *CTT*)

思维过程与修改轨迹:
谁来评判风格替换的充分性? 尝试将译文改得更简洁。
谁来评判文体风格替换的适切性?

原译:译者被提出了极高的要求,要兼具文学批评家、历史学家、语言学家以及创造艺术家的能力。

原文：The demands on the translator are enormous; they include competence as literary critic, historical scholar, linguistic technician, and creative artist. (Chapter 4, *CTT*)

思维过程与修改轨迹：

<u>规定性研究对译者提出了极高的要求</u>,<u>要求</u>他们兼具文学批评家、历史学家、语言<u>专家</u>以及<u>创造性</u>艺术家的能力。原译文的被动句读起来有些别扭,因此修改。

原译：因为这一评价视野的要求已经完全超出了任何个人能及的范围,其遭到质疑也就不足为奇了。

原文：It is little wonder that the evaluative horizon presents problems, for the requirements extend beyond the capacity of any single human's ability. (Chapter 4, *CTT*)

思维过程与修改轨迹：

<u>毋庸置疑,这种评估视域存在问题,</u><u>因其要求超出了任何人的能力范围</u>。尝试将译文改得更简洁。"It is little wonder"译成"毋庸置疑"似乎语气重了一些,但怎么处理呢? 看上去不起眼的几个词,译起来很伤脑筋。

<u>难怪</u>这种评估视域<u>会产生</u>问题,因其要求超出了任何人的能力范围。

<u>无怪乎</u>这种评估视域会产生问题,因其要求超出了任何人的能力范围。

原译：最为重要的是,霍尔姆斯将译文在某种既定文化中的现实样态作为研究对象,赋予这种方法以经验性实践的性质。

原文：Most importantly, Holmes conceived of the approach as an empirical practice, one which looks at actual translated texts as they appear in a given culture. (Chapter 4, *CTT*)

思维过程与修改轨迹：

<u>最重要的是,霍尔姆斯认为这种方法是一种</u><u>经验实践</u>,着眼于<u>既定文化中出现的实际翻译文本</u>。试图增加句子当中意群的停顿,提高读者阅读理解的效率。

最重要的是,霍尔姆斯认为这种方法是一种经验实践,着眼于<u>特定</u>文化中出现的实际翻译文本。

原译：……押韵翻译（rhyming translation）受到诸多约束，会导致意义的增生，最后的结果往往乏味拘谨，有掉书袋之嫌……

原文：... rhyming translations are governed by so many restraints that words end up meaning what they do not mean, and the end result often is boring, prudish, and pedantic ... (Chapter 4, *CTT*)

思维过程与修改轨迹：

……押韵翻译（rhyming translation）受到诸多约束，<u>使语词有违原意，最终译文往往了然无趣、迂腐拘束</u>……确认原文"end up meaning what they do not mean"更贴近"有违原意"之意，而非"导致意义的增生"，因此修改原译。

原译：他提出，对等值的追求超出了环绕于翻译周围的语用限制……

原文：He suggested that asking for equivalence extended beyond the pragmatic limitations encompassing the situation ... (Chapter 4, *CTT*)

思维过程与修改轨迹：

他提出，对等值的追求超出了<u>语境的实际限制</u>……尝试将译文改得更简洁。

原译：若要将此称为等值，就是在无理取闹了。

原文：To call this equivalence is perverse. (Chapter 4, *CTT*)

思维过程与修改轨迹：

若要将此称为等值，就<u>有悖常理</u>了。试图弱化原译"无理取闹"的贬义程度。

原译：简略地讲，布洛克在开始重新评估"等值"概念的时候，借用了皮尔斯对"类型（types）"和"象征（tokens）"的区分……

原文：Briefly, Van den Broeck began with a revaluation of the conception of "correspondence," drawing on Peirce's distinction between "types" and "tokens" whereby multiple tokens can refer to one type ... (Chapter 4, *CTT*)

思维过程与修改轨迹：

<u>简言之</u>，布洛克在开始重新<u>评价</u>"等值"概念的时候，借用了皮尔斯对"<u>类型符</u>"和"<u>个别符</u>"的区分……

简言之，布洛克在开始重新评价"等值"概念的时候，借用了皮尔斯对"类符"和"形符"的区分……此处采用了对皮尔斯提出的"types"和"tokens"概念约定俗成的译文。

原译：他脑海中持有的是一个独立于任何具体文化之外的脱离历史的普遍形式。

原文：He has in mind specific ahistorical universals of form which are independent from any specific cultures.（Chapter 4，*CTT*）

思维过程与修改轨迹：

他考虑到了具体的脱离历史的普遍形式，这些形式与任何具体的文化无关。试图将译文修改得更便于读者理解。

他考虑的是具体的、与历史无关的普遍形式，这些形式与任何具体的文化无关。

他考虑的是具体的、脱离历史的普遍形式，这些形式与任何具体的文化无关。

原译：米科对"功能"的使用有一个前提，即要存在一个完全未受任何影响的信息通道，以及一个理想的读者，该读者了解原作者意图，熟练掌握多种语言，能够区别细小而又复杂的语言特征，还拥有创造性的诗意能力。

原文：Miko's reference to "function" presumes an absolutely pristine message channel with an ideal reader who knows an author's original intent, is fluent in numerous languages, can distinguish minute and complex linguistic features, and has creative poetic ability.（Chapter 4，*CTT*）

思维过程与修改轨迹：

米科使用"功能"的前提是，信息传输绝对纯粹，存在完美的读者，该读者了解原作者意图，熟练掌握多种语言，能够区别细微复杂的语言特征，还拥有创造性的诗意能力。尝试将译文改得更简洁。

原译：虽然翻译研究派的学者加以否认，但是外界指责该群学者只关心文学翻译还是不无道理的。

原文：While translation studies scholars deny its validity, the charge that the group concerns itself only with literary translation is to a large degree justifiable. (Chapter 4, *CTT*)

思维过程与修改轨迹：

外界指责该群学者只关心文学翻译，这不无道理，虽然翻译研究派的学者否认这一点。改完后，把句子连起来读，感觉"否认这一点"有歧义。

外界指责这群学者只关心文学翻译，不无道理，虽然翻译研究派的学者认为指责无效。同时去掉前之改文中的"这"字。

原译：他们对纯形式特征的强调假定了同样的形式/内容二元论，并没有对其二者的关系进行理论化。

原文：Their emphasis upon the purely formal characteristics presumes the same form/content dualism without theorizing about the relation of the two. (Chapter 4, *CTT*)

思维过程与修改轨迹：

他们强调纯粹的形式特征，意味着他们同样以形式/内容二元论为前提，没有对两者的关系进行理论化。试图增加句子当中意群的停顿，便于读者理解。

他们强调纯粹的形式特征，意味着他们同样以形式/内容二元论为前提，没有从理论上阐明两者的关系。

原译：尽管早期研究学派声称其与阐释学相比具有理论新意和中介性，但他们也还是发现自己内嵌于并延续了形而上传统的二分法。

原文：Early translation studies claimed a position that was theoretically new and mediatory as opposed to hermeneutic, yet it found itself embedded in and often perpetuating many of the dichotomies of that same metaphysical tradition. (Chapter 4, *CTT*)

思维过程与修改轨迹：

早期翻译研究学派声称，它与阐释学不同，具有理论新意和中介性，但仍旧不知不觉陷入了形而上学的二分法，并延续着这一传统。试图增加句子当中意群的停顿，便于读者理解。

早期翻译研究学派声称，它与阐释学不同，具有理论新意和中介性，但仍旧不知不觉陷入了形而上学的二分法，延续着这一传统。总觉得"中介性"有些别扭，考虑换词。

早期翻译研究学派与阐释学不同,具有理论新意和居间性,但仍旧不知不觉陷入了形而上学的二分法,延续着这一传统。

原译:在对卡图卢斯第 13 首诗歌在翻译史上的不同译本进行分析时,巴斯奈特使用广义上的"功能"概念对这些的译本进行了"客观的"描述。

原文:In an analysis of a translation history of various versions of Catullus's thirteenth poem, for example, she uses a very broad definition of the term "function" to "objectively" describe the differing versions. (Chapter 4, *CTT*)

思维过程与修改轨迹:

在对卡图卢斯第 13 首诗各种版本的翻译历史进行分析时,巴斯奈特使用了"功能"一词非常宽泛的意义,"客观地"描述这些不同的文本。试图增加句子当中意群的停顿,便于读者理解。

在分析卡图卢斯第 13 首诗各种版本的翻译历史时,巴斯奈特使用了"功能"一词非常宽泛的意义,"客观地"描述这些不同的文本。

在分析卡图卢斯第 13 首诗各种版本的翻译历史时,巴斯奈特使用了广义的"功能"概念,"客观地"描述这些不同译本。

原译:然而事实上,她似乎并不认同沃尔特·马里斯(Sir Walter Marris)的译本,认为他"跌入了一个陷阱,这个陷阱就等着译者将自己拴在形式押韵的方案上"……

原文:In fact, however, she seems to distance herself from a translation by Sir Walter Marris, who "has fallen into the pitfalls awaiting the translator who decides to tie himself to a very formal rhyme scheme"... (Chapter 4, *CTT*)

思维过程与修改轨迹:

然而事实上,她似乎并不认同沃尔特·马里斯(Sir Walter Marris)的译本,认为他"跌入了一个陷阱,等着译者将自己拴在形式的格律上"……尝试将译文改得更简洁。

然而事实上,她似乎并不认同沃尔特·马里斯(Sir Walter Marris)的译本,认为他"跌入了一个陷阱,等着译者将自己拴在格律形式上"……

然而事实上,她似乎并不认同沃尔特·马里斯(Sir Walter Marris)的译本,认为他"跌入了陷阱,这陷阱就等着译者自坠其中:他自己定要拘泥于形式格律"……

原译:显然,巴斯奈特想要以夸张的方式打破读者对文学翻译的狭隘理解,使得我们能够从更加广泛的意义上看待翻译现象。

原文:Clearly Bassnett is rhetorically trying to break down the readers' narrow concept of what literary translation should be and get us to view translational phenomena in a broader sense. (Chapter 4,*CTT*)

思维过程与修改轨迹:

显然,巴斯奈特<u>不无夸张</u>,想要打破读者对文学翻译的狭隘理解,使得我们能够从更加广泛的意义上看待翻译现象。尝试将译文改得更简洁,同时增加句子当中意群的停顿,便于读者理解。

显然,巴斯奈特<u>夸大其词</u>,想要打破读者对文学翻译的狭隘理解,使得我们能够从更加广泛的意义上看待翻译现象。

原译:她将弗兰德及荷兰学者所提出的理论问题视为贯穿整个翻译理论史的代表性"翻译问题"之一,这些问题在今天的欧美翻译研究中也极为典型。

原文:She presented the theoretical issues raised by the Flemish and Dutch scholars as part of "translation problems" that have characterized translation theory throughout its history, and are very characteristic of Anglo-American approaches today. (Chapter 4,*CTT*)

思维过程与修改轨迹:

她将佛兰德及荷兰学者所提出的理论问题视为贯穿整个翻译理论史的代表性"翻译问题"之一,这些问题在今天的<u>英美</u>翻译研究中也极为典型。因原译前文中将"Flemish"译成"佛兰德",故此处统一用"佛"字。

她将佛兰德及荷兰学者所提出的理论问题视为<u>"翻译问题"的一部分</u>,<u>而"翻译问题"是贯穿翻译史的典型理论问题</u>,这些问题在今天的英美翻译研究中也极为典型。

原译:她对翻译研究的理解一部分是受到该领域内术语混淆的影响,一部分是受到传统哲学二元论印记的影响,还有一部分是受到它所推崇的审美观的影响,这种审美观极易招致缺乏指涉的主观性策略的挪用。

原文：Her understanding of translation studies was partially determined by terminological confusion within the field, its inscription in traditional philosophical dualism, and its privileging an aesthetic that lends itself to appropriation by referenceless and subjective stratagems. (Chapter 4, *CTT*)

思维过程与修改轨迹：

她对翻译研究的理解部分受到该领域术语混乱、传统哲学二元论、所推崇的美学影响，而美学的运用指涉不明、具有主观性。尝试将译文改得更简洁。

她对翻译研究的理解部分受到该领域混乱的术语、传统哲学二元论、所推崇的美学影响，而美学的运用易指涉不明、具有主观性。译文提交后发现谓语部分太长，本应在"理解"后加逗号。

原译：在判断译文的好坏、忠实与否以及是否为正确理解之前，霍尔姆斯想首先揭示翻译的过程，以了解某些决定是如何发生的。

原文：He wanted to reveal first the process of translation in order to understand why certain decisions were made, before judging the result as good/bad, true/untrue, or understood/misunderstood. (Chapter 4, *CTT*)

思维过程与修改轨迹：

在判断译文的好坏、忠实与否、理解正误之前，霍尔姆斯想首先揭示翻译的过程，以了解某些决定为何产生。尝试将译文改得更简洁。

霍尔姆斯想首先揭示翻译的过程，以了解某些决定为何产生，然后判断译文的好坏、忠实与否、理解对错。

原译：在80—90年代期间，埃文·佐哈儿（Itamar Even-Zohar）和吉登·图里（Gideon Toury）发展出来的"多元系统理论"成了当代翻译研究的理论支撑，不少人甚至认为这两个理论是难解难分的。

原文："Polysystem theory," as defined by Itamar Even-Zohar and developed by Gideon Toury, to be considered in further detail in the following chapter, became so identified as the theory underlying contemporary translation studies during the eighties and nineties, that for many the two were indistinguishable. (Chapter 4, *CTT*)

思维过程与修改轨迹：

由埃文·佐哈（Itamar Even-Zohar）定义、吉登·图里（Gideon Toury）发展的"多元系统理论"（下一章将对此详述）崭露头角，成为20世纪八九十年代翻译研究的基础，不少人甚至认为这两个理论是难解难分的。

由埃文·佐哈尔（Itamar Even-Zohar）定义、吉登·图里（Gideon Toury）发展的"多元系统理论"（下一章将对此详述）崭露头角，成为20世纪八九十年代翻译研究的基础，不少人甚至认为这两个理论是难解难分的。改到第五章时，发现译者在第五章中将"Zohar"翻译成"佐哈尔"，故而返回此处修改了"Zohar"的汉译名。

原译： 但是在某些节点，翻译会生成其自己的规则，排除一些选项，同时也打开一些此前无法预想的洞见。

原文： Yet at a certain point, the translation begins to generate its own set of rules, precluding certain choices and opening up insights that perhaps were not visible before. (Chapter 4, *CTT*)

思维过程与修改轨迹：

但是在某些节点，翻译会生成其自己的规则，排除一些选项，同时，一些也许前所未得的洞见也豁然无隐。感觉原译"打开……洞见"搭配不自然，因此修改。

原译： ……相对而言，巴斯奈特聚焦的是中心主题和意义，是获取"原文功能"，然后用新的东西来对原文的一切，包括所有的共鸣和联想进行替换。这些新的东西往往是不同的，但它们从理论上讲以相同于原文的方式作用于读者。

原文： ... whereas Bassnett focuses to the central theme and meaning, derives the "original function", and allows the replacement of much of the text, with all its particular resonance and associations, with something new and often quite different, but which theoretically affects the reader the same way. (Chapter 4, *CTT*)

思维过程与修改轨迹：

……而巴斯奈特聚焦的是中心主题和意义，是获取"原文功能"，然后用新的内容替换原文的大部分内容，包括所有的共鸣和联想。这些新内容往往与原文内容迥异，但从理论上讲，对读者的影响方式相同。尝试将译文改得更简洁。

……而巴斯奈特聚焦的是中心主题和意义，是获取"原文功能"，然后用新的内容替换原文的大部分内容，包括所有的共鸣和联想。这些新内容往往与原文内容迥异，但从理论上讲，对读者的影响相同。去掉"方式"二字。

……巴斯奈特聚焦的是中心主题和意义，是获取"原文功能"，然后用新的内容替换原文的<u>许多</u>内容，包括所有的共鸣和联想。这些新内容往往与原文内容迥异，但从理论上讲，对读者的影响却<u>与原文</u>相同。

原译：勒菲弗尔也表达了类似的观点，尽管他所使用的术语体系略微不同。他提出，在进化发展时，文学既是一种产生于基本单位的全新而又独立的单位，又是一种随着时间发展而持续变化的过程。

原文：Lefevere, using slightly different terminology, made a similar point, arguing that literature evolves both as new and independent units arise from a basic unit and as progressive changes take place over time. The task of the scholar, he argued, was to codify this evolution as well as the institutions through which that evolution takes place. (Chapter 4, CTT)

思维过程与修改轨迹：

勒菲弗尔<u>使用的术语稍有不同</u>，<u>但观点相似</u>，认为文学在演进过程中，是新的、独立的多个单位（源自一个基本单位），同时又随时间流逝而<u>进展</u>。尝试将译文改得更简洁，同时增加句子当中意群的停顿，尽可能减少读者的视觉疲劳感。

勒菲弗尔使用的术语稍有不同，但观点相似，认为文学在演进过程中，<u>既</u>是新的、独立的多个单位（源自一个基本单位），同时又<u>是</u>随时间流<u>逝产生的发展变化</u>。

勒菲弗尔使用的术语稍有不同，但观点相似，认为文学在演进过程中，既是新的、独立的多个单位（源自一个基本单位），又是随时间<u>推移</u>产生的发展变化。去掉"同时"二字。

原译：但是，早期翻译研究派的参与者指出，对这个时期的历史回顾遗漏了当年的对话、深夜的交谈、未经出版的观点等，这些对学派的发展起到了极为重要的作用。

原文：According to participants of the period, however, what is missing from historical revues of the period are the conversations, late-night dialogues, and unpublished ideas initially so important to the movement. (Chapter 4, *CTT*)

思维过程与修改轨迹：

但是，早期翻译研究派的参与者指出，对这个时期的历史记录不包含当年的对话、深夜的交谈、未经出版的观点等……改至此处，放弃此修改法，返回重改。

但是，早期翻译研究派的学者指出，那些讨论、深夜的交谈、未出版的思想对早期翻译研究的发展举足轻重，在历史记录中却杳无踪迹。

但是，早期翻译研究派的学者指出，那些对话、夜谈、未公开发表的思想对早期翻译研究的发展举足轻重，在历史记载中却杳无踪迹。想将"late-night dialogues"译成"夜话"或"夜谈"，但又感觉未译出其中的"late"之意，原译"深夜的交谈"更加忠实，但总觉得不是很自然，最终还是改成"夜谈"。

原译：赫曼斯仔细考虑了该研究领域是如何从散落在世界各个地区的不同思想中结晶出一个半共格的"学科母体（disciplinary matrix）"的，这个学科母体就是美洲、荷兰、比利时、以色列和中欧地区学者们的"合意（meeting of the minds）"。

原文：Hermans reflects on how the field chrystalized from disparate ideas floating around in different parts of the globe to a semi-coherent "disciplinary matrix", a kind of a "meeting of the minds" of scholars in the Americas, Holland, Belgium, Israel, and central Europe. (Chapter 4, *CTT*)

思维过程与修改轨迹：

赫曼斯从世界各地千差万别的思想中……改至此处，感觉需要换用其他句式，否则按此句式继续翻译，下文难以接续得爽利自如。

赫曼斯思考这一点，世界各地千差万别的思想……下文仍难顺畅承接，返回再改。

赫曼斯思考这一点，世界各地的思想千差万别，萍飘不定，而该领域是如何从中结晶出半共格的"学科母体"的——也即美洲、荷兰、比利时、以色列和中欧地区学者们的"群思荟萃"?

赫曼斯思考过这个问题:世界各地的思想千差万别,萍飘不定,而该领域是如何从中结晶出半共格的"学科母体"的——也即美洲、荷兰、比利时、以色列和中欧地区学者们的"群思荟萃"?

赫曼斯寻思,世界各地的思想千差万别,萍飘不定,而该领域是如何从中结晶出半共格的"学科母体"的——也即美洲、荷兰、比利时、以色列和中欧学者们的"群思荟萃"?去掉"地区"二字。

原译:对文学史、解构主义、文体学和翻译的兴趣,以及特别是对现存研究的不满交织在了一起,带来了一个异花受精的创造性过程。

原文:Interests in literary history, structuralism, stylistics, translation, and, especially, dissatisfaction with existing scholarship overlapped and led to a creative process of cross-fertilization. (Chapter 4, *CTT*)

思维过程与修改轨迹:

对文学史、解构主义、文体学、翻译的兴趣和对研究现状的不满交织兼集,如异花受精般交叉互育,推陈出新。尝试将译文改得更简洁。

对文学史、解构主义、文体学、翻译的兴趣和对研究现状的不满交织叠合,如异花受精般交叉互育,推陈出新。思考是否要保留原译者使用的"异花受精"这一意象。犹豫片刻,决定删去。

对文学史、解构主义、文体学、翻译的兴趣和对研究现状的不满交织叠合,兼容互育,推陈出新。

原译:霍尔姆斯和波波维奇的联系传到了荷兰与比利时,那里的学者,包括朗贝尔、勒菲弗尔和布洛克等人捡起了这个势头,随后又影响到了其他学者,如以色列的佐哈儿和图里、英国的巴斯奈特、美国的铁莫志科(Maria Tymoczko)等。

原文:Contacts established by Holmes and Popovič spread to Holland and Belgium where scholars such as José Lambert, André Lefevere, and Raymond van den Broeck picked up the momentum, which in turn spread to scholars such as Even-Zohar and Gideon Toury in Israel, Susan Bassnett in England, and Maria Tymoczko in the United States. (Chapter 4, *CTT*)

思维过程与修改轨迹：

霍尔姆斯和波波维奇的<u>交流不胫而走，影响波及</u>荷兰与比利时，那里的学者，包括朗贝尔、勒菲弗尔和布洛克等人<u>顺势而为，拾级而上</u>，随后……改至此处，暂停继续修改，回读，看是否通畅。

霍尔姆斯和波波维奇的交流<u>讯息</u>不胫而走，影响<u>席卷</u>荷兰与比利时，那里的学者，包括朗贝尔、勒菲弗尔和布洛克等人顺势而为，拾级而上，随后……再次暂停，返回再改。

霍尔姆斯和波波维奇的交流<u>产生的影响广远，波及</u>荷兰与比利时，那里的学者，包括朗贝尔、勒菲弗尔和布洛克等人顺势而为，拾级而上，<u>继而又</u>……改完还是感觉此前改文中的"随后"更好；仍不满意此处对"picked up the momentum"的处理，是否译成"<u>乘胜</u>……"或"<u>再接再厉</u>"？

霍尔姆斯和波波维奇的交流影响广远，波及荷兰与比利时，那里的学者，包括朗贝尔、勒菲弗尔和布洛克等人<u>因势而动</u>，拾级而上，<u>随后又影响到了其他学者</u>，如以色列的<u>佐哈尔</u>和图里、英国的巴斯奈特、美国的铁莫志科（Maria Tymoczko）等。同时删除前之改文中的"产生的"。

原译：翻译研究派处于不断的扩展之中。
原文：The expansion was underway. (Chapter 4, CTT)
思维过程与修改轨迹：
翻译研究<u>在不断地发扬光大</u>。
翻译研究<u>持续</u>发扬光大。感觉尚未把"expansion"的意思译出。
翻译研究持续<u>开疆拓宇</u>，发扬光大。

原译：接下来我们将转至翻译研究派的中心时期，在这个时期翻译研究派的核心思想得到了阐述和验证，在这个时期翻译研究派和多元系统理论实现了联姻，至于这联姻的结果是好是坏我们暂且不论。
原文：We now turn to the central years of translation studies in which its most important ideas were elaborated and tested; the period in which translation studies was wedded, for better or worse, to polysystem theory. (Chapter 4, CTT)
思维过程与修改轨迹：
接下来我们将转至翻译研究派的<u>主要发展</u>时期，在这个时期，翻译研究派的核心思想得到了阐述和验证<u>；</u>在这个时期，<u>无论结果好坏</u>，翻译研究派和多元系统理论珠联璧合。尝试将译文改得更简洁。

接下来我们将转至翻译研究派的主要发展时期,在这个时期,翻译研究派的核心思想得到了阐述和验证;在这个时期,无论结果如何,翻译研究派和多元系统理论实现了联姻。

接下来我们将转至翻译研究派的主要发展时期,在这个时期,翻译研究派的核心思想得到了阐述和验证;在这个时期,翻译研究派和多元系统理论珠联璧合——无论结果如何。

接下来我们将转至翻译研究派的主要发展时期,在这个时期,翻译研究派的核心思想得到了阐述和验证;在这个时期,翻译研究派和多元系统理论开始联袂合作(无论效果如何)。

接下来我们将转至翻译研究派的主要发展时期,在这个时期,翻译研究派的核心思想得到了阐述和验证;在这个时期,翻译研究派和多元系统理论实现了联姻(无论效果如何)。

接下来我们将转至翻译研究派的主要发展时期,在这个时期,翻译研究派的核心思想得到了阐述和验证;在这个时期,翻译研究派和多元系统理论珠联璧合——无论结果如何。最终还是采用了先前思考步骤中的一个版本。

原译:为什么低地国家和以色列的学者会在此时进行这样的结合研究?

原文:Why did this union of work going on by scholars in the Low Countries and in Israel occur at this moment in time? (Chapter 5, *CTT*)

思维过程与修改轨迹:

为什么低地国家和以色列的学者会在此时联袂研究?尝试将译文改得更简洁。

原译:……该理论假设,可以跨越世纪的长河直接引入一个孤立的功能(作者最初意指的功能)。

原文:... the theory hypothesized the possibility of a direct importation of an isolated function (the author's original intended function) across centuries. (Chapter 5, *CTT*)

思维过程与修改轨迹:

……该理论假设存在一个孤立的功能(即作者的预期功能)……改至

此处,思维停滞,返回修改。

……该理论假设,<u>可以超越世纪的局限</u>……改至此处,再次卡壳,返回再改。

……该理论假设<u>存在一个孤立的功能(即作者预期希望实现的功能),该功能可以超越时代的局限</u>。

原译:文学被视为在社会进化中没有起到任何作用。

原文:Literature was seen as playing no role in social evolution. (Chapter 5,*CTT*)

思维过程与修改轨迹:

<u>人们认为,文学在社会进化中没起作用</u>。尝试将译文改得更简洁。
人们认为,文学在社会<u>的演进</u>中没起作用。

原译:形式元素在不同的文化中(如在翻译中)具有不同的作用,这一发现向通加诺夫表明,文学研究的参数需要扩大到文学之外。

原文:The revelation that formal elements were capable of taking on different functions in different cultures(as in translation, for example) suggested to Tynjanov that the parameters governing literary scholarship needed to be expanded to include the extraliterary. (Chapter 5, *CTT*)

思维过程与修改轨迹:

形式元素在不同的文化中(如在翻译中)具有不同的作用,<u>根据这一发现,通加诺夫认为</u>,文学研究的<u>范围</u>需要<u>包含文学的外部研究</u>。此处因涉及文学理论,决定采用韦勒克关于文学的"内部"和"外部"研究的说法。

原译:相反,通加诺夫和雅各布森提出结构进化决定每个具体变化的论点:"文学(艺术)史与其他历史系列同时存在,和这些系列的每个个体一样,它的特点是由一系列复杂的具体结构法则所决定的。"

原文:Instead, Tynjanov and Jakobson posited the thesis that structural evolution determines every specific change: "The history of literature(art), being simultaneous with other historical series, is characterized, as is each of these series, by an involved complex of specific structural laws."(Chapter 5,*CTT*)

思维过程与修改轨迹：

相反，通加诺夫和雅各布森提出，<u>结构演变决定每个具体变化</u>："文学（艺术）史与其他历史序列同时存在，和<u>这些</u>序列的每个个体一样，<u>其</u>特点是由一系列复杂的具体结构法则<u>决定</u>。"

相反，通加诺夫和雅各布森提出，<u>结构演变决定每个具体变化</u>："文学（艺术）史与其他历史序列同时<u>发生</u>，<u>与每个序列一样</u>，都是具体结构规则<u>组成的复合体</u>。"改完发现此处自己未译出"involved"一词。

相反，通加诺夫和雅各布森提出，<u>结构演变决定每个具体变化</u>："文学（艺术）史与其他历史序列同时发生，与每个序列一样，都是具体结构规则组成的<u>复杂</u>的复合体。"

原译： ……比如，他认为报纸上的诗句主要使用的是早已被诗歌所摒弃的陈腐的格律体系。

原文： ... he argued that the verse found in newspapers, for example, used mainly effaced, banal metrical systems that had long since been rejected by poetry. (Chapter 5, *CTT*)

思维过程与修改轨迹：

……比如，他认为报纸上的诗句常常使用陈腐的格律体系，<u>早已被诗歌摒弃</u>。尝试将译文改得更简洁。

……比如，他认为报纸上的诗句常常使用陈腐的格律，早已被诗歌摒弃。去掉"体系"二字。

……比如，他认为报纸上的诗句<u>常用过时而</u>陈腐的格律，早已被诗歌摒弃。

原译： 与声称的相反，文学甚至在晚期形式主义阶段还仍旧被认为是与其他枯燥、平庸、自动化的世界隔绝的；文学被认为是自主发展的，毗邻于现实世界。

原文： Despite apparent claims to the contrary, even in late Formalism, literature was still perceived as cut off from the rest of the boring, banal, automatized world; literature was viewed as developing autonomously, adjacent to the real world. (Chapter 5, *CTT*)

思维过程与修改轨迹：

<u>尽管有不同看法，但即便在</u>晚期形式主义阶段，文学仍旧被认为是与

其他枯燥、平庸、自动化的世界隔绝的；文学被认为是自主发展的，毗邻于现实世界。发现"Despite apparent claims to the contrary"中的"apparent"尚未译出。

尽管说法看似相反，但即便在晚期形式主义阶段，文学仍旧被认为是与其他枯燥、平庸、自动化的世界隔绝的；文学被认为是自主发展的，毗邻于现实世界。

原译：……当一个弱势文学，通常是像以色列这样较小的国家，不能像强势文学系统那样创造所有的写作类型，创新能力较弱时，它只能依赖翻译来引进各种首开先例的文本。

原文：... in the second situation, when a weak literature, often of a smaller nation, like Israel, cannot produce all the kinds of writing a stronger, larger system can—thus its inability to produce innovations and subsequent dependency upon translation to introduce precedent-setting texts. (Chapter 5, *CTT*)

思维过程与修改轨迹：

……<u>弱势文学</u>，通常是像以色列这样的<u>小国文学，不像更强势、更大的文学系统，无法产生</u>所有的写作类型，<u>不能创新，因此</u>只能依赖翻译引进各种首开先例的文本。尝试将译文改得更简洁。

……弱势文学，通常是像以色列这样的小国文学，不像更强势、更大的文学系统，无法产生所有的写作类型，不能创新，因此只能依赖翻译引进各种先例文本。去掉前之改文中"首开"两字。

……弱势文学，通常是像以色列这样的小国文学，<u>与强势的较大文学系统不同</u>，无法产生所有的写作类型，不能创新，因此只能依赖翻译引进各种先例文本。

原译：根据佐哈尔的观点，与上述相反的社会情况支配着翻译在多元系统中处于次要地位。

原文：The opposite social conditions, according to Even-Zohar, govern the situations in which translation is of secondary importance to the polysystem. (Chapter 5, *CTT*)

思维过程与修改轨迹：

<u>佐哈尔认为</u>，实际的社会环境却相反，翻译对于多元系统而言是次要

的。尝试将译文改得更简洁。

佐哈尔认为,实际的社会环境却相反:翻译对于多元系统而言是次要的。

原译:在诸如法国或英美这样的强势系统中,它们有着完善的文学传统和丰富的写作类型,原创写作无须诉诸翻译就能进行思想和形式创新,因此翻译的功能在整个动态系统中就处于边缘的位置。

原文:In strong systems such as the French or Anglo-American, with well-developed literary traditions and many different kinds of writing, original writing produces innovations in ideas and forms independent of translation, relegating translations to a marginal position in the overall functioning of the dynamic system. (Chapter 5,*CTT*)

思维过程与修改轨迹:

在法国或英美这样的强势系统中,文学传统完善,写作类型丰富,原创写作无须诉诸翻译就能进行思想和形式创新,因此翻译的功能处于整个动态系统的边缘。尝试将译文改得更简洁。

原译:佐哈尔自己数据中的矛盾表明了他的诸多假设具有短暂性本质,这些矛盾还会扭曲他试图阐明之物的理论重要性。

原文:The contradictions in his own data demonstrate the ephemeral nature of many of his hypotheses and tend to distort the theoretical importance of what he is trying to articulate. (Chapter 5,*CTT*)

思维过程与修改轨迹:

佐哈尔的数据存在矛盾,表明他的诸多假说转瞬即逝……返回再改。

佐哈尔的数据存在矛盾,表明他的诸多假说不能持久,往往让人无法把握他试图阐明的理论的重要性。尝试将译文改得更简洁,同时尽量改用短句,以尽可能减少读者的视觉疲劳感。

佐哈尔的数据存在矛盾,表明他的诸多假说不能持久,往往削弱他想要阐明的理论之重要性。

佐哈尔的数据存在矛盾,可以看出他的诸多假说不能持久,这往往削弱他想要阐明的理论之重要性。

佐哈尔的数据存在矛盾,由此可见,他的诸多假说不能持久,这往往削弱他想要阐明的理论之重要性。

佐哈尔的数据存在矛盾，由此可知，他的诸多假说<u>无法</u>持久，这往往削弱他想要阐明的理论之重要性。

原译：在佐哈尔的模型中几乎不存在作者和读者共享的所指对象——内容也好，意义也好，不论其是多么任意的存在；他的分析关注的是能指，以及它如何与其他文学/文化的表意系统在形式上相互作用。

原文：The *thing* signified—the content, the meaning, however arbitrary—shared by the author and the reader is all but absent in Even-Zohar's model; his analysis focuses primarily on the signifier and how it formally interacts with other literary/cultural systems of signification. (Chapter 5, *CTT*)

思维过程与修改轨迹：

佐哈尔的模型中几乎不存在作者和读者<u>共同</u>的所指对象——<u>无论是内容还是意义，无论所指的任意性多强</u>；他的分析<u>主要关注能指，关注它如何</u>与其他文学/文化的表意系统在形式上相互作用。试图将"内容也好，意义也好"修改得更加书面化一些。

原译：在研究了翻译在不同文化系统中的地位之后，佐哈尔接下来开始沿着两条线路对翻译文本和文学系统之间的关系进行梳理……

原文：Having observed the position of translation within varying cultural systems, Even-Zohar next explored the relationship between the translated texts and the literary polysystem along two lines ... (Chapter 5, *CTT*)

思维过程与修改轨迹：

在研究了翻译在不同文化系统中的地位之后，佐哈尔接下来<u>从两方面梳理</u>翻译文本和文学系统之间的关系……尝试使用更简洁的表达。

原译：佐哈尔的方法论一开始就以统一性为假设，采用旨在消除矛盾的科学方法，这样的方法论最终可能会限制和掩盖其声称要开放对待的对象。

原文：With unity postulated from the beginning, and a scientific method aimed at eliminating contradictions, the methodology may eventually limit and obscure that which it purports to be opening up. (Chapter 5，*CTT*）

思维过程与修改轨迹：

佐哈尔一开始就假设统一性，使用的科学方法旨在消除矛盾，而这样的方法论最终可能会<u>限制、掩盖它打算开放的内容</u>。尝试将译文改得更简洁，同时增加句中意群间的停顿。

佐哈尔一开始就假设统一性，<u>采用旨在消除矛盾的科学方法</u>，这样的方法论最终可能会<u>限制和掩盖它声称要开放的对象</u>。划线部分内容仍基本沿用原译。

佐哈尔一开始就假设统一性，采用旨在消除矛盾的科学方法，这样的方法论最终可能会<u>故步自封</u>、<u>闭目塞聪</u>，限制和掩盖它声称要开放的对象。

佐哈尔一开始就假设统一性，采用旨在消除矛盾的科学方法，这样的方法论最终可能会故步自封，限制和掩盖它声称要开放的对象。同时去掉前之改文中"，闭目塞聪"等字符。

原译：整个系统建立在秩序和规则的基础之上，也建立在研究者圆满解释所有现象的能力之上。

原文：The whole system is based on order and regularity, and the ability of the investigator to satisfactorily explain all the phenomena. (Chapter 5，*CTT*)

思维过程与修改轨迹：

整个系统的根基是<u>秩序和规则</u>，<u>且研究者要能完满解释所有现象</u>。尝试将译文改得更简洁。

整个系统的根基是秩序和规则，<u>需要研究者能圆满解释所有现象</u>。

原译：通过对传统翻译理论（这些理论全都基于语言学模型或尚不完善的文学理论）的理论边界进行扩展，通过将翻译文学放置在更为广阔的文化语境之中，佐哈尔为翻译理论研究开辟了新的路径，使之突破了先前的规定美学。

原文：By expanding the theoretical boundaries of traditional translation theory, based all too frequently on linguistic models or undeveloped literary theories, and embedding translated literature into a larger cultural context, Even-Zohar opened the way for translation theory to advance beyond prescriptive aesthetics. (Chapter 5，*CTT*)

思维过程与修改轨迹：

传统翻译理论都过分以语言模式或尚不完善的文学理论<u>为基础</u>,<u>佐哈尔扩展了</u>传统翻译理论的<u>理论边界</u>,将翻译文学置于更大的文化语境<u>中</u>,<u>为翻译研究另辟蹊径</u>,使之突破了<u>规定性</u>美学。尝试将译文改得更简洁。

传统翻译理论都过分以语言模式或尚不完善的文学理论为基础,佐哈尔扩展了<u>传统翻译理论边界</u>,将翻译文学置于更大的文化语境中,为翻译研究另辟蹊径,使之突破了规定性美学。

传统翻译理论都过分以语言模式或尚不完善的文学理论为基础,<u>而</u>佐哈尔扩展了<u>其</u>理论边界,将翻译文学置于更大的文化语境中,为翻译研究另辟蹊径,使之突破了规定性美学。

传统翻译理论<u>大肆</u>以语言模式或尚不完善的文学理论为基础,而佐哈尔扩展了其理论边界,将翻译文学置于更大的文化语境中,为翻译研究另辟蹊径,使之突破了规定性美学。

传统翻译理论<u>对</u>语言模式或尚不完善的文学理论<u>依赖过甚</u>,而佐哈尔扩展了其理论边界,将翻译文学置于更大的文化语境中,为翻译研究另辟蹊径,使之突破了规定性美学。

原译： 对<u>这些</u>转换的分析表明,这段时期内的翻译很少对语言做出改变,而且这些鲜有发生的省略和更为少见的增添往往也和文本的一致性没有关系。

原文： The analysis of the shifts showed that there were very few linguistic changes in operation during the period, and those few omissions and fewer additions tended to be irrelevant to the identity of the text. (Chapter 5, *CTT*)

思维过程与修改轨迹：

对这些转换的分析表明,<u>这段时期,语言变化很少,鲜见省略,增译则更罕见,和文本的同一性无关</u>。尝试将译文改得更简洁,同时增加句中意群间的停顿,以尽可能减少读者的视觉疲劳感。

对这些转换的分析表明,这段时期,语言变化很少,鲜<u>有</u>省略,增译则更罕见,和文本的同一性无关。

对这些转换的分析表明,这段时期,语言变化很少<u>;译文</u>鲜有省略,增译则更罕见,<u>往往</u>和文本的同一性无关。

对这些转换的分析表明,这段时期,译文语言变化很少;译文鲜有省略,增译则更罕见,往往和文本的同一性无关。

原译:图里对形式普遍性的借用着实出人意料,因为形式普遍性的背后是行为导向的物质理论。

原文:The appeal to formal universals in an otherwise performance-oriented and material theory is an unexpected move. (Chapter 5, *CTT*)

思维过程与修改轨迹:

在行为导向的物质理论中使用形式普遍性概念,这出人意料。尝试将译文改得更简洁。

在行为导向的实质理论中使用形式普遍性概念,这出人意料。

原译:霍尔姆斯在《翻译研究的名与实》(The Name and Nature of Translation Studies)(1972/5)中提出的与描述研究互相作用的辩证进化的理论在这里得到了实现。

原文:Holmes's call in *The Name and Nature of Translation Studies* (1972/5) for a dialectically evolving theory interacting with descriptive research had indeed been realized. (Chapter 5, *CTT*)

思维过程与修改轨迹:

霍尔姆斯在《翻译研究的名与实》(1972/5)(*The Name and Nature of Translation Studies*)中呼吁创立与描述研究结合、辩证演进的理论,此志竟成。

在《翻译研究的名与实》(1972/5)(*The Name and Nature of Translation Studies*)中,霍尔姆斯期待创立一种与描述研究结合的、辩证演进的理论,此志竟成。

在《翻译研究的名与实》(1972/5)(*The Name and Nature of Translation Studies*)中,霍尔姆斯期待创立一种与描述研究结合的、辩证演进的理论,如愿以偿。

在《翻译研究的名与实》(1972/5)(*The Name and Nature of Translation Studies*)中,霍尔姆斯期待创立一种与描述研究结合的、辩证演进的理论,此愿已偿。

在《翻译研究的名与实》(1972/5)(*The Name and Nature of Translation Studies*)中,霍尔姆斯期待创立一种与描述研究结合的、辩证演进的理论,<u>终究如愿以偿</u>。反复纠结"had indeed been realized"该如何译,正是这类看上去极易理解的文字常令笔者苦思冥想。

原译:作为多元系统理论根基的经验性主张,即对目标系统中的真实文本进行考察,似乎正在最近的调查研究中逐渐消散。

原文:The empirical claim upon which polysystem theory was founded, i.e., that it looks at actual texts in a target system, seems to be dissolving in light of recent investigations. (Chapter 5, *CTT*)

思维过程与修改轨迹:

考察目标系统中的实际文本,这是多元系统理论植根的经验主张,<u>但根据</u>……改至此处,思维涩滞,返回再改。

考察目标系统中的实际文本,这是多元系统理论<u>所</u>植根的<u>实证方法</u>,<u>但近来的研究似乎表明,这一主张趋于式微</u>。

考察目标系统中的实际文本,<u>这一实证方法是多元系统理论的根基</u>,但近来的研究似乎表明,这一方法已趋式微。

考察目标系统中<u>实际文本的实证方法是多元系统理论的根基</u>,但近来的研究似乎表明,这一方法已趋式微。

<u>多元系统理论的根基是考察目标系统中的实际文本</u>,但近来的研究似乎表明,这一<u>实证主张</u>已趋式微。改来改去,总感觉读来仍费劲。

多元系统理论的根基是<u>这一实证主张</u>:考察目标系统中的实际文本,但近来的研究表明,<u>该实证主张似</u>已式微。

原译:令人奇怪的是,他在 80 年代一直保持沉默,他的理论贡献也销声匿迹。

原文:He remained surprisingly silent during the eighties and his theoretical contributions were missed. (Chapter 5, *CTT*)

思维过程与修改轨迹:

他在 80 年代一直保持沉默,<u>令人讶异</u>,<u>惜乎未能作出理论贡献</u>。

他在 80 年代一直保持沉默,令人讶异,<u>本可作出更大的理论贡献,惜乎已失良机</u>。

他在 80 年代一直保持沉默,令人讶异,本可<u>在理论贡献方面大有作为</u>,惜乎<u>良机已失</u>。尝试将译文修改得更简洁,但改后感觉还需再增加些语词,才能把原文意思讲清楚。

原译：另一方面，虽然朗贝尔和赫曼斯也都是从系统理论中的类似出发点开始研究，但是他们似乎更倾向于在没有假设的前提下对数据进行观察，看它是如何遵循多元系统的。他们承认，所观察到的数据可能符合，也可能不符合等级结构。

原文：Lambert and Hermans, on the other hand, while beginning from a similar position within systems theory, seem more inclined to observe the data and to see how it fits without presuppositions, acknowledging that the observed facts may or may not fit within the hierarchical structure.（Chapter 5，CTT）

思维过程与修改轨迹：

另一方面，虽然朗贝尔和赫曼斯的<u>系统理论研究出发点相似</u>，但是他们似乎更倾向于在没有假设的前提下<u>观察数据</u>，看它是如何遵循多元系统的。他们<u>指出</u>，所观察到的数据可能符合<u>或不符合</u>等级结构。尝试将译文改得更简洁。

另一方面，虽然朗贝尔和赫曼斯的系统理论研究出发点相似，但是他们似乎更倾向于<u>不设前提</u>，客观地观察数据<u>及其与系统层级的吻合性</u>。他们指出，所观察到的数据可能<u>与层级结构吻合</u>，也可能不吻合。可能因为受原译的精神影响，最后半句还是采用了与原译近似的结构。

原译：在保留系统性方法和归纳性推理的同时，朗贝尔似乎暗示，构想的系统可能并不会像调查学者最初认为的那样发挥作用，他对"其他"模式化的行为研究持开放态度，因为这些研究可能有助于解释翻译现象。

原文：While retaining a systemic approach and reasoning inductively, Lambert seems to be suggesting that the system as conceived may not function as the investigating scholar initially thought, and is open to the study of "other" patterned behavior which may help explain translational phenomena.（Chapter 5，CTT）

思维过程与修改轨迹：

<u>朗贝尔仍然使用了系统法和归纳推理法，似乎暗示系统发挥的作用可能与研究者最初的想象不同</u>，他对"其他"模式化的行为研究持开放态度，因为这些研究可能有助于解释翻译现象。尝试将译文改得更简洁。

朗贝尔<u>沿用</u>了系统法和归纳推理法，似乎暗示系统发挥的作用可能与研究者最初的想象不同，他对"其他"模式化的行为研究持开放态度，因

为这些研究可能有助于解释翻译现象。

朗贝尔沿用了系统法和归纳推理法,他似乎认为,系统发挥的作用可能与研究者最初的想象不同,他对"其他"模式化的行为研究持开放态度,因为这些研究可能有助于解释翻译现象。

原译:英美的翻译学者,如巴斯奈特、勒菲弗尔(80 年代初移居美国)、大卫·劳埃德(David Lloyd)和玛利亚·铁莫志科(Maria Tymoczko),似乎与佐哈尔的多元系统模型保持了更远的距离,因为他们发现这一模型过于形式主义,限制性太大。

原文:Translation scholars in England and America like Bassnett, Lefevere(who moved to America in the early eighties), David Lloyd, and Maria Tymoczko seem to be distancing themselves even further from Even-Zohar's polysystem model, which they find too formalistic and restrictive. (Chapter 5, *CTT*)

思维过程与修改轨迹:

英美的翻译学者,如巴斯奈特、勒菲弗尔(80 年代初移居美国)、大卫·劳埃德(David Lloyd)和玛利亚·铁莫志科(Maria Tymoczko),似乎与佐哈尔的多元系统模型形同陌路,因为他们认为这一模型过于形式主义,限制性太大。尝试将译文改得更简洁。

原译:尽管翻译研究学派的英美分支也在"使用"多元系统理论假说,但他们也表明需要进行进一步的考虑。

原文:While the polysystem theory hypothesis is being "used" by this Anglo-American branch of translation studies, they also suggest further considerations need to be included. (Chapter 5, *CTT*)

思维过程与修改轨迹:

尽管翻译研究学派的英美分支也在"使用"多元系统理论假说,但他们也认为,理论有待更进一步。尝试将译文改得更简洁。

尽管翻译研究学派的英美分支也在"使用"多元系统理论假说,但他们也认为,理论有待完善。

原译:例如,勒菲弗尔在移居美国后的 20 年间发表的一系列文章中放弃了归纳和科学的方法,转而采用更多演绎、更少形式主义的方法。

原文： In a series of articles over the past two decades, all written since his move to the United States, Lefevere, for example, dropped the inductive and scientific approach in favor of a more deductive and less formalistic method. (Chapter 5, *CTT*)

思维过程与修改轨迹：

例如，勒菲弗尔在移居美国后的 20 年间发表的一系列文章中,<u>不再使用科学归纳法,而采用</u>……对改文不满意,暂停校译下文,返回修改。

例如，在勒弗菲尔<u>过去 20 年间发表的一系列文章中（皆写于移居美国后）</u>,不再使用科学归纳法,而采用……回读,重改。

<u>过去 20 年间</u>,勒弗菲尔在移居美国后发表的一系列文章中,不再使用科学归纳法,而偏好<u>更具演绎性、更少</u>……译不下去,再改。

过去 20 年间,勒弗菲尔在移居美国后发表的一系列文章中,不再使用科学归纳法,而偏好<u>演绎性更强、形式性更弱的方法</u>。

过去 20 年间,勒弗菲尔在移居美国后发表的一系列文章中,不再使用科学归纳法,<u>转而</u>偏好演绎性更强、形式性更弱的方法。

过去 20 年间,勒弗菲尔在移居美国后发表的一系列文章中,不再使用科学归纳法,转而偏好<u>更具演绎性</u>……但后文怎么译都感觉佶屈聱牙。

过去 20 年间,勒弗菲尔在移居美国后发表的一系列文章中,不再使用科学归纳法,转而偏好<u>重演绎性、轻形式主义</u>的方法。译文提交后,在本书编辑的提醒下才发现将"勒菲弗尔"写成了"勒弗菲尔"。

原译： 处于主导地位的话语体系可以表现的十分显露,就像东欧多年来的情况一样,但其更多时候是发挥隐性的作用,许多西方国家可能就是这样。

原文： The dominant set of discourses can be overtly manifest, as was the case in Eastern Europe for many years, but more frequently function covertly, as is perhaps true in many Western countries. (Chapter 5, *CTT*)

思维过程与修改轨迹：

<u>占主导地位的话语可以</u>……接下去难译,返回再改。

占主导地位的话语<u>显而易见,东欧多年来的情况就是这样,但通常却</u>……后文仍难自如承接,重改。

占主导地位的话语<u>可能显而易见,但通常潜形隐迹</u> ,前者如东欧多年来的,后者或如许多西方国家……

占主导地位的话语可能显而易见(东欧多年来即如此),但通常潜形隐迹(许多西方国家可能如此)。

占主导地位的话语可能显而易见,但通常潜形隐迹,前者如东欧(多年来一直如此),后者如许多西方国家。

占主导地位的话语可能显而易见(东欧多年来即如此),但通常潜形隐迹(许多西方国家可能如此)。

占主导地位的话语可能显而易见(东欧多年来即如此),但通常潜形隐迹/在幕后操纵(许多西方国家可能如此)。此处列出"潜形隐迹""在幕后操纵"两种译法,供原译者参考。

原译:尽管各个子系统——包括文学系统——常常为利益而互相竞争,但是它们全部都会有意识或无意识地服从所处社会在特定历史时期中盛行的典型意识形态。

原文:While various subsystems—the literary included—wrestle over often competing interests, they are all subject to, either consciously or subconsciously, a prevailing ideology characteristic of the society at a given point in history. (Chapter 5, *CTT*)

思维过程与修改轨迹:

尽管各个子系统——包括文学系统——常常为利益而互相竞争,但是它们全都有意识或潜意识地服从所处社会在特定历史时期中的主流意识形态。将"subconsciously"的译文改成"潜意识"。

尽管各个子系统——包括文学系统——常常争名竞利,但是它们全都有意识或潜意识地服从所处社会在特定历史时期的主流意识形态。

原译:其他学者使用勒菲弗尔方法论和新术语的最好例子就是玛利亚·铁莫志科(Maria Tymoczko)1986年的文章《作为一种20世纪史诗到浪漫文学革命力量的翻译》(Translation as a Force for Literary Revolution in the Twelfth-Century Shift from Epic to Romance)(Tymoczko, 1986)。

原文:The best example of a scholar using Lefevere's methodology and new terminology was Maria Tymoczko's 1986 article "Translation as a Force for Literary Revolution in the Twelfth-Century Shift from Epic to Romance"(Tymoczko, 1986). (Chapter 5, *CTT*)

思维过程与修改轨迹：

以下修改只涉及对原译中论文译名的修改，因此只罗列对论文译名的修改步骤。

《作为一种力量的翻译：二十世纪……》译至此，发现原译将"the Twelfth-Century"译成"二十世纪"，可能译者在单调乏味、劳形苦心的翻译过程中将"Twelfth"看成了"Twentieth"，也可能因为在阅读中遇到"二十世纪"比遇到"十二世纪"的概率高很多，因此也容易将"Twelfth"理解成"Twentieth"。

《翻译：从史诗到传奇的十二世纪转变中的文学革命力量》
《翻译的力量：十二世纪从史诗到传奇的文学传统更迭》
《翻译的力量：十二世纪从史诗到传奇的文学传统更迭与革命》
《翻译的力量：十二世纪文学传统的更迭与革命——从史诗到传奇》
《翻译的力量：十二世纪文学传统从史诗到传奇的更迭与革命》
《翻译的力量：十二世纪从史诗到传奇的文学革命》

原译： 通过运用勒菲弗尔的术语，她追溯了赞助人系统的进化，表明了 12 世纪末期史诗歌手的地位是如何衰落的，以及赞助人是如何向文字译者、改编者和作者投以偏好的。

原文： Using Lefevere's terminology, she traced the evolution of the patronage system, showing how, by the end of the twelfth century, the position of epic singers had gone down and the patrons favored instead lettered translators, adaptors, and authors. (Chapter 5, *CTT*)

思维过程与修改轨迹：

她运用勒菲弗尔的术语，追溯了赞助人系统的演进，指出了 12 世纪末吟游诗人地位是如何趋于式微的，赞助人如何新宠……下文难以顺畅承接，返回再改。

她运用勒菲弗尔的术语，追溯了赞助系统的演进，解释了 12 世纪末吟游诗人的地位是如何趋于式微的，博学的译者、编者及作者是如何成为赞助者新宠的。

原译： 学者们都热切关注描述研究的"其他"部分，因为 80 年代开展的很多工作都是围绕相似、差异和转换等细节问题的列举，对于翻译为何会出现这些特征却少有解释。

原文：Scholars eagerly anticipated the "beyond" portion of descriptive studies, for during the eighties many projects were long on enumeration of details such as similarities, differences, and shifts, but short on explanation of why such features occurred in translations. (Chapter 5, *CTT*)

思维过程与修改轨迹：

学者们都热切关注描述研究的"其他"部分，因为80年代开展的很多工作都<u>在罗列</u>相似、差异和转换等细节问题，<u>却疏于解释</u>翻译为何会出现这些特征。尝试将译文改得更简洁。

原译：多元系统理论声称自己可以描述和生成一个能够进行解释和预测的理论，因此有望提供一些答案。

原文：Polysystem theory, which purported to describe and generate a theory that could explain and predict, promised to supply some answers. (Chapter 5, *CTT*)

思维过程与修改轨迹：

多元系统理论<u>标榜</u>……改至此，感觉"标榜"不如"自称"合适，返回再改。

多元系统理论<u>自称要描述、生成一种可解释、可预测的理论</u>，因此有望<u>解</u>惑释疑。

原译：遗憾的是，佐哈尔和图里的新书只是重述了70年代的重要思想，而并没有对其进行发展。

原文：Unfortunately, Even-Zohar's and Toury's new books rearticulate rather than develop important ideas from the seventies. (Chapter 5, *CTT*)

思维过程与修改轨迹：

遗憾的是，佐哈尔和图里的新书只是重述了70年代的重要思想，而<u>未对其发展深化</u>。

遗憾的是，佐哈尔和图里的新书只是重述了70年代的重要思想，而<u>未能引而申之</u>。试将"引而申之"分别替换成"引申发展""引申出重要观点"，但更不满意。

原译：作为一名严谨的学者和敏锐的思考者，图里为他目标文本导向的研究方法提供了一个极具说服力的例证……

原文：A meticulous scholar and incisive thinker, Toury makes a persuasive case for his target-text approach to studying translation … (Chapter 5, *CTT*)

思维过程与修改轨迹：

图里<u>治学严谨</u>，思考敏锐，<u>为他文本导向的翻译研究给出了一个例证，颇有说服力</u>……

图里<u>研精殚思</u>，为他文本导向的翻译研究给出了一个例证，颇有说服力……感觉"研精殚思"稍显生僻，意欲换用其他词语，但一时没想出更合适的，不愿再为此多耽搁，只得一仍其旧。

原译：图里精准定位了其他学者描述研究中的弱点，迅速指出了他们没有考虑到的变量。

原文：Toury pinpoints the weaknesses in other scholars' attempts at description, and is quick to point out variables not considered. (Chapter 5, *CTT*)

思维过程与修改轨迹：

图里<u>一针见血地指出</u>了其他学者描述研究中的<u>不足</u>，<u>干净利落地指出</u>……改至此处，回读，发现该句中已使用了两个"指出"，需避免重复。

图里一针见血地<u>发现</u>了其他学者描述研究中的不足，<u>眼明手捷地</u>指出了他们没有考虑到的变量。

图里一针见血地发现了其他学者描述研究中的不足，<u>干脆利落地</u>指出了他们没有考虑到的变量。

原译：他写道："每一种关系法则，一旦得以发现并且得到适当的表述，毫无疑问都会具有下列条件句的形式：如果 X，那么 Y 的可能性就越大/小"。

原文：He writes, "Each relational law, when uncovered and properly formulated, will have an unmistakably **conditional** form of the following type: **if X then the greater/the lesser the likelihood that Y**". (Chapter 5, *CTT*)

思维过程与修改轨迹：

他写道："每条关系法则，一旦<u>被揭示、被确切阐述</u>，<u>必然</u>呈现出如下<u>条件句的形式</u>：如果 X，那么 Y 的可能性就越大/小"。

他写道:"每条关系规则<u>如</u>被揭示、被<u>确切</u>阐述,<u>必然呈现出如下条件句的形式</u>:如果 X,那么 Y 的可能性就越大/小"。

他写道:"每条关系规则<u>一旦</u>被揭示、被恰切阐述,<u>形式必如条件句</u>:如果 X,那么 Y 的可能性就越大/小"。

他写道:"每条关系规则一旦被揭示、被恰切阐述,<u>其</u>形式必<u>为</u>条件句:如果 X,那么 Y 的可能性就越大/小"。译文提交后,发现原文黑体部分忘记标注。因为校改原译使用的原文版本经 pdf 转换成 word 后,原文的黑体标记消失,而其后检查时亦浑然未觉。

原译:通过图里的最终表述我们可以看到系统是如何运作的,它将翻译安置在了一个边缘的地位:"越是处于边缘,翻译就越会使自己适应既定的模型和知识库。"

原文:With Toury's final formulation, we can see how the system operates, ensuring marginal status to translation: "the more peripheral this status, the more the translation will accommodate itself to established models and repertoires."(Chapter 5, *CTT*)

思维过程与修改轨迹:

通过图里的最终表述<u>,</u>我们可以看到系统是如何运作的,它将翻译安置在了一个边缘的地位……译至此处,感觉读来滞涩,返回再改。

<u>图里的最终表述揭示了</u>系统是如何运作的,它将翻译<u>置于边缘地位</u>:"<u>位置越边缘化,翻译就越能适应既定的模式和语汇。</u>"

原译:然而,在这个时期也存在着抵抗式翻译活动,从欧洲和拉丁美洲引进超现实主义作家和实验写作作家的作品……

原文:Yet a great deal of resistance translation activity was going on, from the importation of surrealist and experimental writers from Europe and Latin American ... (Chapter 5, *CTT*)

思维过程与修改轨迹:

然而,<u>这个时期出现了大量抵制翻译的活动</u>,从欧洲和拉丁美洲引进超现实主义作家和<u>实验主义</u>作家的作品……

然而,这个时期<u>抵制翻译的活动风起云涌</u>,从欧洲和拉丁美洲引进超现实主义作家和实验主义作家的作品……对"resistance translation activity"的确切所指犹疑不决。

然而,这个时期的翻译活动风起云涌,比如从欧洲和拉丁美洲引进超现实主义作家和实验主义作家的作品……

然而,这个时期,美国译入外来文化的活动如火如荼,比如从欧洲和拉丁美洲引进超现实主义作家和实验主义作家的作品……

原译:这样的数据与图里的发现是矛盾的,很显然,在做出图里这样的概括之前,还需要进行更多的研究。

原文: Such data contradicts Toury's findings, and clearly more studies need to be done before such generalizations can be made. (Chapter 5, CTT)

思维过程与修改轨迹:

这些事实与图里的研究结果矛盾,显然,在图里得出这样的概括性结论之前,还要进行更多的研究。

这些事实与图里的研究结果矛盾,显然,在图里得出结论前,还要进行更多的研究。去掉前之改文中"这样的概括性"等字。尝试将译文改得更简洁。

这些事实与图里的研究结果矛盾,显然,在图里归纳概括之前,还要进行更多的研究。

这些事实与图里的研究结果矛盾,显然,如没有更多的研究佐证,图里这样概括还为时尚早。

原译:作为一种现象,翻译似乎颠覆了任何系统的研究方法,甚至有可能颠覆自身,它伴随着要对其进行范畴化的呼声不断进化。

原文: As a phenomenon, translation seems to subvert any systematic approach to its own study, and may indeed subvert itself, continually evolving as claims categorizing it are articulated. (Chapter 5, CTT)

思维过程与修改轨迹:

作为一种现象,翻译似乎颠覆了任何系统的研究方法,甚至的确可能颠覆了自身,随着……译至此处,感觉如果照此翻译,下文难以顺畅承接,返回修改。

作为一种现象,翻译似乎颠覆了任何系统的研究方法,甚至的确可能颠覆了自身;对翻译分类的主张……下文仍难接续,再改。

作为一种现象,翻译似乎颠覆了任何系统的研究方法,甚至的确可能颠覆了自身;人们明确主张翻译要分类,翻译也在不断演进。

第一章 译文生产过程的本质:期望逼近极限的运动

作为一种现象,翻译似乎颠覆了任何系统的研究方法,甚至的确可能颠覆了自身;人们明确主张,翻译要分类,与此同时,翻译也在不断演进。

作为一种现象,翻译似乎颠覆了任何系统的研究方法,甚至的确可能颠覆了自身;翻译要分类,这样的主张已明确提出;与此同时,翻译也在不断演进。

原译:下一章将对其中一个可能的进一步思考,即解构主义,进行讨论。该学派提供了一些翻译研究者们直到最近都在避免的考察翻译现象的方法。

原文:The next chapter will deal with one such possibility for further thought, that of deconstruction, which offers ways of viewing translational phenomena that translation studies scholars have until recently systematically avoided. (Chapter 5, *CTT*)

思维过程与修改轨迹:

下一章将深入探讨其中的一种可能——解构主义。解构主义提出一些研究翻译现象的方法,直到最近,翻译学者才开始关注。

下一章将深入探讨其中的一种可能——解构主义。解构主义提出了一些研究翻译现象的方法,而直到最近,翻译学者才开始关注。

下一章将深入探讨其中的一种可能——解构主义。解构主义提出了一些研究翻译现象的方法,翻译学者一直拒之门外,直到最近才开始关注。如将"拒之门外"改成"将之拒于门外",似乎更好。

原译:为了这一营生,语言要求印象应具备相似性,也要求对现实进行分类(arrangement)的预设应符合时代的话语——这个预设假定了存在的普遍性、认知主体的首要性,以及一种能够描述这些普遍性的语言。

原文:For this enterprise, language required the similarity of impressions, and thus the presupposition of an arrangement of reality to conform to the discourse of the period—one that posited universals of being, the primacy of the knowing subject, and a language capable of describing those universals. (Chapter 6, *CTT*)

思维过程与修改轨迹:

为了这项事业,语言需要……感觉原文中的"For this enterprise"翻译起来较棘手,左思右想。

77

为此大计，语言必须具备与印象相似的功能，预设对现实梳理，以符合时代的话语——这个预设假定了存在的普遍性、认知主体的首要性，以及一种能够描述这些普遍性的语言。

为此大计，语言必须具备印象画的仿摹性，因此必须以顺应时代话语的现实安排为前提——这个前提假定了存在的普遍性、认知主体的首要性，以及一种能够描述这些普遍性的语言。

为此大计，语言必须具备印象画的仿摹性，因此要预设对现实的描摹规划，以顺应时代话语——这个前提假定了存在的普遍性、认知主体的首要性，以及一种能够描述这些普遍性的语言。

为此大计，语言必须具备印象画的仿摹性，因此要以对现实的描摹规划为前提，以顺应时代话语——这个前提假定了存在的普遍性、认知主体的首要性，以及一种能够描述这些普遍性的语言。

原译：在解构主义的双重运动中——即是作为一种对结构的消解（clearing-away）也是作为一种跨越历代传统思维的进入，翻译进入到了理论之中。

原文：In the double movement of deconstruction—as a clearing-away of structures that congest and as an entering made possible by leaping over generations of traditional thought—translation enters theory.（Chapter 6，*CTT*）

思维过程与修改轨迹：

在解构的双重运动中——清除壅塞的结构、通过跨跃历代传统思考以可能进入——翻译进入了理论。同时删除原译中的"主义"二字。

在解构的双重运动中——清除壅塞的结构、通过跨越历代传统思考以进入——翻译进入了理论。尝试将译文改得更简洁。

原译：……如果我们能打破我们封闭的概念框架，就会信服地认为这个前本体论的在场比在文化上被一致认可的意义（更）有意义。

原文：... if we could break down our closed conceptual framework, we could conceivably understand as（more）meaningful than culturally agreed upon meaning.（Chapter 6，*CTT*）

思维过程与修改轨迹：

参看机器翻译结果：

（DeepL 翻译）……如果我们能打破封闭的概念框架，我们可以想象地理解为比文化上约定俗成的意义(更)有意义。

（谷歌翻译）……如果我们能够打破我们封闭的概念框架，那么我们可以想象的是(在文化上)比在文化上更有意义商定的意思。

……如果我们能打破我们封闭的概念框架，可以想象的是，这个前本体论的在场比文化上约定俗成的意义(更)有意义。同时去掉原译中的"在"字。感觉"文化上"读起来不太通，将就如此。

原译：福柯认为在这一时期出现了双重断裂：语言断裂了与其所指事物的联系，并且断裂了与自然秩序一般连续性的联系，从而获得了自己的生命。

原文：Foucault suggests that a double break occurred during this period: languages broke with their ties to the represented thing and broke their link with the general continuity of the natural order, thus gaining a life of their own. (Chapter 6, *CTT*)

思维过程与修改轨迹：

福柯认为在这一时期出现了双重突破：语言打破了与其所指事物的联系，并且打破了与自然秩序一般连续性的联系，从而获得了自己的生命。原译"断裂"不太好理解，且原文的"break"此处似乎最好译成"突破"？犹豫片刻，决定修改。

福柯认为在这一时期出现了双重突破：语言突破了与其所指事物联系在一起的束缚，并且突破了与自然秩序一般连续性联系在一起的束缚，从而获得了自己的生命。

福柯认为在这一时期出现了双重突破：语言分别突破了与其所指对象、与自然秩序一般连续性联系在一起的束缚，从而获得了自己的生命。

福柯认为在这一时期出现了双重突破：语言不再与其所指对象、自然秩序一般连续性联系在一起，而是突破了其所指对象的束缚，突破了自然秩序一般连续性的束缚，从而获得了自己的生命。

福柯认为在这一时期出现了双重突破：语言突破了其所指对象的束缚，突破了自然秩序一般连续性的束缚，不再与这两者联系在一起，从而获得了自己的生命。为使读者更易理解，增译"不再与这两者联系在一起"。

原译：人作为言说的主体是如何消失的，如何阐明语言中沉默的东西，这些问题还没有得到回答，而德里达又用这些尚未解答的问题来消解前人试图得出一个翻译理论的努力,对此我将在下一节展开叙述。

原文:The question of how man has disappeared as a speaking subject and how one can illuminate that which is silent in language is not answered, but used by Derrida, as I will attempt to show in the following section, to dismantle previous attempts to arrive at a theory of translation. (Chapter 6, *CTT*)

思维过程与修改轨迹:

人作为言说的主体是如何消失的,如何阐明语言中沉默的东西,这些问题<u>尚未解答</u>,而德里达<u>却用这些问题试图</u>……对改文不满意,暂停校译下文,返回再改。

人作为言说的主体是如何消失的,如何阐明语言中沉默的东西,这些问题尚未解答,而德里达却<u>以此来</u>……仍不满意。

人作为言说的主体是如何消失的,如何阐明语言中沉默的东西,这些问题尚未解答,而德里达却<u>用这些问题来摧挫此前创立翻译理论的尝试</u>……原文中的"dismantle"该怎么翻?反复思考,决定暂时译成"摧挫",但对此译并不满意,因为该词并非常用词。

人作为言说的主体是如何消失的,如何阐明语言中沉默的东西,这些问题<u>未被解答</u>,<u>却被德里达利用</u>,来摧挫此前创立翻译理论的尝试。

人作为言说的主体是如何消失的,如何阐明语言中沉默的东西,这些问题未被解答,却被德里达<u>用来</u>摧挫此前创立翻译理论的尝试。

原译:就对翻译理论的影响而言,德里达的"印迹游戏"并不是属于对可识别意义进行跨界传带的翻译,而是一个沿着并不在场的道路行进的运动,这是一条声音和回响的道路,声音可以讲述但却无法捕获,回响在被听到的同时也在消失,这条道路已经撒播和蒸发。

原文:In terms of informing translation theory, Derrida's "play of the trace" belongs not to a translation that carries identifiable meaning across boundaries, but to a movement along an absent road, one that has disseminated or evaporated, of a voice that tells but cannot be captured, an echo disappearing as it is heard. (Chapter 6, *CTT*)

思维过程与修改轨迹:

就对翻译理论的影响而言,德里达的"印迹游戏"<u>不属于跨界传播可识别意义的译本</u>,而<u>属于</u>沿着<u>不</u>在场的道路行进的运动,这是一条<u>纵横绵</u>

延或已荡然无存的路,是声音和回响之路,声音在讲述但无法捕捉,回响在发声的同时也在消失。考虑"evaporated"是说成"荡然无存"好,还是"影灭迹绝"好?似乎前者好些。

就对翻译理论的影响而言,德里达的"印迹游戏"不属于翻译,没有跨界传播可识别的意义,而属于沿着不在场的道路行进的运动,这是一条纵横绵延或已荡然无存的路,是声音和回响之路,声音在讲述但无法捕捉,回响在被听到的同时也在消失。

就对翻译理论的影响而言,德里达的"印迹游戏"不属于翻译,没有跨界传播可识别的意义,而属于沿不在场的道路行进的运动——这是一条纵横绵延(撒播)或已荡然无存(蒸发)的路,是声音和回响之路,声音在讲述但无法捕捉,回响在被听到的同时也在消失。

原译:相反,他建议最好将翻译视为一个案例,在这个案例中语言总是处于一个修改原文的过程,一个为尽可能把握原文渴望命名的东西而延迟和取代的过程。

原文:Instead, he suggests translation might better be viewed as one instance in which language can be seen as always in the process of modifying the original text, of deferring and displacing for ever any possibility of grasping that which the original text desired to name. (Chapter 6, *CTT*)

思维过程与修改轨迹:

相反,他建议最好视翻译为一种情形,在这一情形中……改至此处,回读,检查改文。

相反,他建议最好视翻译为一种情境,在这一情境中,语言可被看作……下文难以顺畅接续,返回再改。

相反,他建议最好视翻译为一种情境,在这一情境中,可以这么认为,语言一直在修改原文,一直在延迟、取代任何把握原文想要命名之物的可能性。

相反,他建议最好将翻译视为一种情境,在这一情境中,可以这么认为,语言一直在修改原文,一直在延迟、取代任何理解原文想要命名之物的可能性。

相反,他建议最好将翻译视为一种情境,在这一情境中,可以这么认为,语言一直在修改原文,一直在延迟、取代任何理解(原文想要命名之物)的可能性。使用括号是将"原文想要命名之物"作为补充说明,但更是为了读者在阅读此类艰深的理论时能够轻松断句。

原译:德里达对本雅明做出如下引用并加入了插入性解释:正如生命的各种表象与生存密切相关而又不意指生存的任何方面一样,译文也从原文开始。但,它源自的确实不是原文的生命,而是原文的生存[Uberleben]。

原文:Derrida quotes and parenthetically explains his reading of Benjamin as follows: Just as the manifestations of life are intimately connected with the living, without signifying anything for it, a translation proceeds from the original. Indeed not so much as from its life as from its survival [*Überleben*].(Chapter 6,*CTT*)

思维过程与修改轨迹:

<u>德里达引用了本雅明的观点,并解释如下</u>:如同生命的表征与<u>生存</u>密切相关、却不说明什么,译文缘起原文,与其说源自生存,不如说源自生命[*Überleben*]。试图将译文改得更简洁。

<u>德里达引用了本雅明的观点,并解释如下</u>:<u>正如</u>生命的表征与生存密切相关、却不说明什么<u>一样</u>,译文<u>延续了</u>原文,与其说<u>延续了</u>其生存,不如说<u>延续了其</u>生命[*Überleben*]。译文提交后,发现若按此处改文格式排版,引文部分应加引号。

原译:本雅明使用的并被德里达援引的隐喻就是,沿着碎片的边缘连接起来以达成放大。

原文:The metaphor used by Benjamin and cited by Derrida is the one of enlargement by adjoining along the broken lines of a fragment. (Chapter 6,*CTT*)

思维过程与修改轨迹:

<u>沿着断裂的边缘,将碎片拼接,使其扩大,这是本雅明使用、德里达援引的隐喻</u>。

沿着断裂的边缘,将碎片拼接<u>缀连</u>,使其扩大,这是本雅明使用、德里达援引的隐喻。"扩大"只有两个音节,在这里读起来节奏感稍差,改成"<u>有增无减</u>"如何?但如果这样修改,意思似乎产生了微妙的差异,还是不行。

沿着断裂的边缘,将碎片拼接缀连,使其扩展增大,这是本雅明使用、德里达援引的隐喻。

原译:解构是一个在物理和物质上接触和打开的过程,而不是在抽象上把握和关闭的过程;在没有再现的重组(reconstituting without representing)中,解构考虑到了接受与给予,考虑到了爱与成长。

原文:By a process that physically, materially touches and opens rather than one that abstractly grasps and closes, deconstruction, in reconstituting without representing, allows receiving and giving, allows for love and growth. (Chapter 6,*CTT*)

思维过程与修改轨迹:

解构主义通过物理的、物质的接触和开放(而不是抽象的把握和关闭),在重构而非再现的过程中,允许接收和给予,考虑到了爱与成长。试图将译文改得更简洁、更利于读者理解。

解构主义通过物质的、客观的接触和开放(而不是抽象的把握和关闭),在重构而非再现的过程中,允许接收和给予,考虑到了爱与成长。

原译:因为在翻译中,不同的语言会在再次分离之前相互接触,不论这种接触是多么少量或间接;各种可能性在命名和认同行为停止互动游戏之前就已经在场了。

原文:For in translation languages do touch, in whatever minuscule or tangential way, before they again separate; possibilities present themselves before the act of naming and identifying stops the interactive play. (Chapter 6,*CTT*)

思维过程与修改轨迹:

因为在翻译中,不同的语言在再次分离之前相互接触,不论这种接触是多么微不足道或牵强附会……译至此处,发现原文"whatever"并非指程度轻重,原译处理成了"however"的意思,笔者也改错了。

因为在翻译中,不同的语言在再次分离之前,会以任何微不足道或擦肩而过的方式相互接触……译至此处,回读,再改。

因为在翻译中,不同的语言在再次分离之前,会以任何微不足道或蜻蜓点水的方式相互接触;在命名和认同行为停止互动游戏之前,各种可能性会呈现出来。

因为在翻译中，不同的语言在再次分离之前，会以任何微不足道或蜻蜓点水的方式相互接触；在命名和识别行为停止互动游戏之前，各种可能性会呈现出来。

因为在翻译中，不同的语言在再次分离之前，会以任何微不足道或蜻蜓点水的方式相互接触；在命名和识别行为停止互动游戏之前，<u>许多可能</u>性会呈现出来。

因为在翻译中，不同的语言在再次分离之前<u>会相互接触，这种接触或微乎其微，或如蜻蜓点水</u>；在命名和识别行为停止互动游戏之前，许多可能性会呈现出来。

因为在翻译中，不同的语言在再次分离之前会相互接触，这种接触或微乎其微，或如蜻蜓点水；在命名和识别行为停止互动游戏之前，<u>会出现许多可能性</u>。

原译：在翻译活动中，译者也许会在某些瞬间以一种神秘的方式感觉到海德格尔所说的那种不可把握的情形。

原文：Fleeting moments of what Heidegger refers to as the ungraspable situation perhaps can be uncannily sensed by the translator during the activity of translation. (Chapter 6, *CTT*)

思维过程与修改轨迹：

在翻译活动中，<u>海德格尔所说的无法把握的情境稍纵即逝的时刻，译者或许会在不经意间感觉到</u>。试图切分原译的长句，使读者更易理解。

在翻译活动中，海德格尔所说的无法把握的情境<u>的</u>稍纵即逝的时刻，译者或许会<u>不可思议地感觉到</u>。

在翻译活动中，<u>无法把握的情境（海德格尔所言）</u>的稍纵即逝的时刻，译者或许会不可思议地感觉到。

在翻译活动中，<u>海德格尔所说的无法把握的情境的短暂瞬间</u>，译者或许会<u>在不经意间感觉到</u>。

原译：忽视这种可能性，就像翻译理论历史上所做的那样，只会使其自身的不足继续存在下去。

原文：To ignore such possibilities, as translation theory has historically done, only perpetuates its own inadequacy. (Chapter 6, *CTT*)

思维过程与修改轨迹：

如果像翻译理论历来……译至此处，思维停滞。

翻译理论历来不理会这种可能性，但如果这样，只能……对改文不满意，暂停校译下文，返回再改。

翻译理论历来不理会这种可能性，但如果<u>一仍其旧，只会积重难返</u>。

原译：我们永远无法，事实上也从未有过，将纯粹的所指在一种语言和另一种语言之间，或者在同一种语言内部进行"输送"，从而让能指的工具（signifying instrument）保持童贞不受影响。

原文：We will never have, and in fact have never had, to do with some "transport" of pure signifieds from one language to another, or within one and the same language, that the signifying instrument would leave virgin and untouched. (Chapter 6, *CTT*)

思维过程与修改轨迹：

我们永远无法<u>也从未</u>将纯粹的所指在一种语言和另一种语言之间，或者在同一种语言内部进行"输送"，从而让能指的工具（signifying instrument）<u>原封不动</u>。

我们永远无法也从未将纯粹的所指在一种语言和另一种语言之间，或者在同一种语言内部进行"输送"，从而让能指的工具（signifying instrument）<u>纯如处子</u>，原封不动。"Leave virgin"此处译成"原封不动"即可，加上"纯如处子"是为了覆盖"virgin"所有可能的语意，也为了让读者能更形象地理解。但总感觉有些别扭，最终却未作进一步修改。

原译：解构主义的方法对传统翻译研究的影响是广泛且持续的，使其特点难以总结。

原文：The repercussions of the deconstructionist alternative to traditional approaches of translation are widespread and accumulating, making them hard to characterize. (Chapter 6, *CTT*)

思维过程与修改轨迹：

解构主义的方法对传统翻译研究的影响<u>广泛且不断累积，难以定性</u>。试图将译文修改得更简洁。

解构主义的方法对传统翻译研究的影响<u>是广泛的，且日积月累的</u>，难以定性。

解构主义的方法对传统翻译研究的影响<u>十分广泛</u>，<u>且日积月累</u>，<u>因此</u>难以定性。

原译：这是他临终前做的最后的一项工作，其正好体现了译文是如何照亮和阐明原文的，让学者们对原文的暂时性有了更好的理解。

原文：The last thing he worked on before he died, it demonstrates just how a translation illuminates and elaborates upon the original, giving scholars a better sense of the original's transitory nature. (Chapter 6, *CTT*)

思维过程与修改轨迹：

这是他临终前做的最后的一项工作，它恰恰体现了译文是如何照亮和阐明原文的……对改文不满意，感觉"它"字冗余，返回再改。

这是他临终前做的最后的一项工作，恰好体现了译文是如何照亮和阐明原文的，让学者们对原文的暂时性有了更好的理解。

这是他临终前做的最后的一项工作，恰好体现了译文是如何照亮和阐明原文的，让学者们对原文<u>稍纵即逝</u>的<u>本质</u>有了更好的理解。

原译：布洛克指出，正如解构主义对将意义假定为文本给定属性的确定性理论提出了挑战一样，翻译研究学派也对翻译模式和类型的多样性做出了解释。

原文：Just as deconstruction challenges theories of determinacy, theories which posit meaning as a given property of a text, so too, argues Van den Broeck, does translation studies account for diversity of translation modes and types. (Chapter 6, *CTT*)

思维过程与修改轨迹：

布洛克指出，正如解构<u>理论挑战了决定论</u>（该理论认为意义是文本的既定属性），<u>翻译研究也解释了翻译模式和类型的</u>多样性。试图将译文修改得更简洁，改文中加上小括号是为了提高读者阅读效率。

布洛克指出，<u>解构主义</u>挑战了<u>决定性理论</u>（该理论认为意义是文本的既定属性），翻译研究也<u>要</u>解释翻译模式和类型的多样性。同时去掉前之改文中的"了"字。

原译：将德里达视为只是为更好的翻译提供了另一种规定，既在目标语言中引入陌生或反常的效果,这种观点过于简单,也会产生误导。

原文: To see Derrida as offering merely another prescription for better translation, i.e., one that imports estranging or abusive effects into the target language, is reductive and misleading. (Chapter 6, *CTT*)

思维过程与修改轨迹:

如果将德里达<u>的理论</u>仅仅看作是为更好的翻译提供了另一种规定,即在目标语言中引入陌生或反常的效果,这种观点<u>会</u>过于简单,也会产生误导。反复揣摩原文的意思后,感觉原文有轻微的假设意味,决定加上"如果"二字。

<u>如果认为,德里达只是为</u>更好的翻译提供了另一种规定,即在目标语言中引入陌生或反常的效果,这种观点会过于简单,也会产生误导。

如果认为德里达只是为更好的翻译<u>另立新规</u>,即在目标语言中引入陌生或反常的效果,这种观点会过于简单,也会产生误导。同时去掉前之改文中"如果认为"后的逗号。

原译:<u>左恩渴望统一</u>、连贯和符合逻辑的联系,这使他认为可以将这个比喻解读为:正如花瓶的碎片可以"被**粘合**(glue)在一起,但必须在最小的细节上都要互相**吻合**(match)"从而形成一个更大的完整花瓶,同样,各种译本也可以被视为一个更大语言的碎片(强调符号为本书作者所加,Benjamin, trans. Zohn, 1969:78)……

原文: Zohn's desire for unity, coherence, and logical connections causes him to suggest that the simile be read as follows: as fragments of a vessel can "be *glued* together must *match* in the smallest details" to form a larger, whole vessel, so too can translations be seen as fragments of a larger language ... (Chapter 6, *CTT*)

思维过程与修改轨迹:

<u>左恩追求统一</u>、连贯和符合逻辑的联系,<u>因此他认为可以将这个比喻解读为</u>:正如花瓶的碎片可以"被**粘合**(glue)在一起,但必须<u>纤毫吻合,不遗巨细</u>"……译至此处,回读,再改。

左恩追求统一、连贯和符合逻辑的联系,因此他认为可以将这个比喻解读为:正如花瓶的碎片可以"被**粘合**(glue)在一起,但必须<u>完</u>全<u>吻合</u>,不遗巨细",从而形成<u>完整的大花瓶</u>,同样,各种译本也可以被视为<u>范畴更大的</u>语言的碎片……

左恩追求统一、连贯和符合逻辑的联系，因此他认为可以将这个比喻解读为：正如<u>双耳瓶</u>的碎片可以"被<u>粘合</u>（glue）在一起，但必须完全吻合，不遗巨细"，从而形成完整的<u>大瓶</u>，同样，各种译本也可以被视为范畴更大的语言的碎片……此处意识到"花瓶"应改为"双耳瓶"，以与前文笔者的改动保持一致，见"第二章"中"第二节"的相关内容。

原译：雅各布斯的翻译则认为，作为碎片，作为一个花瓶的"**碎裂**（broken）部分，为了**接合**（articulated）成整体，必须在最小的细节上彼此**跟随**（follow）"，同样，翻译也让我们认识到了一个更大语言的**碎裂部分**。

原文：Jacobs's alternative suggests that as fragments, as the "*broken* parts" of a vessel "in order to be *articulated* together, must *follow* one another in the smallest detail", so too does translation make recognizable the *broken part* of a greater language（italics mine, Jacobs, 1975:762）. (Chapter 6, *CTT*)

思维过程与修改轨迹：

雅各布斯的翻译则认为，作为碎片，作为一个<u>双耳瓶</u>的"**碎裂**（broken）部分，为了**整合**（articulated），必须<u>彼此寸缕</u>**承接**（follow）"，同样，翻译也让我们认识到了<u>范畴更大的</u>语言的**碎裂部分**。此处再次确认了"双耳瓶"的译文是否合适。

雅各布斯的翻译则认为，作为碎片，作为一个双耳瓶的"**碎裂**（broken）部分，为了**整合**（articulated），必须<u>在尺寸之间都彼此</u>**接续**（follow）"，同样，翻译也让我们认识到了范畴更大的语言的**碎裂部分**。

原译：雅各布斯理解左恩那受到历史制约的解读，也没有对其作出判断；她的论文提供了一种替代性方案，而这一方案后来产生了大量有利于她自己的对本雅明的解读。

原文：Jacobs understands but does not judge Zohn's historical conditioned reading; her essay offers an alternative, one which has engendered a plethora of subsequent Benjamin interpretations favorable to her own. (Chapter 6, *CTT*)

思维过程与修改轨迹：

对于<u>左恩带有历史局限性的解读</u>，雅各布斯理解但不评判；她的文章给出了另一种解读方法，这一方法催生了大量对本雅明观点的阐释，这些阐释都赞同她的观点。尝试改动原译的句序，看是否更便于读者理解。

对于左恩带有历史局限性的解读，雅各布斯理解但不评判；她的文章给出了另一种解读方法，这一方法催生了大量对本雅明观点的阐释，这些阐释都对她的观点有利。

对于左恩带有历史局限性的解读，雅各布斯理解但不评判；她的文章给出了另一种解读方法，这一方法催生了大量对本雅明理论的阐释，这些阐释与她的观点相辅相成。

原译：例如，德曼在文章开头提到了荷尔德林对索福克勒斯的译文，本雅明对这些译文中的全新替代性方案赞赏有加。德曼援引本雅明指出，荷尔德林的译文对语言的扩展程度之高，已经使得他的译文可能要将译者包围在沉默之中，也使得意义可能要丢失在"语言的无底深度"之中。

原文：Beginning, for example, with Hölderlin's translations from Sophocles praised so much by Benjamin for their radical alternative, de Man quotes Benjamin as arguing that Hölderlin's translations expanded language so much that they threatened to enclose the translator in silence and that meaning threatened to become lost in the "bottomless depths of language". (Chapter 6, *CTT*)

思维过程与修改轨迹：

例如，德曼在文章开头提到了荷尔德林翻译的索福克勒斯的作品……译至此处，回读，查看改文是否通畅。

例如，德曼在文章开头提到了荷尔德林翻译索福克勒斯作品的文本，本雅明对作品译文中的激进译法赞赏有加。德曼援引本雅明指出，荷尔德林的译文广泛扩展了语言，这有可能使译者囿于缄默……译至此处，看了一眼下文，感觉费神，于是参看 DeepL 译文：德曼引用本雅明的话说，霍尔德林的译本对语言的扩展如此之大，以至于有可能将译者封闭在沉默之中，意义有可能在"语言的无底深渊中"迷失。认为 DeepL 的后半句译文值得借鉴。

例如，德曼在文章开头提到了荷尔德林翻译索福克勒斯作品的文本，本雅明对作品译文中的激进译法赞赏有加。德曼援引本雅明指出，荷尔德林的译文广泛扩展了语言，这有可能使译者囿于缄默，可能使意义在

"语言的无底深渊"中迷失。检查时发现,修改时过于专注于每一句话的译文质量,而忽视了句子之间的逻辑性和连贯性;此处改文中,两句话之间的逻辑关系不清晰。

例如,德曼在文章开头提到了荷尔德林翻译索福克勒斯作品的文本,本雅明对作品译文中的激进译法赞赏有加,<u>而德曼则与之质辩</u>,<u>认为荷尔德林的译文扩大了语言的外延</u>,这有可能使译者囿于缄默,可能使意义在"语言的无底深渊"中迷失。

原译:德曼继续辩称,互相跟随的碎片永远无法构成一个整体。

原文:De Man goes on to argue that fragments that follow one another will never constitute a totality. (Chapter 6, *CTT*)

思维过程与修改轨迹:

参看 DeepL 译文:德曼进而认为,彼此相随的碎片永远不会构成一个整体。

德曼<u>进而认为</u>,<u>彼此接续拼缀</u>的碎片永远无法构成一个整体。感觉 DeepL 译文中的"进而"一语用得挺好。

原译:她把翻译称为一个"场所(site)",在这场所中不同文化和语言之间的不平等关系得到了最为显著的延续。

原文:She names translation as the "site" in which the unequal relations among different cultures and languages have been most dramatically perpetuated. (Chapter 6, *CTT*)

思维过程与修改轨迹:

她把翻译称为一个"场所(site)",在这<u>一</u>场所中,不同文化和语言之间的不平等关系得到了<u>延续</u>,<u>引人注目</u>。尝试切分原译的长句,使读者更易理解。

原译:译本具有互文性,有些译本还参与了教育等殖民行为,译本还借来了欧洲的思想和价值,这些都是在图里和朗贝尔描述译本的模型中没有涉及到的更为广阔的问题。(Chapter 6, *CTT*)

原文:The intertextuality of translations, the canonical nature of certain translations that participate in the colonial practices such as education, the borrowing of European ideas and values through translations are some of the larger matters that are not included in Toury's and Lambert's models for describing translations. (Chapter 6, CTT)

思维过程与修改轨迹：

译文的互文性、有些译文参与教育等殖民行为的规范性、译文引进的欧洲思想和价值观……感觉下文难以顺畅接续，返回修改。

译文具有互文性，有些译文涉及教育等殖民行为且具有规章性……回读，再改。

译文的互文性、有些译文参与教育等殖民行为的规范性、译文引进的欧洲思想和价值观……对改文不满意，暂停校译下文，返回再改。

译本具有互文性，有些译本涉及教育等殖民行为且具有规约性，译本引进了欧洲思想和价值观，这些都是更宏大的问题，而图里和朗贝尔描述译本的模型中都未涉及。

译本具有互文性，有些译本涉及教育等殖民行为且具有规约性，译本带来了欧洲思想和价值观，这些都是更宏大的问题，而图里和朗贝尔描述译本的模型中都未涉及。

原译： 因此，双重书写、内部颠覆、双关、扭曲、转向等一系列解构主义策略对后殖民主义的译者来说也是重要的，因为在这种双重书写中能指的游戏比所指的游戏更为突出，这就开辟了新的理论前沿，也打开了新的途径，使对过去时代或不同文化的揭示不必屈从于再现的规范或传统的观念。(Chapter 6, CTT)

原文： The deconstructive strategies of double writing, of subversion from within, of puns, twists, and turns, thus become important to postcolonial translators, for in such double writing, the play of the signifier is foregrounded over that of the signified, opening a new theoretical frontier, a new way of revealing a past age or different culture without submitting to norms of representation or traditional conceptions.

思维过程与修改轨迹：

因此，对后殖民主义的译者来说，双重书写、内部颠覆、双关、扭曲、转向等一系列解构主义策略就十分重要，因为在这种双重书写中，能指的游戏比所指的游戏更为突出，这就开辟了新的理论前沿和途径……感觉"开辟……前沿"的搭配略显别扭，但不改也罢。

因此，对后殖民主义的译者来说，双重书写、内部颠覆、双关、扭曲、转向等一系列解构主义策略就十分重要,因为在这种双重书写中,能指的游戏比所指的游戏更为突出,这就开辟了新的理论前沿,以<u>一种新的方式揭示过去的时代或不同的文化</u>,而不屈从于再现的规范或传统的观念。

因此,对后殖民主义的译者来说,双重书写、内部颠覆、双关、扭曲、转向等一系列解构主义策略就十分重要,因为在这种双重书写中,能指的游戏比所指的游戏更为突出,这就开辟了新的理论前沿,<u>用</u>新的方式揭示过去的时代<u>或</u>不同的文化,而不屈从于再现的规范或传统的观念。

原译:在重写文本时,如何才能不会陷入约束现有译本的有关真理、在场和权威的认识论束缚?

原文:How does one go about rewriting texts without falling into the same epistemological binds of truth, presence, and authority that constrain present versions?(Chapter 6, *CTT*)

思维过程与修改轨迹:

在重写文本时,如何才能<u>不陷入对当前译本的真理</u>、在场和权威的认识论束缚?

在重写文本时,如何才能不陷入对当前译本的真理、在场和权威的<u>同样的认识论束缚</u>?总是感觉"不陷入……束缚"有些搭配不自然。

在重写文本时,如何才能不陷入对当前译本的真理、在场和权威的认识论束缚<u>的窠臼</u>?同时去掉"同样的"。

原译:斯皮瓦克的研究不断提出问题,这些问题都是关于对所谓的"第三世界"的学术研究代表了哪些人的利益?

原文:Spivak's work continually raises questions regarding whose interests are represented in research and scholarship about the so-called "third world."(Chapter 6, *CTT*)

思维过程与修改轨迹:

参看 DeepL 译文:斯皮瓦克的工作不断提出关于所谓"第三世界"的研究和学术中代表谁的利益的问题。

斯皮瓦克的研究不断提出问题,这些问题<u>与</u>所谓的"第三世界"<u>相关</u>的学术研究代表了<u>谁</u>的利益?准备改换句式,看看哪种表达更自然。

<u>所谓"第三世界"的研究和学术代表谁的利益,斯皮瓦克的研究不断提出这些相关问题</u>。

原译：虽然不能完全令人鼓舞，但她的答案是，西方的学者/翻译家可以部分接触底层的状态。这种接触不是通过底层群体或代表他们的知识分子/翻译家们所说的话，而是通过阅读那些没有被说出来的内容——对间隙、沉默和矛盾的症候式阅读。

原文：Her answer, while not completely encouraging, is that the Western scholar/translator can partially access the subaltern condition, not through what is specifically said by either the subaltern group or by the intellectuals/translators representing them, but by reading that which is not said-reading the gaps, the silences, and the contradictions symptomatically. (Chapter 6, *CTT*)

思维过程与修改轨迹：

<u>她认为</u>，西方的学者/翻译家可以部分接触底层的状态<u>，</u>不是通过底层群体或代表他们的知识分子/翻译家们所说的话<u>得以接触</u>……尝试改变句序，看看哪种句序更自然。

她认为，西方的学者/翻译家可以部分接触底层的状态，不是通过底层群体或代表他们的知识分子/翻译家们所说的话<u>去接触</u>……

她认为，西方的学者/翻译家可以部分接触底层的状态，不是通过底层群体或代表他们的知识分子/翻译家们所说的话去<u>了解</u>，而是通过阅读那<u>些</u>没有被说出来的内容——对间隙、沉默和矛盾的症候式阅读<u>去获得信息</u>，<u>虽然斯皮瓦克这么说谈不上多么鼓舞人心</u>。

她认为，西方的学者/翻译家可以部分接触底层的状态，不是通过底层群体或代表他们的知识分子/翻译家们所说的话去了解，而是通过阅读那<u>些</u>没有被说出来的内容——对间隙、沉默和矛盾的症候式阅读去获得信息，虽然<u>这谈不上有多么鼓舞人心</u>。

原译：福柯的反记忆研究表明，伴随着西方的版本和土著支配群体的版本还存在着另外一个历史，但出于各种意图和目的这个历史被静默了。

原文：Foucault's work on counter-memory suggests that another history exists that accompanies Western versions and versions by dominant indigenous groups, but one which has for all intents and purposes been silenced. (Chapter 6, *CTT*)

思维过程与修改轨迹：

福柯的反记忆研究表明，<u>还有另外一段历史与西方的版本和土著支</u>

配群体的版本并存,但尽管存在各种目的和意图,这段历史缄默不言。尝试将译文改得更加简洁,并尽可能使用短句。

原译:斯皮瓦克还要求译者逐渐学会谈论"原文语言中的亲密事项(intimate matters)"。

原文: Spivak also asks that the translator have graduated into speaking of "intimate matters in the language in the original". (Chapter 6, CTT)

思维过程与修改轨迹:

参看不同的机器翻译结果:(DeepL 翻译)斯皮瓦克还要求译者已经毕业于讲"原文中语言的私密事项"。

(谷歌翻译)斯皮瓦克还要求译者毕业后说"原始语言中的内在问题"。

斯皮瓦克还要求译者循序渐进,逐渐过渡到对……思考"graduated into"是不是可以译成"循序渐进,逐渐……"?好像还行。

斯皮瓦克还要求译者循序渐进,逐渐开展对"原文语言中的内在关键问题"的研究。

原译:但是对于文化研究的学者来讲,他们一般不从事翻译研究,其中许多人的外语也并不流利,这些要求可能算是新颖的或者是让他们感到无所适从的。

原文:But for cultural studies scholars, who have generally not engaged translation studies, many of whom are not fluent in foreign languages, these ideas may seem either new or overwhelming. (Chapter 6, CTT)

思维过程与修改轨迹:

参看 DeepL 译文:许多严格的翻译培训计划同样要求严格。但对于一般没有从事过翻译研究的文化研究学者来说,他们中的许多人并不精通外语,这些想法可能显得很新奇或不知所措。

但是对于文化研究的学者来讲,他们一般不从事翻译研究,其中许多人的外语也并不流利,这些也许是全新的要求,可能让他们不知所措。尝试将译文改得更简洁。

原译：因此，她对德维的翻译增补了她对德里达的研究，因为她可能觉得德里达的工作不足以处理类似印度部落这样的具体政治情形。

原文：Her translations of Devi thus supplement her work on Derrida, whose work she perhaps finds insufficient to address specific political situations such as those of the Indian tribal. (Chapter 6, *CTT*)

思维过程与修改轨迹：

因此，她对德维的翻译增补了她对德里达的研究，因为她可能觉得，德里达的理论在分析特定的团体情境（如印度部落）时还有些<u>计匮力绌</u>。认为"计匮"一语略生僻，准备删除此二字。

因此，她对德维的翻译增补了她对德里达的研究，因为她可能觉得，德里达的理论在分析特定的团体情境（如印度部落）时还有些力绌。去掉"计匮"二字。

因此，她对德维的翻译增补了她对德里达的研究，因为她可能觉得，德里达的理论在分析<u>某些</u>特定的团体情境（如印度部落）时还有些力绌。

原译：两者都旨在提供一些新的构思和应答方式。

原文：Both are aimed at providing an opening for new ways of conceiving and responding. (Chapter 6, *CTT*)

思维过程与修改轨迹：

参看不同的机器翻译结果：(DeepL 翻译)两者都旨在为新的构想和回应方式提供一个开端。

(谷歌翻译)两者的目的都是为构想和回应的新方式提供一个机会。

两者都旨在<u>开辟蹊径，生发新的构想、新的反馈</u>。试图将原译修改得让读者更易理解些，但不确定改文能否达到目的。

两者都旨在开辟蹊径，<u>产生</u>新的构想、新的<u>效果</u>。

原译：我认为翻译研究学派已经准备好开始对关于差异和延迟"空间"的写作——运行之中的延异——进行研究了，而理论需要赶上方法论的潜在发展。

原文：Instead, I argue that translation studies is already equipped to begin a study of writing about the differing and deferring "spaces"—of *différance* in action—and the theory needs to catch up to the possibilities of the methodology. (Chapter 6, *CTT*)

思维过程与修改轨迹：

参看 DeepL 译文：相反，我认为，翻译研究已经具备了开始研究不同和推迟的"空间"——行动中的差异——的条件，理论需要赶上方法的可能性。

我认为，翻译研究已<u>披坚执锐</u>，准备开始研究差异和延迟"空间"（<u>运动中的**延异**</u>），理论要能……"披坚执锐"是不是用词太过了？准备再改。

我认为，翻译研究已<u>厉兵秣马</u>，准备开始研究（运动中**延异**的）不同和延迟"空间"——理论要能赶上方法论的……

我认为，翻译研究已厉兵秣马，准备开始研究（运动中**延异**的）不同和延迟"空间"——理论要赶上各种可能的方法论的发展。

我认为，翻译研究已厉兵秣马，准备开始<u>探索、叙述</u>（运动中**延异**的）不同和延迟"空间"——理论要赶上各种可能的方法论的发展。

原译：一些翻译研究学派的学者似乎正要迈出这一步，其理论上的影响或将十分深远。

原文：Some scholars in translation studies seem to be on the threshold of making such a move, and the theoretical repercussions may be far-reaching. (Chapter 6, *CTT*)

思维过程与修改轨迹：

一些翻译研究学者似乎<u>跃跃欲试</u>，<u>而这方面的研究产生的理论影响</u>……尝试将译文改得更简洁。

一些翻译研究学者似乎跃跃欲试，而<u>相关理论研究或将影响深远</u>。

原译：此外，最近的翻译还正在本书前面章节尚未提到的世界各地复兴，如西班牙、意大利、加拿大、巴西、中国等，尤其是那些已经开放了边界的民族，包括中欧和东欧的一些国家。

原文：Additionally, translation of recent has enjoyed a renaissance in many parts of the world not included in the above chapters, such as Spain, Italy, Canada, Brazil, China, and especially in those nations in which borders have been opened, including countries in central and eastern Europe. (Chapter 7, *CTT*)

思维过程与修改轨迹：

此外，<u>在本书前面章节未曾提及的许多地区</u>，<u>翻译正在复兴</u>，这些地区包括……改至此处,回读已改文字。

此外,在本书前面章节未曾提及的许多<u>国家和地区</u>,翻译正在复兴,<u>这些</u><u>国家和地区</u>包括西班牙、意大利、加拿大、巴西、中国等,尤其是那些<u>边境开放的地区</u>,包括中欧和东欧的一些国家。

译至此处,参看 DeepL 译文:此外,近代的翻译在世界上许多未被列入上述章节的地方,如西班牙、意大利、加拿大、巴西、中国,特别是在那些边境开放的国家,包括中欧和东欧国家,都获得了复兴。

此外,在本书前面章节未曾提及的许多<u>地方</u>,翻译正在复兴,<u>这些</u><u>地方</u>包括西班牙、意大利、加拿大、巴西、中国等,尤其是那些边境开放的<u>国家和地区</u>,包括中欧和东欧的一些国家。总感觉"在本书前面章节未曾提及的许多地方"这一表达极不自然。

此外,<u>在世界上的许多地方(尽管前文未曾提及)</u>,翻译正在复兴,这些地方包括西班牙、意大利、加拿大、巴西、中国等,尤其是那些边境开放的国家和地区,包括中欧和东欧的一些国家。

此外,<u>在世界多地(前文未及)</u>,翻译正在复兴,<u>比如</u>西班牙、意大利、加拿大、巴西、中国等<u>国</u>,尤其是那些边境开放的国家和地区,包括中欧和东欧的一些国家。

此外,<u>除了前文提及的国家和地区以外</u>,<u>在世界其他许多地方</u>,翻译<u>也</u>正在复兴,比如西班牙、意大利、加拿大、巴西、中国等国,尤其是那些边境开放的国家和地区,包括中欧和东欧的一些国家。

此外,除了前文提及的国家和地区以外,在世界其他许多地方,翻译也在复兴,比如西班牙、意大利、加拿大、巴西、中国等国,尤其是那些边境开放的国家和地区,包括中欧和东欧的一些国家。去掉前之改文"正在复兴"中的"正"字。

原译:在全球化的时代背景下"不太为人所知的语言"尤其受到了威胁,因此翻译和翻译研究就显得愈发重要。

原文:In this age of globalization, "lesser known languages" are particularly threatened, and translation and the study of translation become of increasing importance. (Chapter 7, *CTT*)

思维过程与修改轨迹:

参看 DeepL 译文:在这个全球化的时代,"鲜为人知的语言"尤其受到威胁,翻译和翻译研究变得越来越重要。

在这个全球化的时代,"鲜为人知的语言"尤其危机四伏,因此翻译和翻译研究就显得愈发重要。基本采用了 DeepL 的译文。

在这个全球化的时代,"鲜为人知的语言"的<u>生存危机尤甚</u>,因此翻译和翻译研究就显得愈发重要。

在这个全球化的时代,"鲜为人知的语言"<u>所处的环境岌岌可危</u>,因此翻译和翻译研究就显得愈发重要。感觉"所处的环境"也是冗余表达,应该可以去掉。

在这个全球化的时代,"鲜为人知的语言"<u>岌岌可危</u>,因此翻译和翻译研究就显得愈发重要。

原译:众所周知,翻译的语言学研究和文学研究之间存在断裂,而解构主义和任何科学的方法之间也存在间隔。

原文:The breaches between linguistic and literary investigations of translation are well known, as are the gaps between deconstruction and any scientific approach. (Chapter 7, *CTT*)

思维过程与修改轨迹:

参看 DeepL 译文:翻译的语言学和文学研究之间的裂痕是众所周知的,解构和任何科学方法之间的差距也是众所周知的。

众所周知,翻译的语言学研究和文学研究之间存在<u>裂痕</u>,而解构主义和<u>其他</u>科学的方法之间<u>也</u><u>有些扞格不入</u>。

众所周知,翻译的语言学研究和文学研究之间存在裂痕,而解构主义和其他科学的方法之间也<u>龃龉不入</u>。

众所周知,翻译的语言学研究和文学研究之间<u>相互龃龉</u>,而解构主义和其他科学的方法相互之间也<u>有些扞格不入</u>。纠结"扞格""龃龉"哪个词更常用,但又感觉差不多,最后还是选择"扞格"。

原译:他的主要话题通常就是翻译,但他的研究在很大程度上却未受理会,因为他的思想对所有研究翻译的新兴学科都构成了极大威胁,对于这些学科而言,翻译的可能性以及语言之间的某种可定义的边界是最基本前提。

原文:Often his primary topic was translation; yet his ideas were so threatening to emerging disciplines studying translation, all of which depend minimally upon the possibility of translation and certain definable borders between languages, that his work was largely ignored. (Chapter 7, *CTT*)

思维过程与修改轨迹：

参看 DeepL 译文：他的主要议题往往是翻译；然而他的思想对研究翻译的新兴学科具有威胁性，所有这些学科都最低限度地依赖于翻译的可能性和语言之间某些可定义的边界，因此他的工作在很大程度上被忽视了。

他的主要话题通常就是翻译，但他的<u>思想锋芒直逼</u>……感觉照此句法翻译，下文难以顺畅接续，返回修改。

他的主要话题通常就是翻译，但他的思想锋芒<u>逼人，极大地挑战了翻译研究的新兴学科</u>……对改文不满意，暂停校译下文，返回再改。

他的主要话题通常就是翻译，但他的思想锋芒<u>毕露，对研究翻译的新兴学科挑战极大</u>，而对<u>所有</u>这些学科而言，翻译的可能性、语言之间某种可定义的边界是<u>其存在的基本前提</u>，<u>因此德里达的研究未受重视</u>。去掉"语言之间"后的"的"。

他的主要话题通常就是翻译，但他的思想锋芒毕露，对研究翻译的新兴学科挑战极大，而对所有这些学科而言，翻译的可能性、语言之间某种可定义的边界是其存在的基本前提，因此对德里达的研究<u>漠然置之</u>。

他的主要话题通常就是翻译，但他的思想锋芒毕露，对研究翻译的新兴学科挑战极大，而对所有<u>这些</u>学科而言，翻译的可能性、语言之间某种可定义的边界是其存在的基本前提，因此德里达的研究<u>被</u>漠然置之。

原译：然而，消除内部分歧和促进不同学派之间进行更多对话的进程已经开始。

原文：However, a hopeful process for closing internal divides and inviting more dialogue between the differing camps has already begun. (Chapter 7, *CTT*)

思维过程与修改轨迹：

参看 DeepL 译文：然而，一个弥合内部分歧和邀请不同阵营之间进行更多对话的充满希望的进程已经开始。

然而，<u>不同阵营已经开始合作，旨在消除内部分歧，促进对话</u>。"阵营"两字借鉴了 DeepL 的译文。

然而，不同阵营已经开始合作，<u>有望</u>消除内部分歧，促进对话。

99

原译：而话语理论的学者们一直在关注译本产生于其中的规约性交际框架，以及译者对那些促成最佳译文的可用惯例的认识。

原文：Scholars of discourse theory(Hatim and Mason, 1990; 1997) have been looking at the institutional-communicative framework within which translations occur and the translators' awareness of the available conventions that facilitate optimal translations. (Chapter 7, *CTT*)

思维过程与修改轨迹：

参看 DeepL 译文：话语理论的学者一直在研究翻译发生的制度—交际框架，以及译者对促进最佳翻译的现有惯例的认识。

而话语理论的学者们一直在关注<u>产生译本</u>的规约性交际框架，以及译者对那些促成最佳译文的可用惯例的认识。

而话语理论的学者们一直在关注<u>孕育</u>译本的规约性交际框架，以及译者对那些促成最佳译文的可用惯例的认识。对后半句译文不满意，感觉拗口，但一时也未想出效果明显更好的译文。

原译：朗贝尔或许不敢承认自己的立场更加接近乔伊斯，但他现在也认为每一篇文本、每个词都含有"翻译过来"的元素。

原文：Closer to a Joycean position than he may dare admit, Lambert now also argues that every text, every word, contains "translated" elements. (Chapter 7, *CTT*)

思维过程与修改轨迹：

<u>比朗贝尔能大方地承认的更接近乔伊斯</u>……试着这样直译，但读来艰涩。

<u>朗贝尔目前也认为，每个文本、每个词都含有"翻译而来的"元素，这与乔伊斯的立场相似，但朗贝尔未必直认不讳</u>。如何翻译"than he may dare admit"？思考时间花得最多。

朗贝尔目前也认为，每个文本、每个词都含有"翻译而来的"元素，这与乔伊斯的立场相似，但朗贝尔<u>也许回避这一点</u>。

朗贝尔目前也认为，每个文本、每个词都含有"翻译而来的"元素，这与乔伊斯的立场相似，但朗贝尔<u>未必对此直言不讳</u>。

原译：在和安德烈·勒菲弗尔(Andre Lefevere)的频繁合作中巴斯奈特懊恼地发现，对于"转换(shifts)"的分析变得愈加复杂，已经到了读者无法理解的地步。

原文：Working frequently together with André Lefevere, Bassnett was frustrated that the analysis of "shifts" was becoming so complicated that readers could no longer follow the explanations. (Chapter 7, *CTT*)

思维过程与修改轨迹：

参看 DeepL 译文：巴斯奈特经常与安德烈-勒菲维尔一起工作,他感到沮丧的是,对"转变"的分析变得非常复杂,以至于读者无法再跟随解释。

<u>巴斯奈特经常与安德烈·勒菲弗尔（André Lefevere）合作,他感到沮丧的是</u>,对于"转换（shifts）"的分析变得愈加复杂,<u>读者已无法理解</u>。基本使用了 DeepL 的译文。但还是准备改换下句式,试试效果是否会更好。

巴斯奈特经常与安德烈·勒菲弗尔（André Lefevere）合作,对于"转换（shifts）"的分析变得愈加复杂,读者已无法理解,<u>这令巴斯奈特黯然沮丧</u>。

原译：除了想用诗学来对转换进行解释,勒菲弗尔和巴斯奈特还想通过观察那些得到了再现的形象和意识形态来解释转换。

原文：Lefevere and Bassnett wanted to explain the shifts not just by the poetics, but by looking at the images and ideology represented as well. (Chapter 7, *CTT*)

思维过程与修改轨迹：

除了想用诗学来<u>解释转换</u>……译至此处,参看 DeepL 译文：Lefevere 和 Bassnett 希望不仅仅是通过诗学来解释这些转变,而是通过观察所代表的图像和意识形态来解释。

勒菲弗尔和巴斯奈特<u>不仅想通过诗学来解释转换,</u>还想通过观察<u>被再现的意象</u>和意识形态来解释转换。尝试改换句式,看看效果是否会更好。

原译：他们指出,"翻译/重写的学生所投身的不是一个围着'常常已经不在'之物的无限延长、愈加复杂的舞蹈",他们是在"处理真实确凿、可被检验的文化数据以及它们影响人们生活的方式"。

原文：They argue that "the student of translation/rewriting is not engaged in an ever-lengthening and ever more complex dance around the 'always already no longer there,'" but that the student "deals with hard, falsifiable cultural data, and the way they affect people's lives". (Chapter 7, *CTT*)

思维过程与修改轨迹：

参看 DeepL 译文：他们认为，"翻译/重写的学生并不是在围绕着'总是已经不在那里'进行不断延长和不断复杂的舞蹈"，而是要"处理坚硬的、可证伪的文化数据，以及它们影响人们生活的方式"。

他们指出，"翻译/重写的学生并不是围着'一直已不存在'的对象手舞足蹈"……译至此处，感觉表达缺乏学术性，返回再改。

他们指出，"翻译/重写的学生并不是围着'一直已不存在'的对象连篇累牍地舞文弄墨，搞得越来越错综复杂"，而是"处理真实确凿、可被检验的文化数据以及它们影响人们生活的方式"。

他们指出，"翻译/重写的学生并不是围着'一直已不存在'的对象连篇累牍地舞文弄墨，搞得愈加错综复杂"，而是"处理真实确凿、可被检验的文化数据及其影响人们生活的方式"。并在改文旁边提供另一种译文选择："他们指出，'翻译/重写的学生并不是围着"常常不复存在"的对象恒舞酣歌，令人目乱睛迷'，而是'处理真实确凿、可被检验的文化数据及其影响人们生活的方式'。"其后又认为此改文中的"目乱睛迷"一词稍生涩，显得文绉绉，又将其改为更通俗的"眼花缭乱"。

原译： 未来的翻译研究势必会增加对后殖民文化的研究，并且这一趋势已经开始。

原文： The future of translation studies will no doubt involve an increase in scholarship on postcolonial cultures, a trend that has already started. (Chapter 7, *CTT*)

思维过程与修改轨迹：

未来的翻译研究势必会增加对后殖民文化的研究，其势已成。尝试将"a trend that has already started"的译文改得更简洁。看上去并不难处理的几个单词，思考了好一会才决定将其译成"其势已成"。

原译： 来自加拿大的芭芭拉·戈达尔德(Barbara Godard)、雪莉·西蒙(Sherry Simon)和苏珊·罗宾涅尔-哈伍德(Susanne de Lotbiniere-

Harwood)等翻译研究学者一直在对魁北克女性所经历的双重殖民进行研究,这些女性在遭受西方父权话语殖民的同时还在遭受标准法语的殖民。

原文:Translation studies scholars such as Barbara Godard, Sherry Simon, and Susanne de Lotbinière-Harwood from Canada have been exploring the double colonization of Quebec women, i.e., by a Western patriarchal discourse as well as by the standard French language. (Chapter 7, *CTT*)

思维过程与修改轨迹:

加拿大的芭芭拉·戈达尔德(Barbara Godard)、雪莉·西蒙(Sherry Simon)和苏珊·罗宾涅尔-哈伍德(Susanne de Lotbinière-Harwood)等翻译研究学者一直在<u>研究魁北克女性所经历的双重殖民,即被西方父权话语和标准法语殖民</u>。尝试将译文修改得更简洁。同时删除"来自"。

加拿大的芭芭拉·戈达尔德(Barbara Godard)、雪莉·西蒙(Sherry Simon)和苏珊·罗宾涅尔-哈伍德(Susanne de Lotbinière-Harwood)等翻译研究学者一直在研究魁北克女性所经历的双重殖民,即西方父权话语和标准法语殖民。去掉"被"字。

原译:米赫兹认为,这些北非作者不断从一种符号体系迁移到另一种符号体系,从而将多语制和翻译转化为对区域化和原有等级进行反抗的激进因素。

原文:These North African writers, argues Mehrez, transform plurilingualism and translation into radical elements that defy compartmentalization and pre-existing hierarchies by constantly moving and migrating from one sign system to another. (Chapter 7, *CTT*)

思维过程与修改轨迹:

米赫兹认为,这些北非作者不断从一种符号体系迁移到另一种符号体系,从而将多语制和翻译转化为<u>反抗分门别类和原有等级</u>的激进因素。读起来还是感觉拗口,理解起来也费劲,考虑将其修改得对读者更友好些。

米赫兹认为,这些北非作者不断从一种符号体系迁移到另一种符号体系,从而将多语制和翻译转化为<u>激进因素,反抗分门别类和既有层级</u>。

原译：拉斐尔重建了16世纪到18世纪菲律宾文化中涉及到的权力网络，揭露了西班牙殖民过程中的强迫、共谋和理想主义的力量，同时也指向了"对于这些二元关系而言仍显怪异和极端"的要素。

原文：Rafael reconstructs the power networks involved in Philippine culture from the sixteenth to the eighteenth century, exposing forces of coercion, complicity, violence, and idealism in the Spanish process of colonization, yet at the same time pointing to elements that "remained eccentric to and excessive of those binary relations". (Chapter 7, *CTT*)

思维过程与修改轨迹：

拉斐尔<u>重构</u>了16世纪到18世纪菲律宾<u>文化涉及到</u>的权力网络，揭露了西班牙殖民过程中的强迫、共谋和理想主义的力量，同时也<u>指出了</u>"<u>偏离或超越那些二元关系</u>"的元素。尝试将译文修改得更简洁。

原译：这项任务可以被描述为使魁北克女性的声音在第二语言中得以彰显。

原文：The task might be described as making the Quebec feminine voice visible in a second language. (Chapter 7, *CTT*)

思维过程与修改轨迹：

<u>可以说，这项任务让魁北克女性的声音在第二语言中彰显</u>。尝试将译文修改得更简洁。

可以说，<u>这种翻译让魁北克女性的声音在另一种语言中彰显</u>。

可以说，这种翻译让魁北克女性<u>在另一种语言中发出声音</u>。

可以说，这种翻译让魁北克女性在另一种语言中发出<u>了</u>声音。

原译：历史上，翻译批评肯定了那些通过消除矛盾使之符合某种理想的译文，而对那些似乎与理想不符的译文则加以忽略或摒弃。

原文：Historically, translation criticism has valorized translations that measure up to some ideal by smoothing over contradictions, and has ignored or dismissed those which do not seem to cohere. (Chapter 7, *CTT*)

思维过程与修改轨迹：

参看 DeepL 译文：从历史上看，翻译批评对那些通过抚平矛盾而达到某种理想状态的译文给予了高度评价，而对那些似乎不连贯的译文则予以忽视或否定。

从历史来看,翻译批评肯定了那些通过消除矛盾<u>而</u>达到某种理想状态的译文,<u>而</u>忽略或否定了那些似乎与理想不符的译文。发现用了两个"而"字,需避复。

从历史来看,<u>对那些通过消除矛盾而达到某种理想状态的译文</u>,翻译批评给予了肯定,<u>反之则忽视或否定</u>。

从历史来看,<u>译文若消除了矛盾、达到了某种理想状态,翻译批评则给予肯定</u>,反之则忽视或否定。

原译:虽然传统的翻译理论提出了某些形而上学的主张,但译文本身却往往并不符合对其所提出的这些主张。

原文:While traditionally translation theories make certain metaphysical claims, translations themselves often fail to conform to the claims being made about them. (Chapter 7, *CTT*)

思维过程与修改轨迹:

参看 DeepL 译文:虽然传统的翻译理论提出了某些形而上学的主张,但翻译本身却往往不符合对其提出的主张。

虽然传统的翻译理论提出了某些形而上学的主张,但译文<u>往往并不遵从这些主张</u>。

虽然传统的翻译理论提出了某些形而上学的主张,但译文往往<u>与这些主张相悖</u>。

虽然传统的翻译理论提出了某些形而上学的主张,但译文往往与<u>之相悖</u>。尝试将译文修改得更简洁。

原译:本雅明说的"再创造(recreation)"必须"在爱的运动中细致地"对有生命的东西——原文文本——做出改变和更新,因为它增补了现有的语言并确保了它的生存。

原文:Benjamin speaks in terms of a "recreation" that "must lovingly and in detail" transform and renew something living—the original text—as it supplements and ensures the survival of the existing language. (Chapter 7, *CTT*)

思维过程与修改轨迹:

参看 DeepL 译文:本雅明说的"再创造","必须以爱和细节的方式"

改造和更新有生命的东西——原文，因为它补充和确保了现有语言的生存。

本雅明说的"再创造（recreation）"必须"满腔热情，丝丝入扣地"改变、更新——原文文本……原文"must lovingly"译成"在爱的运动中"似乎有些不妥，因此修改。

本雅明说的"再创造（recreation）"必须"满腔热情、细致周密地"改变、更新生灵……

本雅明说的"再创造（recreation）"必须"满腔热情、细致周密地"改变、更新有生之灵——原文文本，因为它增补了现有的语言并确保了它的生存。

原译：每一次相会所创造的联系，都犹如细纱，如果历历可见，将使整个世界看起来宛如被薄纱覆盖。

原文：Each link created by a meeting is like a filament, which, if they were all visible, would make the world look as though it is covered with gossamer.（Preface, *MT*）

思维过程与修改轨迹：

每一次相会所产生的联系，都犹如细丝，如果历历可见，将使整个世界看起来宛如被薄纱覆盖。把"filament"译成"细丝"，在逻辑上会不会更说得通？——人们每次见面的联系是"细丝"，然后整个世界那么多人的联系就是"薄纱"，因为很多根"细丝"可以织成"薄纱"。

每次相会所产生的联系，皆如丝缕，若历历可见，则寰宇似被薄纱覆盖。同时去掉"每一次"中的"一"字。

每次相会所产生的联系，皆如丝缕，若历历可见，则整个世界似被薄纱覆裹。

每次相会所产生的联系，皆如丝缕，若历历可见，则整个世界似被丝网覆裹。补充修改：当笔者校对到本书的"后记"时，再次看到了"gossamer"一词，根据上下文，"gossamer"指蛛丝。因此，回看前言中的这段文字，其中的"gossamer"的所指应相同。回头再看此处时，将"薄纱"改成与蛛丝和蛛网更接近的"丝网"。

每次相会所产生的联系，皆如细丝，若历历可见，则整个世界似被丝网覆裹。补充说明：此句出自《翻译模因论》的前言，是笔者修改本书伊始。而当笔者校对完全书、回看这一段审校记录时，坦率而言，这段话如果出现在本书中间或后半部分，笔者很可能最多只改个别字句。但因为它是整本书的第一段,修改伊始,精力充沛,尚未陷入翻译之苦境,尚未感受到原文和译文交相缠绕下的眼花缭乱、焦思苦虑,也有些不知天高地厚,非要做些自谓锦上添花的工作。但想必译者开始翻译这一段时,也多半神清气爽、专心致志,所以译文必也认真,本无须多改。笔者回首察看,唯觉赧然。修改本段之后,曾与译者简短交流,达成统一意见:对 MT 译稿的修改主要以修改文句生涩、有硬伤处为主。

原译:由此,人们又衍生出名词 *theoria*(θεωρα),即"理论"。
原文:And by this path came the noun *theoria*,(θεωρία) "theory". (Preface,MT)
思维过程与修改轨迹:
由此,<u>该词</u>又衍生出名词 *theoria*(θεωρα),即"理论"。词语似乎不能说成是"人们""衍生"出的,因此修改。

原译:感谢你们……提请我注意一<u>些</u>文中的错误和我所忽略的同行著述。
原文:Thank you ... for drawing my attention to some errors and to works I had overlooked.(Preface,MT)
思维过程与修改轨迹:
感谢你们……<u>提醒我注意文中的一</u>些错误和我所忽略的同行著述。"提请"一词在《现代汉语词典》(第 7 版)中解释为"提出并请求",似不适合此处,因此修改。

原译:然而我发现,从某种概括性层面而言,采用术语"超模因"来替代"模因"更为有效。
原文:However, I find it useful to use the term *supermeme* for memes at a particularly high level of generality.(Chapter 1,MT)
思维过程与修改轨迹:
(改文一)然而我发现,<u>一言以蔽之</u>,采用术语"超模因"来替代"模因"更为有效。
(改文二)然而我发现,<u>简言之</u>,采用术语"超模因"来替代"模因"更为有效。笔者列出两种改法,供译者选择。

原译：……因为，没有哪种所谓的真实性验证是最终的……

原文：... for no verification can ever be final ... (Chapter 1, *MT*)

思维过程与修改轨迹：

……因为，没有哪种所谓的真实性验证能<u>尘埃落定、不再更改</u>……试图将语言的形式处理得更美观些。

……因为，没有哪种所谓的真实性验证能<u>一锤定音</u>……

原译：与此同时，对于不同的读者来说，神圣文本的功能都假定不变（比如，旨在皈依、确信无疑、充满信心），这类文本的效果必然有赖于等值。

原文：It is as if the sameness simply *must* be somewhere; since it cannot be located at the formal level, and since the function of a sacred text is assumed to be constant across different readers (i.e. to convert to, or confirm in, the faith), equivalence must lie precisely in the effect of such a text. (Chapter 2, *MT*)

思维过程与修改轨迹：

与此同时，对于不同的读者来说，神圣文本的功能都假定不变（<u>也即让人皈依信仰、虔于信仰的功能</u>），这类文本的效果必然有赖于等值。尝试将译文改得更具连贯性、逻辑性。

原译：一个似乎有助于交际模因在翻译理论中持续关联的哲学框架，由马尔姆克嘉(Malmkjær, 1993)发展而成。该框架基于戴维森（参见 Davidson, 1984 及本章第三节）对奎因(Quine)的回应。

原文：A philosophical framework which seems conducive to the continuing relevance of this Communication meme in translation theory is that developed by Malmkjær(1993), which draws on Davidson's response (see e.g. 1986; and below, Section 3.3) to Quine. (Chapter 2, *MT*)

思维过程与修改轨迹：

<u>马尔姆克嘉(Malmkjær, 1993)发展了一个哲学框架，该框架基于戴维森（参见 Davidson, 1986 及本章第三节）对奎因(Quine)的回应，似乎有助于交际模因在翻译理论中持续关联</u>。尝试换用更契合汉语表达习惯的句式。

原译:皮姆(2011)曾试图弥补我研究中的不足,比如,他不仅指出了目的论在提高德国翻译培训的学术地位并有别于传统语言教育方面所扮演的制度性功能,同时也指出,描写翻译研究的发展,主要集中在高度重视翻译的小文化圈内,依赖关键学者在特定研讨会上的推动。

原文:Pym(2011) is one scholar who has since helped to fill this gap, pointing out for instance how skopos theory served an institutional need to raise the academic status of translator training in Germany and distinguish it from traditional language teaching, and how Descriptive Translation Studies evolved mainly in small cultures where translation was highly valued, stimulated by meetings of key scholars at particular conferences. (Chapter 2, MT)

思维过程与修改轨迹:

皮姆(2011)曾试图弥补我研究中的不足,比如,<u>他指出了目的论是如何提高德国翻译培训的学术地位的</u>……按此句式,下文难以顺畅接续,返回再改。

皮姆(2011)曾试图弥补我研究中的不足,比如,他<u>不仅指出,目的论有别于传统语言教育,提高了德国翻译培训的学术地位,从而满足了制度需要</u>,同时也指出,描写翻译研究的发展,主要集中在高度重视翻译的小文化圈内,依赖关键学者在特定研讨会上的推动。

原译:就惯例最弱的意义而言,它们只是风尚,只是体现了某些人的偏好。

原文:At their weakest, conventions are merely fashions: they embody statistical preferences only. (Chapter 3, MT)

思维过程与修改轨迹:

<u>用最平淡的话说</u>,惯例只是风尚,只是体现了某些人的偏好。

<u>说得轻描淡写一点</u>,惯例只是风尚,只是体现了某些人的偏好。如何翻译"At their weakest"? 看上去极简单的三个单词,花了不少时间琢磨。

原译:从终极意义上说,规范具有潜移默化(evolutionary)功能:它们使得生活变得更为容易(至少对于大多数人来说)。

原文:Ultimately, norms have an evolutionary function: they make life easier(for the majority at least). (Chapter 3, MT)

思维过程与修改轨迹：

归根结底，规范具有潜移默化（evolutionary）功能：它们使得生活变得更为容易（至少对于大多数人来说）。此处对译者将"Ultimately"译成"从终极意义上说"有些不解，修改时生怕自己译错。

原译：第二个更高层次的语言规范是伦理规范。巴切将这类规范称之为诚实规范或者真诚规范。他这样阐述道："只有你假定信息接收者不能直接发觉你违背了规范，才算遵循了交际（互动）规范。"换句话说，如果你的确违反了规范，应该让信息接收者知道你正在违反规范。

原文：The second higher-order norm of language is an ethical one: Bartsch calls it the norm of honesty, or sincerity, and formulates it thus: "Conform to the norms of communication(interaction) as long as you must assume that the hearer(partner) cannot directly recognize the breaching of the norms!" In other words, if you do breach norms, e.g. in ironic usage, do so in such a way that your hearer recognizes that you are breaching them. (Chapter 3, *MT*)

思维过程与修改轨迹：

第二个更高层次的语言规范是伦理规范。巴切将这类规范称之为诚实规范或者真诚规范。他这样阐述道："假如你觉得你的信息接收者"……回读，发现改文重复"你"字，再改。

第二个更高层次的语言规范是伦理规范。巴切将这类规范称之为诚实规范或者真诚规范。他这样阐述道："即使你觉得信息接收者（搭档）不会直接发觉你违背规范，你也要遵循交际（互动）规范！"换言之，如果你违反了规范，比如，你违背了反讽的使用规范，你就让信息接收者识破你正在违反规范。提交后发现"你违背了反讽的使用规范"的译文存在问题。

原译：……这些伪翻译文本最初声称或接受为翻译文本，但后来却被发现它们确实只是赝品……

原文：... texts which were originally accepted as translations but later turned out to be fakes ... (Chapter 3, *MT*)

思维过程与修改轨迹：

……这些伪翻译文本最初被当作翻译文本，但后来人们发现它们只不过是赝品……尝试将译文修改得更加自然些。

原译：原则上，甚至在某个时期、某个文化所认定或接受为真实的翻译文本，也可能随着时间的推移，比如几个世纪之后，随着人们期待的变化，备受批评甚至彻底否认其翻译地位。

原文：In principle, even a text quite sincerely claimed and accepted as a translation could be criticized and even rejected as such by the same culture, perhaps centuries later, as expectations change. (Chapter 3, *MT*)

思维过程与修改轨迹：

原则上，某种文化在某个时期认定并接收为翻译的文本，也可能在几个世纪之后，随着人们期望的变化，批评甚至否定该文本。尝试将原译修改得更简洁。

原则上，即便是某个时期被确凿认定、接受的翻译文本，也可能在几个世纪之后，随着人们期望的变化而遭到同一文化的批评甚至否定。

原译：这个例子只是想表明，"什么是翻译"其实是个边际蔓延的问题。

原文：The point of the example is simply to illustrate how far the boundaries of "what-is-a-translation" may extend. (Chapter 3, *MT*)

思维过程与修改轨迹：

举这个例子，只是为了说明"什么是翻译"的界限……尝试将译文修改得更易让读者理解。

举这个例子，只是为了表明"什么是翻译"的外延有多广。

原译：与众不同的解读，可能一直都保留为少数人的观点……

原文：Different interpretations may remain a minority opinion … (Chapter 3, *MT*)

思维过程与修改轨迹：

与众不同的解读可能仍属于少数意见……尝试将原译修改得更简洁。

与众不同的解读可能仍属于非主流解读……

原译：而且，违反这类规范的行为，通常认为应该受到批评。

原文：Furthermore, behaviour which breaks these norms is usually deemed deserving of criticism. (Chapter 3, *MT*)

思维过程与修改轨迹：

而且，<u>一般认为，违反这类规范应受批评</u>。尝试将原译修改得更简洁。

原译：然而，除了这条一般性法则，我们也可能发现，研究中涉及的所有能力出众的职业译者，多达99%的译者都遵循这个规范。的确，这正好说明，我们首先把它视为一条规范。如果得到后续研究的支撑，它也表明存在着一条规范性法则，即可以描写哪些有能力并且遵循规范的职业译者的典型行为。这些有能力的职业译者，只是相对于该文化中的所有译者而言。

原文：Alongside this general law, however, we might also discover that, of all the *competent professional* translators studied, as many as 99% followed the norm; indeed, this would be evidence for our taking it to be a norm in the first place. If supported by subsequent research, this would suggest the existence of a *normative* law; that is, a law describing the typical behaviour of competent professional, norm-abiding translators, as opposed to *all* translators in the culture. (Chapter 3, MT)

思维过程与修改轨迹：

然而，除了这项一般性法则<u>外</u>，我们<u>还</u>可能发现，<u>被研究的所有合格职业译者中</u>，多达99%的译者遵守了这一规范；<u>这也是我们首先将其视为规范的证据</u>。如果得到后续研究支持，我们会看到以下这一规范性法则的存在；即法则描述的是合格的、遵守规范的译员的典型行为，而不是<u>文化中的</u>所有译员的行为。试图将原译修改得更易让读者理解。

然而，除了这项一般性法则外，我们还可能发现，被研究的所有合格职业译者中，多达99%的译者<u>遵循了该规范</u>；这也恰好说明了我们为什么首当其冲将之视为规范。<u>如有后续研究支持</u>，我们会看到以下这一规范性法则的存在；法则并不关注文化中的<u>所有译者</u>，而是描写合格的、循规的译者的典型行为。

原译：对于那些想知道如何从大量同义词中做出正确选择的译者来说，这方面的研究，通常对他们很有帮助，使他们认识到，首选的共现模式，可能不同于基于翻译等值这一期待规范所做出的选择。

原文：Such research can often be of relevance to a translator wondering which to choose from a set of near-synonyms: the preferred co-occurrence patterns may be different from those which might be expected on the basis of the apparent translation equivalents of individual items.(Chapter 3, *MT*)

思维过程与修改轨迹：
对于那些想知道如何从一系列同义词中选出适切对象的译者而言，这方面的研究通常很有帮助，可以使他们认识到，首选的共现模式，可能不同于根据翻译等值这一期待规范所做出的选择。试图将译文修改得更连贯。

如果译者想知道如何在许多同义词中择适而用，这方面的研究通常很有帮助，可以使他们认识到，首选的共现模式，可能不同于根据翻译等值这一期待规范所做出的选择。

原译：描述的方式一般可以依据直译-意译这类参数，或依据对源语文本不同特征（意义、形式、风格等）的保留程度，或者依据它们之间的关系是否符合读者的期待。

原文：A descriptive assessment of the source-target relation will simply state what this relation is, typically in terms of such parameters as free-vs-literal, degree of preservation of various aspects of the original text(meaning, form, style ...), whether the relation meets the expectations of the readership or not.(Chapter 5, *MT*)

思维过程与修改轨迹：
描写性评估一般会依据直译-意译这类参数……改至此处，发现如果继续往下译，"依据"后的内容太长，易使语句拖沓。需调整句法。

描写性评估一般会依据下列因素进行评估：直译-意译这类参数、对源语文本不同特征（意义、形式、风格等）的保留程度、目的文本和源语文本之间的关系是否符合读者期待。同时删掉"或依据"。

原译：然而，对两种译文的可言说性测试，并没有显示出二者之间存在显著差异，主观性评估则显示出大量的个体变化。后面这一结果也很有趣，它实际上为反对以下观点提供了证据，即针对同一种读者可以确定理想的"效果"。

原文：However, the speakability tests showed no significant difference between the two translations, and the subjective assessments indicated a great deal of individual variation. This last is an interesting result: it actually furnishes further evidence against the idea of a homogeneous readership in terms of which some ideal "effect" can be defined. (Chapter 5, *MT*)

思维过程与修改轨迹：

然而，对两种译文的可言说性测试，并没有显示出二者之间存在显著差异，主观性评估则显示出许多个体差异。最后这个测试结果也很有趣，它实际上进一步佐证，不应提出同质读者群这样的概念……按此句式，下文难以顺畅接续，返回修改。

然而，对两种译文的可言说性测试，并没有显示出二者之间存在显著差异，主观性评估则显示出许多个体差异。关于个体差异的这一测试结果也很有趣，它实际上进一步佐证，不能根据一些理想"效果"的定义就提出同质读者群这样的概念。

原译：这类评估试图追溯既先于"文本化（texting）"又伴随着"文本化"的思维决定。

原文：Such an assessment would seek to trace the mental decisions which precede and accompany "texting". (Chapter 5, *MT*)

思维过程与修改轨迹：

这类评估试图追溯"文本化（texting）"之前和"文本化"过程中的思维决定。试图将译文修改得更连贯。

原译：毫无疑问，通过翻译所结出的果实，我们应该了解翻译。

原文：By their fruits you shall know them, surely. (Chapter 5, *MT*)

思维过程与修改轨迹：

毫无疑问，凭翻译之果，我们必能了解翻译。此句原文风格与意象和上下文略有差异，因该句典出《圣经》中的《新约·马太福音》(7:20)，"you will know them by their fruits"（选自《圣经》简化字和合本），改译旨在模仿《圣经》译文语气，但改后又觉得不如原译容易理解。

原译：比如，不正确的从句结构，其错误程度比不正确的短语结构更严重。

原文：For instance, an incorrect clause structure is more serious than an incorrect phrase structure. (Chapter 5, *MT*)

思维过程与修改轨迹：
比如,不正确的从句结构比不正确的短语结构……
比如,与短语结构出错相比,从句结构出错的问题更严重。

原译：大家可以料到,词汇错误对交际的影响比句法错误大。

原文：Lexical errors disturb communication more than syntactic ones, as one might expect. (Chapter 5, *MT*)

思维过程与修改轨迹：
词汇错误对交际的影响比句法错误大,这和人们的期待一致。尝试更换句式,看是否效果更好。
可以预料得到的是,词汇错误对交际的影响比句法错误大。

原译：其中一个原因就在于,人们广泛地对这个问题感兴趣,只是最近才出现的现象。

原文：One reason might be that a wider interest in this topic is a relatively recent phenomenon. (Chapter 5, *MT*)

思维过程与修改轨迹：
其中一个原因就在于,对这个话题的广泛兴趣并非历来有之,而是新近才有的现象。试图将译文修改得更连贯。
其中一个原因就在于,人们只是最近才对这个问题感兴趣。

原译：在她的研究中,它用大量案例来佐证这一假设。

原文：The hypothesis was largely supported in her study. (Chapter 5, *MT*)

思维过程与修改轨迹：
她在研究中用许多案例来佐证了这一假设。

原译：人们掌握"抉择的分级过程"。这就需要译者具有这样的能力,能够整体地审时度势、制订计划并且选择对于实现该计划至关重要的一系列因素。

原文：People learn "a hierarchical procedure of decision-making". This entails the ability to see the situation more as a whole, to formulate a plan, and select the set of factors which are most important for the realization of the plan. (Chapter 6, MT)

思维过程与修改轨迹：

要学会"决策的分层步骤"，译者需整体思考、制订计划,并选择对实现计划最重要的因素。试图将译文修改得更简洁、更连贯。

要掌握"决策的分层步骤"，译者就要能顾全整体、制订计划、筛选对完成计划最重要的因素。

原译："专家的技能,已然成为身体中的一部分,对技能的意识就是意识到自己的身体一样。"

原文："An expert's skill has become so much a part of him that he need be no more aware of it than he is of his own body."(Chapter 6, MT)

思维过程与修改轨迹：

"专家的技能已与自身融为一体,对技能的意识和对自己身体的意识一样。"试图使译文的衔接更自然。

"专家的技能已与自身融为一体,对技能的意识和对自己身体存在的意识一样。"

"专家的技能已与自身融为一体,他们不需要意识到技能的存在,就像不需要意识到自己身体的存在一样。"

原译：我已经指出,翻译规范也是某种模因,只要这些模因被公认为规范。

原文：I pointed out that translation norms are also kinds of memes, insofar as they are indeed recognized to be norms. (Chapter 6, MT)

思维过程与修改轨迹：

我已经指出,只要翻译规范被当作规范,它们就是模因。试图使译文的衔接更自然。

我已经指出,只要翻译规范被当作规范,它们也是模因。

原译：看见自己写的文本译成另外一种语言,往往会激起强烈的主观反应,由此会引起颇有成效的讨论。

原文：Seeing one's own text in another language arouses powerful subjective responses, and these in turn lead to fruitful discussions. (Chapter 6, *MT*)

思维过程与修改轨迹：

译者<u>看到</u>自己写的文本<u>被译成另</u>一种语言,往往会<u>有</u>强烈的主观反应,由此会引起颇有成效的讨论。加上主语。同时删掉原译中的"激起"。

原译：然而,正如我在前面所认为的,我并不相信那是一个有用的概念,甚至不是一个在理论上站得住脚的概念。

原文：However, as I have argued earlier, I do not believe it is a useful notion, nor even a theoretically tenable one. (Chapter 6, *MT*)

思维过程与修改轨迹：

然而,<u>正如我前文所述</u>,我并<u>不认为这概念有用</u>,<u>它在理论上甚至站不住脚</u>。尝试将译文修改得更简洁。

原译：……而且,这些译者,或许会向原文作者求证,有关专利方面的宣称是否真的是作者的原意,或许会将该条目从文本中删掉,从而免得原文作者陷入尴尬的失误。做这方面的改变,因而操控和改变源语文本与目的语文本之间的关系,就是真正地为翻译负责任。

原文：... furthermore, they would perhaps either check with the original writer whether the claim about patents was really what was intended, or even omit this item from the text's list of "freer" kinds of texts, and thereby save the original writer from an embarrassing slip. To make such changes, and hence to manipulate and alter the relation between source and target, is to take true responsibility for the translation. (Chapter 6, *MT*)

思维过程与修改轨迹：

……而且,这些译者或许会向原文作者求证,有关专利方面的<u>声明</u>是否真的是作者的原意<u>;</u>译者或许会将该条目从文本中删掉,<u>以免使原文作者尴尬犯错</u>。<u>在这方面做些</u>改变,<u>就可以</u>操控<u>、</u>改变源语文本与目的语文本之间的关系,就是真正地为翻译<u>负责</u>。同时去掉一个"逗号"。试图使译文的衔接更自然。

原译：价值性概念可以被视为先于规范性概念而存在。

原文：Value concepts can be seen as existing prior to normative concepts, in that norms are governed by values.（Chapter 7, *MT*）

思维过程与修改轨迹：

价值性概念可以被<u>看作</u>……如果按此句法修改，下文难以顺畅承接，返回再改。

<u>可以这么认为</u>，价值性概念先于规范性概念而存在。

原译：为了简要说明，请考虑以下从某个翻译文本中摘录的例子，该翻译文本是关于工程的某些环境问题……

原文：By way of brief illustration, consider the following extract from a translated text about some environmental aspects of engineering ... （Chapter 7, *MT*）

思维过程与修改轨迹：

下例对此作了简要说明，摘自与工程环境问题相关的翻译文本……尝试将译文修改得更简洁。

原译：为了防止这种信任状况的改变，译者应该采取预防性的行动。

原文：The default position is perhaps that this trust is deemed to exist *unless* something happens to dispel it.（Chapter 7, *MT*）

思维过程与修改轨迹：

为了防止这种信任状况的改变，译者应该<u>未雨绸缪</u>。尝试将译文修改得更简洁。

原译：从读者被排除在沟通之外的视角解释"交际痛苦"，奈斯特朗德（Nystrand, 1992）对此也做过有趣的讨论。他套用波普的话辩论道，作家不应该一心想着让所有的读者都能理解，即追求普世的完美理解。相反，作家应该更加现实一点，尽量减少将潜在的特定读者群体排除在外。

原文：This interpretation of "communicative suffering" in terms of reader exclusion is also discussed interestingly by Nystrand(1992), who argues along strikingly Popperian lines that writers should focus not on reaching all potential readers, i.e. on some kind of universal, ideal understanding, but rather, more realistically, on minimizing the exclusion of particular potential readers. (Chapter 7, *MT*)

思维过程与修改轨迹：

从<u>排斥读者</u>的视角解释"交际痛苦"，奈斯特朗德（Nystrand，1992）对此也做过有趣的讨论。他旗帜鲜明地<u>沿用波普的观点</u>，认为作家不应该一心想着让所有的读者都能理解，即追求普世的完美理解。相反，作家应该更加现实一点，<u>尽可能减少对</u>潜在的特定<u>读者的排斥</u>。试图将译文的语言修改得更加自然。

原译： 至于交际规范，尽管文件在序言中提到了"翻译的社会功能"，但与此规范有关的其他方面，以及与理解的价值关联的方面，则几乎鲜有提及。或许我们可以在第（5）项条款和第（6）项条款中有所察觉，但也只是点到为止，仅此而已。

原文： As regards the communication norm, although the document's preamble mentions "the social function of translation", there is little mention of anything related to this norm and its associated value of understanding; it can be glimpsed in clauses 5 and 6, but that's about it. (Chapter 7, *MT*)

思维过程与修改轨迹：

至于交际规范，尽管文件在序言中提到了"翻译的社会功能"，但与此规范有关的其他方面，以及与理解的价值关联的方面，则鲜有提及。第（5）项和第（6）项条<u>文浮光掠影地有所提及</u>，但也只是点到为止，仅此而已。同时去掉"几乎"二字和"或许我们可以在"七个字。

原译： 对于那些将关系规范解释为翻译要最大程度类似于原文风格的人来说，（如芬兰翻译协会发布的官方行为准则中所述，同时在《翻译工作者宪章》第 4 项条款也有所暗示，）他们可能会认为译后编辑属于违背规范之举。其他人则可能并不认同这样来阐述关系规范，因而并不认为这样做属于违背规范之举。在任何情况下，译者的行为都可以诉诸清晰和理解的价值来做出合理解释。

原文： Transediting might be considered as norm-breaking activity by people who interpret the relation norm to mean a maximally close similarity to the original style(as stated in the official code of conduct issued by the Finnish Association of Translators, for instance, and implied by clause 4 of the Translator's Charter). Other people might not recognize such a formulation of the relation norm, and hence would not recognize any norm-breaking here. In any case, the translator's action would be justified by appeal to the values of clarity and understanding. (Chapter 7, *MT*)

思维过程与修改轨迹：

有观点认为,关系规范就是指翻译要尽可能与原文风格接近(芬兰翻译协会发布的官方行为准则、《翻译工作者宪章》第 4 项条款都有类似观点),对这样的观点而言,译后编辑违背规范。但其他观点并不认同对关系规范的这一阐释,因而认为这样做并不违反规范。在任何情况下,只要是为了使译文清晰易懂,译者的行为都是合理的。尝试将译文修改得更简洁。

原译:罗宾逊(Robinson, 1991)还提供了其他一些更极端的例子,并最终选择了一种立场。这种立场或许可以极不平凡地概括为:"我想怎么译就怎么译。"我之所以说"极不平凡",在于罗宾逊对翻译行为的理解显然是身体化:他强调身体最初反应的重要性,强调平衡理性话语和词语鉴赏之间关系的重要性,等等。

原文: Other more extreme examples are provided by Robinson (1991), who ends up taking a position that could perhaps be non-trivially summarized as:"I can translate any way I feel". I say "non-trivially" because Robinson's understanding of translational action is explicitly somatic: he stresses the importance of initial gut-reactions, of balancing rational discourse with an appreciation of the feeling of words, etc. (Chapter 7, *MT*)

思维过程与修改轨迹：

罗宾逊(Robinson, 1991)还给出了其他一些更极端的例子,他的最终立场非同一般,可概括为"我想怎么译就怎么译"。我之所以说"非同一般",是因为罗宾逊对翻译的理解明显重在身体感受,他强调直觉的重要性,强调平衡理性话语和领会词语感觉之间关系的重要性,等等。尝试将译文语言修改得更简洁、自然。

原译:而从另一方面来说,他显然遵循了责任规范,在翻译前言中毫不掩饰地将他自己的意图公之于众,并且,在试图使《圣经》文本最大限度地与现代合流方面,促使他这么做的最终原因,或许在于信任价值和理解价值。

原文：On the other hand, he evidently adheres to the accountability norm by making his intentions visible and explicit in the introduction; and by seeking to make the text maximally relevant to modern times he is perhaps ultimately motivated by the values of trust and understanding. (Chapter 7, *MT*)

思维过程与修改轨迹：

而从另一方面来说,他显然遵循了责任规范,<u>在译本的前言中</u>,<u>他将他自己的意图公之于众</u>,<u>丝毫不加掩饰</u>,并且,<u>他尽力使文本与现代社会契合</u>,<u>归根结底</u>,<u>也许是受到了信任和理解价值的驱动</u>。尝试将译文语言修改得更自然。

原译：与我所说的"为了解放而翻译"有着惊人相似之处的一个概念,由格蕾(Gorlee, 1994)在皮尔士符号学框架中提出。

原文：A strikingly similar notion to what I have called emancipatory translation is put forward in a Peircean semiotic framework by Gorlée (1994). (Chapter 7, *MT*)

思维过程与修改轨迹：

<u>格蕾(Gorlee, 1994)在皮尔士符号学框架中提出一个概念,与我所说的"为了解放而翻译"有惊人的相似之处</u>。尝试修改原译句式,使文字更契合汉语表达习惯。

原译：一根丝接着一根丝,蜘蛛结成了网的基本轮廓,然后它就从网中心开始一圈一圈地向外缠绕。就这样,蜘蛛从自己身上抽出丝,凭空在外在的世界里结出一张蜘蛛网,静候着完成特殊的使命:从短期效果来说,网住苍蝇蚊子;从长远目的而言,确保蜘蛛自身的生存与发展。蜘蛛与网相依为命。蜘蛛不仅清楚地意识到网的存在,也记得织网的艰辛,明白网上记载的历历往事。

原文：Strand by strand, the web takes shape. When the radii are in place, the gossamer spiral is spun, outwards from the central hub to the circumference. The complete construction evolves exosomatically, from within the spider, into an independent form in the external world; and it exists there in order to fulfil a specific problem-solving function: in the short term to catch flies, and in the long term to ensure the further development—indeed, the very survival—of its creator. The web's creator remains in contact with the web, aware of it, of how it was made, of external events impinging upon it.（Epilogue, *MT*）

思维过程与修改轨迹：

（改文一）<u>一丝复一丝</u>，蛛网廓渐晰；圆心初已成，环绕循序织。<u>丝从己身出，网呈外界时：近可捕蚊蝇，远能相与依。既知网在兹，亦记织网日；织时何孜孜，网猎也历历。</u>

（改文二）<u>一丝复一丝</u>，蛛网廓渐晰；圆心初已成，环绕循序织。<u>就这样，蜘蛛抽取自身之丝，在外部世界织就独立之网；其后，网严阵以待。短期来看，网可罗蝇；长远而言，网助蛛存、使之发展。蜘蛛与网，彼此相依；蜘蛛不仅能意识到网的存在，也记得织网的过程，记得蛛网上发生的历历往事。</u>笔者给出了以上两种改文。实际上，此处本不必修改，改文也未被采用。改文提交后，笔者回视此修改过程，也不清楚为何当时要修改原译，难道是为了显摆？想来可能有两个原因：其一，这是 MT 后记的第一段，修改至此，曙光在前，艰巨的任务即将完成，笔者如释重负，借译文来抒发眉舒目展的惬意；其二，乍一见"Strand by strand"，笔者立即联想到《木兰辞》中开篇"唧唧复唧唧"的语言节奏，兴之所至，不由自主地译出了下文。修改他人译文至此，束手缚脚，笔端不得挥洒自如，此处亦有些解黏去缚、伸展手脚之痛快淋漓感。

原译："理论如网：唯其撒网者方得收获。"
原文："Theories are nets: only he who casts will catch."（Epilogue, *MT*）
思维过程与修改轨迹：
"理论如网：惟撒网者方有所获。"
"理论如网：惟撒网者有所获。"去掉前之改文中的"方"字。

第二节 译文选择时的主动放弃

以下则是笔者反复修改后并不满意的文字。对自己不满意、很不满意的校译、修改文字，笔者彼时并未再花更多时间字斟句酌，亦未必有心境再去推敲。特别是看上去不起眼的个别词语，推敲良久，却进展迟滞，使校译者频频产生挫败感。当这种挫败感达到一定程度时,才疏学浅的笔者只能主动放弃继续修改,强迫自己接受这明显的不完美,为了按计划完成修改任务这一更宏大、更重要的目标,继续修改下文。

原译:他不是用孤立的语言,而是用词语的网络进行思考,这种网络将不同国家的人联系在一起。语言的线束向过去倒流,人们若对其追踪,可以发现各种不同的联系。

原文:He thinks not in terms of separable languages, but of a mesh or interweaving of words that bind people regardless of nationalities. The threads of language run back in time, and as one traces them back, variable connections can be made.(Chapter 2,*CTT*)

思维过程与修改轨迹:

他不是用孤立的语言,而是词语梭织之纤网进行思考,这种网络将不同<u>民族</u>的人联系在一起。语言的线束向过去倒流,人们若对其追踪,可以发现各种不同的联系。

他不是用孤立的语言,而是词语梭织之纤网进行思考,这种网络将不同民族的人联系在一起。语言的<u>织线回缠</u>,人们若对其追踪,可以发现<u>千丝万缕</u>的联系。对改文不满意,但不想再改。

原译:即便没有正式的翻译纲要,职业译者也总是能够从自己的经验中推断出一种无须言明的纲要。

原文:Even when no translation brief is officially articulated, there invariably exists an unspoken brief that professional translators will be able to infer from their experience.(Chapter 3,*CTT*)

思维过程与修改轨迹:

即便没有正式的翻译<u>要求</u>,职业译者也总是能够从自己的经验中推断出一种<u>不言而喻</u>的要求。

即便没有正式的翻译<u>纲要</u>,职业译者也总是能够从自己的经验中推断出一种不言而喻的<u>纲要</u>。先欲将原译中的"纲要"改成比较通俗化的"要求",其后还是决定遵从原译的选择,但改文中出现两次"纲要",笔者对此修改结果并不满意,但也未再多花时间去思考。

原译:我认为,奈达对阿诺德手法的反对主要出自于他个人的审美观、他对大众意见的迎合以及他对自己工作经济效果（使人皈依基督）的考虑。

原文：I argue that Nida's arguments against Arnold's approach are governed by his taste, general public opinion, and the economics of his project(converting people to Christianity). (Chapter 3, *CTT*)

思维过程与修改轨迹：

我认为，奈达<u>之所以</u>反对阿诺德的方法，是由他的个人品位、公众舆论和他工作的<u>经济因素（使人们皈依基督教）</u>决定的。

我认为，奈达之所以反对阿诺德的方法，是由他的个人品位、公众舆论和他<u>工作（使人们皈依基督教）的经济因素</u>决定的。

我认为，奈达反对阿诺德的方法，<u>这</u>是由他的个人品位、公众舆论和<u>他的</u>工作（使人们皈依基督教）的经济因素决定的。同时去掉前之改文中的"之所以"。

我认为，奈达<u>之所以</u>反对阿诺德的方法，这是由<u>奈达</u>的个人品位、公众舆论和他的工作（使人们皈依基督教）的经济因素决定的。又加上了"之所以"，但改完仍不满意，认为但凡用"之所以"，其后常接"是因为"，而此处未能规范使用此句型，但不愿再多耽搁时间修改，将就而已。

原译：虽然奈达并没有像乔姆斯基那样声称这些核心结构是普遍的，但是鉴于他用了"非凡"和"令人惊叹"这类词来进行描述，奈达似乎也在自己的"科学"方法中赋予了这些术语超自然的状态。

原文：Although Nida is not quite ready to make Chomsky's claim that these kernel structures are universal, given the terminology he uses at their discovery, i.e., "remarkable" and "amazing", Nida seems to accord them supernatural status within his "scientific" approach. (Chapter 3, *CTT*)

思维过程与修改轨迹：

<u>尽管奈达并不完全乐于赞同</u>……如果真这么修改就太失败了，经常是这类"Nida is not quite ready to make Chomsky's claim"看起来浅显易懂的文字翻译起来左右为难。

<u>虽然奈达尚未完全赞同乔姆斯基的主张</u>……这么翻译，意思也不恰切。

<u>虽然奈达尚未从乔姆斯基如流</u>……脑子里闪过"从谏如流"的结构，

但又不太适用此处。

虽然奈达并未当机立断,接受乔姆斯基的……也不行。

虽然奈达并未当即像乔姆斯基那样声称……还是不行。

虽然奈达并不完全赞成乔姆斯基,认为这些核心结构是普遍的,但是鉴于他用了"非凡"和"令人惊叹"这类词来进行描述,奈达似乎也在自己的"科学"方法中赋予了这些术语超自然的状态。对此修改结果不满意,但不愿再耽搁时间修改。

原译:奈达为操纵文本以服务宗教信仰的翻译提供了一个绝佳的理论模式,但却并未能给西方普遍视为"科学"的东西做好基础工作。

原文:Nida provides an excellent model for translation that involves a manipulation of a text to serve the interests of a religious belief, but he fails to provide the groundwork for what the West in general conceives of as a "science". (Chapter 3, *CTT*)

思维过程与修改轨迹:

奈达为翻译提供了一个绝佳的模式,这一模式操纵文本以服务宗教信仰……改至此处,返回再改。

奈达提供了一个绝佳的翻译模式,操纵文本以服务宗教信仰,但却未能给西方普遍认为的"科学"奠基。同时去掉"并"字。

奈达给出了一个绝佳的翻译模式:操纵文本以服务宗教信仰,但却未能给西方普遍认为的"科学"奠基。"西方普遍认为的"并不太通,但也不愿再改。

原译:从理论上讲,他们将研究重点从假想的理想译文转移到了在特定社会中起到译文(不论其是否确切)功能的真实文本。

原文:Theoretically, they shift the focus of study from hypothetical ideal translations to actual texts, however inexact, which function as translations in any given society. (Chapter 3, *CTT*)

思维过程与修改轨迹:

从理论上讲,研究重点从假想的理想译文转移到了实际文本,无论这些文本多么不准确,它们在任何给定的社会中都是翻译。同时去掉"他们将"三个字。想把"从理论上讲"改成"理论而言",但又感觉差别不大,无修改必要。

从理论上讲,研究重点从假想的理想译文转移到了实际文本,<u>这些文本在任何给定的社会中都是翻译,无论翻译多么不精确</u>。

从理论上讲,研究重点从假想的理想译文转移到了实际文本,<u>无论实际文本与真实的翻译相比有多么不精确,它们在任何给定的社会中都作为译文起作用</u>。

从理论上讲,研究重点从假想的理想译文转移到了实际文本,无论实际文本与<u>理想</u>翻译相比有多么不精确,它们在任何<u>特定</u>社会中<u>的角色都是译文</u>。

从理论上讲,<u>他们将</u>研究重点从假想的理想译文转移到了实际文本,无论实际文本多么不精确,它们在任何特定社会中都是译文。删除前之改文中的"与理想翻译相比有""的角色"等语。"假想的理想译文"最好避复"想"字,但若改成其他字,如"假定的理想译文""假设的理想译文",还是别扭,最终放弃进一步修改。

原译:奈达的方法中隐含的是一种平民主义福音的基督教信仰(以及一种反智立场),即话语(word)应该向世人敞开。

原文:Implicit in his approach is a populist evangelical Christian belief(and an anti-intellectual stance) that the word should be accessible to all. (Chapter 3,*CTT*)

思维过程与修改轨迹:

奈达的方法中隐含<u>着民粹主义的福音派</u>基督教信仰(以及反智立场),即<u>上帝之言需让世人皆可企及</u>。同时去掉"一种"两字。

奈达的方法中隐含着民粹主义的福音派基督教信仰(以及反智立场),即上帝之言需让<u>所有人可及</u>。"让所有人可及"改得不好,将"及"改成双音节词,读起来才能朗朗上口,但未进一步修改。

原译:奈达在1964年出版的《翻译科学探索》中删除了他的神学考虑,但是我认为这些考虑仍然暗含在这本书的始终。

原文:Theological considerations were edited out of Nida's next publication, *Toward a Science of Translating*(1964), but I argue that they are implicit throughout. (Chapter 3,*CTT*)

思维过程与修改轨迹:

奈达在1964年出版的《翻译科学探索》中删除了<u>他神学方面的考虑</u>,

但是我认为这些考虑仍然暗含在这本书的始终。

奈达在1964年出版的《翻译科学探索》中删除了他神学方面的思考因素,但是我认为这些因素仍然潜在地贯穿于本书之中。

奈达在1964年出版的《翻译科学探索》中删除了他神学方面的考虑因素,但是我认为这些考虑仍然潜伏在全书之中。"删除了他神学方面的考虑因素"读来板滞,但最终决定将就。认为改文中的"全书"一词可以包含原文中"throughout"之意,于是把前之改文中的"贯穿"一词删除。"潜伏"一词不恰切,"潜隐""潜存""潜蛰"等词说不定更好些,但未再修改。

原译:威尔斯先是研究盛行的理论基础,然后进行上述谴责,这不仅体现了他对自己"科学"的投入,也表现出他很担心萨丕尔沃尔夫的观点会比他想象的更为普及。

原文:The move from an examination of theoretical foundations prevalent in the field to such accusations indicates not only Wilss's investment in his "science", but also his fear that the Sapir/Whorf view may be more widespread than he is willing to admit. (Chapter 3, *CTT*)

思维过程与修改轨迹:

威尔斯先是研究盛行的理论基础,然后进行上述谴责,这不仅体现了他对自己"科学"的投入,也表现出他很担心萨丕尔-沃尔夫的观点会也许比他愿意承认的……读来拧巴,返回修改。

威尔斯先是研究盛行的理论基础,然后进行上述谴责,这不仅体现了他对自己"科学"的投入,也表现出他很担心萨丕尔-沃尔夫的观点广为流传,也许比他愿意承认的还要广。

威尔斯先是研究盛行的理论基础,然后进行上述谴责,这不仅体现了他对自己"科学"的投入,也表现出他很担心萨丕尔-沃尔夫的观点流传广泛,也许比他愿意承认的还要广。

威尔斯先是研究盛行的理论基础,然后进行上述谴责,这不仅体现了他对自己"科学"的投入,也表现出他很担心,萨丕尔-沃尔夫的观点流传的广泛性或许比他愿意承认的还要……一时找不出恰切的字眼。

威尔斯先是研究盛行的理论基础,然后进行上述谴责,这不仅体现了他对自己"科学"的投入,也表现出他的担心:萨丕尔-沃尔夫的观点流传之广,或许超出了他愿意承认的范围。"或许超出了他愿意承认的范围"仍然拗口,必定有更地道精炼的汉语表达,但功力有限,也不愿再多花时间思考。

原译:而在美国,奈达的翻译科学已经发展出了教科书、语言研究所以及在当下学术界处于主导地位的刊物。

原文:In the United States, the emergence of Nida's science has engendered textbooks, linguistic institutes, and journals now dominate in the academy. (Chapter 3, *CTT*)

思维过程与修改轨迹:

而在美国,奈达的翻译科学已经<u>催生</u>了教科书、语言研究所以及在当下学术界处于主导地位的刊物。

而在美国,奈达的翻译科学催生了教科书、语言研究所以及在当下学术界处于主导地位的刊物。同时去掉"已经"两字。"所以及"三字连在一起,可能会让读者断句困难,但未进一步修改。

原译:这个学科的目标是生成一个能够用来指导译本生产的综合理论,该理论在既非以新实证主义又非以阐释主义为灵感的论证思路中发展,在个案史中得到阐释并不断用个案史来自我验证。

原文:The goal of the discipline is to produce a comprehensive theory which can be used as a guideline for the production of translations. The theory would gain by being developed along lines of argument which are neither neopositivistic nor hermeneutic in inspiration. The theory would gain by being elaborated against a background of, and constantly tested by case-histories. (Chapter 4, *CTT*)

思维过程与修改轨迹:

<u>该学科目标</u>是<u>生成一则综合理论</u>,<u>能指导译本生产</u>。该理论<u>的发展路径</u>……对改文不满意,暂停校译下文,返回再改。

<u>这一学科</u>的目标是生成一则综合理论,能指导译本生产。该理论的<u>发展路径既非新实证主义的论点</u>,<u>也非阐释学的</u>,<u>它在个案史中得到阐释并不断用个案史来自我验证</u>。

这一学科的目标是生成一则综合理论,能指导译本生产。该理论<u>发展的论证思路及灵感既非新实证主义的</u>,也非阐释学的,它在个案史中得到阐释并不断用个案史来自我验证。

这一学科的目标是生成一则综合理论,能指导译本生产。该理论发展的论证思路既非来自新实证主义的灵感，也非阐释学的，它在个案史中得到阐释并不断用个案史来自我验证。

这一学科的目标是生成一则综合理论，能指导译本生产。该理论发展的论证思路及灵感来源并非新实证主义和阐释学，它在个案史中得到阐释并不断用个案史来自我验证。

这一学科的目标是生成一则综合理论，能指导译本生产。该理论发展的论证思路及灵感并非<u>源自</u>新实证主义和阐释学，它在个案史中得到阐释并不断用个案史来自我验证。同时去掉前之改文中"来源"两字。

这一学科的目标是生成一则综合理论，能指导译本生产。该理论<u>论证思路发展的灵感来源</u>并非新实证主义和阐释学，它在个案史中得到阐释并不断用个案史来自我验证。同时去掉前之改文中"源自"两字。

这一学科的目标是生成一则<u>能指导译本生产的综合理论</u>，<u>其</u>论证思路发展的灵感来源并非新实证主义和阐释学，它在个案史中得到阐释并不断用个案史来自我验证。

这一学科的目标是生成一则能指导译本生产的综合理论，其论证思路发展的灵感来源<u>不是</u>新实证主义和阐释学，它在个案史中得到阐释并不断用个案史来自我验证。

这一学科的目标是生成一则综合理论，能指导译本<u>生产</u>。<u>就该理论而言</u>，其论证思路发展的灵感<u>并非</u>新实证主义和阐释学，它在个案史中得到阐释并不断用个案史来自我验证。同时去掉前之改文中"来源"两字。

这一学科的目标是生成一则综合理论，能指导译本生产。<u>该理论的</u>论证思路发展的灵感<u>不是</u>新实证主义和阐释学，它在个案史中得到阐释并不断用个案史来自我验证。

这一学科的目标是生成一则综合理论，能指导译本生产，<u>其</u>论证思路发展的灵感不是新实证主义和阐释学，<u>而是</u>在个案史中得到阐释并不断用个案史来自我验证。同时去掉前之改文中"它"字。翻来覆去，作了多次无效修改，最终对修改结果仍不满意。

原译：可以想象，这样的理论或许有助于文学和语言学理论的形成；同样可以想象的是，根据这个理论下的试验性原则所生产出来的译本或将对接受文化的发展产生影响。

原文：It is not inconceivable that a theory elaborated in this way might be of help in the formulation of literary and linguistic theory; just as it is not inconceivable that translations made according to the guidelines tentatively laid down in the theory might influence the development of the receiving culture. (Chapter 4, *CTT*)

思维过程与修改轨迹：

可以想象,这样的理论或许有助于文学和语言学理论的形成;同样可以想象的是,根据这<u>一理论试制定的准则指导</u>……感觉滞涩,回读,再改。

可以想象,<u>以这种方式阐述的理论</u>或许有助于文学和语言学理论的形成;同样可以想象的是,<u>按照理论中试行的准则产生的译本可能会影响接受文化的发展</u>。

可以想象,以这种方式阐述的理论或许有助于文学和语言学理论的形成;同样可以想象的是,<u>根据理论中的试行准则产生的译本或将影响接受文化的发展</u>。"可以想象""同样可以想象的是"读来拧巴,想将前者改成"<u>不难想象</u>",但这样一来,"同样可以想象的是"又该如何修改？因此最终未改,此类属于因笔者功力不够、短时间内找不到更好的替代表达而放弃的修改。

原译：在早期,人际网络的发展以及思想观念的交流对翻译研究派的浮现起到了至关重要的作用。

原文：During the early years, the development of a personal network and the exchange of ideas was crucial to the emergence of the new field. (Chapter 4, *CTT*)

思维过程与修改轨迹：

在早期,人际网络的发展以及思想观念的交流对翻译研究派<u>颖脱而出</u>起到了至关重要的作用。

在早期,人际网络的发展以及思想观念的交流对翻译研究派<u>显露头角</u>起到了至关重要的作用。句子冗长,对读者不友好,但笔者长时间改文至此处,筋疲力尽,不愿再改。

原译：功能性价值的概念逐渐走向前台,替代了我们对结构手法的最初看法。

原文：This concept of functional value gradually moved out to the forefront and overshadowed our original concept of the device. (Chapter 5, *CTT*)

思维过程与修改轨迹：

功能性价值的概念逐渐走向前台，<u>使我们对手法的最初观点相形见绌</u>。

功能性价值的概念逐渐走向前台，使我们对手法的最初<u>概念</u>相形见绌。

功能性价值的概念逐渐走向前台，使我们<u>起先</u>对手法的概念相形见绌。同时去掉前之改文中"最初"两字。

功能性价值的概念逐渐走向前台，使我们对手法的<u>原有</u>概念相形见绌。同时去掉前之改文中"起先"两字。

功能性价值的概念逐渐走向<u>前沿</u>，使我们对手法的原有概念相形见绌。起初不愿改动原译的"前台"，但读来读去，还是修改的意愿占了上风，可改文效果不佳，笔者并不满意，但放弃进一步修改。

原译： 该过程的一个存在条件就是会发生不可避免的失真；译者不是在理想的抽象环境下工作，也不会期待自己是无辜的，他们向文学和文化注入了自己的兴趣，并且希望他们的作品可以在另一个文化中被接受。

原文： Inescapable infidelity is presumed as a condition of the process; translators do not work in ideal and abstract situations nor desire to be innocent, but have vested literary and cultural interests of their own, and *want* their work to be accepted within another culture. (Chapter 5, *CTT*)

思维过程与修改轨迹：

<u>这一过程中，失真不可避免</u>；译者不是在理想的抽象环境下工作，也<u>不想成为天真幼稚的人</u>……对改文不满意，暂停校译下文，返回再改。

这一过程中，失真不可避免；译者不是在理想的抽象环境下工作，<u>不求天真纯粹</u>……改至此处，总感觉不管怎么译"nor desire to be innocent"，都感觉拙涩。

这一过程中，失真不可避免；译者不是在理想的抽象环境下工作，<u>也不是要抱朴寡欲</u>，他们向文学和文化注入了自己的兴趣，并且<u>希望</u>他们的作品可以在另一个文化中被接受。考虑改文中的"抱朴寡欲"是否稍显生僻？但是想到该词中"寡欲"二字较易理解，如果读者搞不清楚"抱朴"是什么，应该也不影响理解其大致含义。笔者思考至此，也不愿再继续耽搁时间去寻找替代方案，因此未再修改。此外，对原译中"注入了自己的兴趣""在另一个文化中"的表达不太满意,但最终未改。

原译:20世纪60年代晚期,解构主义思潮在法国兴起,当时正值社会和政治的动荡时期,1968年5月的事件对戴高乐政权形成威胁时,有一些形式主义者加入了一批左派人士,开始在《泰凯尔》(*Tel Quel*)[①]上集体发表他们的作品,这个刊物的名字后来变得与这群人密切相关。

原文:At the same time that the events of May 1968 were threatening to topple de Gaulle's regime, a group of formalists joined a group of leftists and began collectively publishing their work in the Parisian journal *Tel Quel*, me name that became associated with the group. (Chapter 6, *CTT*)

思维过程与修改轨迹:

20世纪60年代晚期,解构主义思潮在法国兴起,当时正值社会和政治的动荡时期,1968年5月的事件对戴高乐政权形成威胁时,有一些形式主义者加入了<u>一左翼团体</u>,开始在<u>巴黎期刊</u>《泰凯尔》(*Tel Quel*)上集体发表他们的作品,这个刊物的名字后来变得与这群人密切相关。为使读者熟悉期刊的背景信息,笔者补充了原译略去的"the Parisian journal";对最后一句"这个刊物的名字后来变得与这群人密切相关"的欧式句法很不满意,但不想再改。

原译:德里达的双重写作实践还提供了替代性的形象和身份,其含有较少的歧视性并对变化和文化进化持开放态度,因此可以帮助译者对统治行为发起挑战。

原文:Derrida's practice of double writing can also help translators challenge the practices of domination by offering alternative images and identities that are less discriminatory and more open to change and cultural evolution. (Chapter 6, *CTT*)

思维过程与修改轨迹:

参看DeepL译文:德里达的双重写作实践也可以帮助译者挑战统治的做法,提供替代性的形象和身份,减少歧视性,对变化和文化演变更加开放。

[①] 译注:*Tel Quel*有"原封不动"之意,国内另有译为《原样》或《太凯尔》。

德里达的双重写作实践还可以提供其他形象和身份——<u>这些形象和身份歧视较少</u>,对变化和文化演进更加开放,从而帮助译者挑战统治行为。

德里达的双重写作实践还可以提供其他形象和身份——这些形象和身份<u>较为公正</u>,对变化和文化演进更加开放,从而帮助译者挑战统治行为。"提供……形象和身份"搭配不太自然,但也觉得可以勉强接受,不再修改。

原译:当到了这个年代(age),人们就可以把它称为印迹的游戏。

原文:When it has this age it can be called the play of the trace. (Chapter 6,*CTT*)

思维过程与修改轨迹:

当它<u>如此古老时</u>,就<u>可被称作</u>印迹的游戏。同时去掉原译中"人们"两字。

当它<u>春秋积序、岁增若此</u>,就可被称作印迹的游戏。

当它<u>岁增若此</u>,就可被称作印迹的游戏。"岁增若此"过于简肃,并且显得过于文学性,不太契合学术专著的风格,但为这几个词语的翻译,笔者也无暇、不愿再去思索风格更恰切的文字。

原译:每一个个体,或松散地,或紧密地,都通过一种独特的细纱组合方式,与其他个体连接起来,绵延跨越时空之边际。

原文:Every individual is connected to others, loosely or closely, by a unique combination of filaments, which stretch across the frontiers of space and time.(Preface,*MT*)

思维过程与修改轨迹:

每一<u>个体,或松散或紧密</u>……原译"或松散地,或紧密地"改成"或松散或紧密"?"或松松散散,或密不可分"?哪一个感觉更好?似乎差不多,还是简单点,用"或松散或紧密"吧。

每一个体都通过一种独特的<u>细丝</u>组合方式,或松散或紧密地与其他个体……为和前文中的"细丝"保持一致,将这里的"细纱"改成"细丝"。

每一个体都<u>与其他个体建立了</u>独特的<u>丝缕联系</u>,或松散或紧密,绵延跨越时空之边际。改好后偶然发现全句每个标点前的最后一个字"系""密""际"恰好押韵,思考是否需要避免这种文学性,但觉无碍,未再作修改。

原译：其原因，不仅在于明显的"语法错误"或者"行文笨拙"，而且在于存在一些更为微妙的辨别标记，比如语法标记或者文体特征。

原文：Such reasons include not only the occurrence of "grammatical errors" or "clumsy language", but also more subtly distinguishing marks such as the statistical distribution of grammatical or stylistic features. (Chapter 3, *MT*)

思维过程与修改轨迹：

<u>究</u>其原因，不仅<u>因为译文</u>"语法错误"<u>或</u>"行文笨拙"，<u>还因为</u>存在一些更为微妙的<u>辨识</u>标记，比如语法标记或者文体特征。

<u>之所以能一眼认出，是因为译文有明显的"语法错误"或"行文笨拙"，且其语法和文体等特征也能透露一二</u>。严格来讲，"有明显的"之后应接名词或偏正短语等，但未进一步修改。

原译：尤其是，我们可以声称，如果翻译并不指望吸引读者的注意力来关注目的文本的形式，同时它又引起读者的关注，那么，译文就算不上最优化。

原文：In particular, we might claim that if a translation is not intended to draw the attention of its readers to the form of the target text, and if it in fact *does* do so, then the translation is less than optimal. (Chapter 5, *MT*)

思维过程与修改轨迹：

<u>我们甚至可以说，如果翻译并不打算将读者的注意力吸引到目的文本的形式上来，但事实上却这么做了</u>，那么，译文就算不上最优化。"In particular, we might claim"如何译？思考良久。其意的确是"尤其是，我们可以声称"，可这么说并不自然，但如何改？改成"<u>特别需要指出的是</u>"并不完全忠实，改成"<u>我们可以特别指出的是</u>"又不够通顺，改成"<u>我们尤其可以这么说</u>"仍感觉拧巴……因此迂思回虑。总是这些看上去不起眼的文字最让译者纠结，而最终的译文"我们甚至可以说"其实与原文语意仍有些细微差别，但只得由它了。译文提交后，发现原文中的斜体字"*does*"没有完全译出。

原译：系统地使用特定的词汇，比起偶尔使用特定的词汇，看起来更像蓄意的选择。

原文：A systematic use of a given word, for instance, looks more like a deliberate choice than if it is used only once. (Chapter 5, *MT*)

思维过程与修改轨迹：

系统使用特定词汇比只使用一次更像是刻意的选择。

对某个词语系统使用和只使用一次相比，前者更像是刻意为之。前半句读来仍拗口，但未再作修改。

原译：……"衡量任何领域的技能，都以行为人顺势而动的能力为依据，看他们在本来应该成为问题但又不再成为问题因而并不要分析性反思之处如何反应。"

原文：…"skill in any domain is measured by the performer's ability to act appropriately in situations that might once have been problems but are no longer problems and so do not require analytic reflection." (Chapter 6, *MT*)

思维过程与修改轨迹：

……"在原本是问题、但今后不再是问题，因而无须进行分析性反思的情境中，行为人妥善行动的能力如何，这是衡量任何领域的技能的根据。"此处顿号使用不严谨，但方便读者理解。如改成能让读者顺畅理解并且表达严谨的文字，恐需花费更多时间思考，笔者受自己能力所限，再多花时间也未必能想出更能平衡全局的表达，因此作罢。

第三节 译文提交后的被动接受

以下多为笔者修改后暂时觉得可以接受，但提交后发现有误仍需修改的译文。有些错误是笔者在修改完毕随意翻看改稿时察觉的，有些则是笔者再进行针对性思考时发现的。笔者发现的那一刹，或冷汗涔涔，为竟然犯这种错误而惭愧；或哑然失笑，笑话自己修改时入"译"太深而对所犯的错误无知无觉，无法用全知全能的视角理解原文。发现错误这一刻的为时已晚让笔者只能被迫接受不愿接受的现实。当然，这是笔者自己发现的错误，而由于学识浅陋未能发现的错误必然也为数不少。

原译："翻译理论"既是也不是一个新的领域，虽然它直到1983年才在美国现代语言协会（MLA）国际书目数据库中享有单独的检索入口，它的历史却和巴别塔一样悠久。

原文："Translation Theory" is and is not a new field; though it has existed only since 1983 as a separate entry in the *Modern Language Association International Bibliography*, it is as old as the tower of Babel. (Chapter 1, *CTT*)

思维过程与修改轨迹：

"翻译理论"既是也不是一个新的领域,虽然它直到1983年才在美国现代语言协会(MLA)国际书目中享有单独的条目,它的历史却和巴别塔一样悠久。起初打算将"既是也不是"改掉,但反复阅读,感觉这样说也差强人意,于是不作修改。在修改时秉持尽量减少作者麻烦、尽量少改的原则。在删除"国际书目数据库"中的"数据库"一词时,考虑到译者增译"数据库"可能是为了便于理解,稍有犹豫,但最终为了贴合原文将其删除。文稿提交后才发现,原文中的斜体字部分在汉译中这样书写似乎更合适：《美国现代语言协会(MLA)国际书目》。

原译：但事实上,韦奴蒂理论展示的是,为使翻译忠实于某种本质的核心而对其进行的操纵已经导致了极大的扭曲——外来的句法和风格被消除以便看上去像英语；隐喻和意象被改变以便遵循我们的概念系统；文化价值要么被省略要么被适应以便符合我们的思维方式；尤其是,新的形式被创造出来以便接近美国社会中的常用形式。

原文：In fact, what Venuti's theory shows is that the manipulations of translation in terms of faithfulness to some sort of essential core have resulted in vast distortions-foreign syntax and styles sublated to appear the same as English, metaphors and images altered to fit our conceptual system, cultural values either omitted or adapted to fit our ways of thinking, and, especially, innovative forms made to appear as forms commonly practiced in the United States. (Chapter 2, *CTT*)

思维过程与修改轨迹：

但事实上,<u>韦努蒂</u>理论展示的是,<u>根据"要忠于某种本质核心"的原则操纵翻译,已导致严重扭曲失真——为与英文一致,外来句法、风格被消弭</u>；<u>为遵循我们的概念体系,隐喻、意象被改变</u>；<u>为符合我们的思维方式,文化价值或被省略、或遭改编</u>；尤为甚者,<u>为与美国的常用形式一致,创新的形式也被调整</u>。

但事实上，韦努蒂理论展示的是，"要忠于某种本质核心"的原则操纵翻译，已导致严重扭曲失真——为与英文一致，外来句法、风格被消弭；为遵循我们的概念体系，隐喻、意象被改变；为符合我们的思维方式，文化价值或被省略、或遭改编；尤为甚者，为与美国的常用形式一致，创新的形式也被调整。删除"根据"二字。修改稿提交后，笔者发现，原译将"innovative forms made to"理解成"新的形式被创造出来"，笔者改成"创新的形式也被调整"，改得实在不高明，对本词组的翻译，原译更好，本不必修改。

原译：虽然奈达在他的科学中略去了宗教预设，但其是隐隐存在的，和新教有关交流的信念十分相似……

原文：The implicit assumption present but elided from his science is strikingly similar to the Protestant credence regarding communication in general … (Chapter 3, *CTT*)

思维过程与修改轨迹：

奈达的科学理论中潜藏着宗教预设，和新教徒对交流的信任极其相似，但这一预设被他略去了……

奈达的科学理论略去了宗教预设……对改文不满意，暂停校译下文，返回再改。

奈达的科学理论中潜藏着宗教预设，极像新教徒对交流的信任，但这一预设被他略去了……

奈达的科学理论中潜藏着宗教预设，和新教徒对交流的信任极其相似，但这一预设被他略去了……画线部分最后还是采用了一开始修改的版本。修改稿提交后，发现这里没有改到位。这句话中的"elided from"其实稍有歧义，可以理解成"略去"，也可以理解成"忽略"，此句话应该改成"奈达的科学理论中潜藏着宗教预设，和新教徒对一般交流的信任极其相似，但这一预设被忽略了。"

原译：因此，威尔斯的翻译理论是植根于德国理想主义（German idealism）的，它的基础主要是：(1)内含普遍形式和共同经验核心的普遍语言（universal language）概念；(2)一种相信深层结构可以通过阐释进行转换的信念；(3)一种在某种语言内部从基础翻译到表层的生成成分；(4)从高层次的艺术和科学文本到低层次的商务和实用文本的定性文本分级。

原文：Wilss's translation theory is thus rooted in German idealism and based upon the following:(1) the concept of a universal language, consisting of universal forms and a core of shared experience;(2) a belief that deep structure transfer is possible via a hermeneutic process; (3) a generative component, which translates intralingually from the base to the surface of a given language; and(4) a qualitative ranking of texts, from a high level incorporating art and science texts to a low level including business and pragmatic texts. (Chapter 3, *CTT*)

思维过程与修改轨迹：

因此，威尔斯的翻译理论是植根于德国<u>唯心主义</u>(German idealism)的，它的基础主要是：……此处想把"idealism"改成"唯心主义"，同时想将此句改成"因此，威尔斯的翻译理论植根于德国唯心主义(German idealism)，<u>其立论基础主要包含以下几点</u>"，但最终因秉持能不改则不改的原则而放弃。

因此，威尔斯的翻译理论是植根于德国<u>理想主义</u>(German idealism)的，它的基础主要是：(1)<u>认为存在通用语言，该语言由普适的形式和共同经验的核心组成</u>；(2)<u>认为深层结构可通过阐释进行转换</u>；(3)<u>认为存在生成成分</u>，该成分在特定语言中，可从底层经过语际翻译，到达表层；(3)<u>文本的定性分级</u>，从(包含艺术和科学文本的)高层次到(包含商务和实用文本的)低层次的文本分级。

因此，威尔斯的翻译理论是植根于德国理想主义(German idealism)的，它的基础主要是：(1)<u>通用语言</u>——该语言由普适的形式和共同经验的核心组成；(2)<u>深层结构的概念</u>——认为深层结构可通过阐释进行转换；(3)<u>生成成分</u>——该成分在特定语言中，可从底层经过语际翻译，到达表层；(3)文本的定性分级——从(包含艺术和科学文本的)高层次到(包含商务和实用文本的)低层次的文本分级。

因此，威尔斯的翻译理论是植根于德国理想主义(German idealism)的，它的基础主要是：(1)通用语言——由普适的形式和共同经验的核心组成；(2)深层结构的概念——认为深层结构可通过阐释进行转换；(3)生成成分——该成分在特定语言中，可从底层经由语际翻译，到达表层；(3)文本的定性分级——从(包含艺术和科学文本的)高层次到(包含商务和实用文本的)低层次的文本分级。去掉前之改文(1)中破折号后的"该语言"。修改稿提交后，发现最后一个序号"(3)"应改成"(4)"。

原译:施莱尔马赫对威尔斯翻译科学的重要性就在于他对"真正(true)"和"机械(mechanical)"翻译进行了质的区分,从而将对建立一门可以翻译艺术的科学这一诉求合法化了,并要求出现这样的译者——其要能够阐释性地跃至最初的信息以及对意义的"真正"(施莱尔马赫用的术语是"proper")翻译。

原文:Friedrich Schleiermacher and Wilhelm von Humboldt. Schleiermacher becomes important for Wilss's science because he makes a qualitative distinction between "true" and "mechanical" translation, legitimating the need for a science that can translate art, and necessitating a translator who is capable of the hermeneutic leap to the primary message and the "proper"(Schleiermacher's term) translation of the meaning. (Chapter 3, *CTT*)

思维过程与修改轨迹：

施莱尔马赫对威尔斯翻译科学的重要性就在于他对"真正的(true)"和"机械的(mechanical)"翻译进行了质的区分,<u>将建立一门能翻译艺术的学科需求合理化</u>……

施莱尔马赫对威尔斯翻译科学的重要性就在于他对"真正的(true)"和"机械的(mechanical)"翻译进行了质的区分,将建立一门能翻译艺术的学科的需求合理化,并<u>需要这样的译者——能阐释主要信息、对意义进行"恰当的"(施莱尔马赫语)翻译</u>。

施莱尔马赫对威尔斯翻译科学的重要性就在于他对"真正的(true)"和"机械的(mechanical)"翻译进行了质的区分,<u>使能翻译艺术的学科的需求合理化</u>,并需要这样的译者——能阐释主要信息、对意义进行"恰当的"(施莱尔马赫语)翻译。

施莱尔马赫对威尔斯翻译科学的重要性就在于他对"真正的(true)"和"机械的(mechanical)"翻译进行了质的区分,使能翻译艺术的<u>这门学科对科学的诉求</u>合理化,并需要这样的译者——能阐释主要信息、对意义进行"恰当的"(施莱尔马赫语)翻译。对"legitimating the need for a science that can translate art"的译文的处理仍非常不满意。

施莱尔马赫对威尔斯翻译科学的重要性就在于他对"真正的(true)"和"机械的(mechanical)"翻译进行了质的区分,使<u>建立一门(能翻译艺术的)学科的需求</u>合理化,并需要这样的译者——能阐释主要信息、对意义进行"恰当的"(施莱尔马赫语)翻译。加括号是为使读者阅读时断句方便。提交后发现笔者将"necessitating"译错,应将"并需要这样的译者"译为"并<u>认为必须要有</u>这样的译者"。

原译:讽刺地是,忽视现有文学理论,关注历史上边缘文本的地位,这种做法本身就揭示了和文学理论密切相关的东西。
原文:Ironically, the process of ignoring existing literary theory and focusing the study on the status of historically marginalized texts actually revealed something not merely tangentially related but of central relevance to literary theory. (Chapter 4, *CTT*)
思维过程与修改轨迹:
讽刺地是,忽视现有文学理论,关注历史<u>上被边缘化的</u>文本的地位,这种做法<u>揭示的是</u>和文学理论密切相关的<u>内容</u>,<u>而不仅仅是牵强附会</u>。
讽刺地是,忽视现有文学理论,关注历史上被边缘化的文本的地位,<u>这一过程实际上揭示了一些东西</u>,<u>与文学理论密切相关</u>,而<u>不只</u>是牵强附会。
讽刺地是,忽视现有文学理论,关注历史上被边缘化的文本的地位,这一过程实际上揭示了一些东西,<u>它们</u>与文学理论密切相关,而不只是牵强附会。修改稿提交后查看,发现"讽刺地是"应改成"讽刺<u>的</u>是"。

原译:内容总是不稳定的,由语篇构建并处于并不断的流变之中,只是暂时性地在它的虚构审美建构(fictional aesthetic construction)中"看似"稳定。
原文:Content is always unstable, always changing, constructed by discourse, in constant flux, merely "appearing" stable temporarily in its fictional aesthetic construction. (Chapter 4, *CTT*)
思维过程与修改轨迹:
内容总是不稳定的,由<u>话语构建</u>,<u>不断变化</u>,只是暂时<u>在其虚构的审美构式中</u>"看似"稳定。修改稿提交后,发现此处的"由话语构建"前最好加上"<u>它</u>"。

原译:确实,要想更好地对转换做出解释,方法论就不能局限在艺术传统的变异上,还要对发展的社会规范以及主观的心理动机进行考虑。
原文:Indeed, in order to explain shifts adequately, the methodolo-

gy cannot restrict itself to the changes of artistic traditions, but must consider evolving social norms and subjective psychological motivations as well. (Chapter 4, *CTT*)

思维过程与修改轨迹:

确实,<u>要充分解释转换,方法论就不能局限于艺术传统的变化,还要考虑不断发展的社会规范以及主观的心理动机</u>。感觉"的确"比这里的"确实"似乎更常用些,有点想修改,但又感觉改不改无所谓,于是放弃。

确实,<u>为了</u>充分解释转换,方法论就不能局限于艺术传统的变化,还要考虑不断发展的社会规范以及主观的心理动机。

确实,为了充分解释转换,方法论就不能局限于艺术传统的变化,还要考虑<u>演变</u>的社会规范以及主观的心理动机。修改稿提交后,发现笔者自己本打算将这里的"演变的"写成"演进的",但不知怎么输入出错了。

原译: 第一种导向要求对译本进行"文本聚焦"式的经验性描写,以及对特定时期、特定语言或特定语篇类型的大量译本数据进行调查;第二种导向提出了一种能够影响译本接受的文化成分;第三种导向关心"黑匣子",即译者的思维活动问题。第一种导向最为晚期翻译研究派所认同,而后两种导向<u>的重要性随着学派的发展逐渐式微</u>。

原文: The product-oriented branch, which became the approach most identified with later translation studies, called for a "text-focused" empirical description of translations, and then a survey of larger corpuses of translations in a specific period, language, or discourse type. The function-oriented branch, which introduced a cultural component effecting a translated text's reception, and the process-oriented approach, which looked at the problem of the "black box", or what was going on in the translator's mind, became less important as the field developed. (Chapter 4, *CTT*)

思维过程与修改轨迹:

<u>产品</u>导向要求对译本进行"文本聚焦"式的经验性描写,以及对特定时期、特定语言或特定语篇类型的大量译本数据进行调查;<u>功能</u>导向提出了一种能够影响译本接受的文化成分;<u>过程</u>导向关心"黑匣子",即译者的思维活动问题。<u>随着译学的发展</u>,后两种导向的<u>重要性逐渐稍逊于前</u>。原文中的"became less important"稍有歧义,原译处理成"逐渐式微"似乎

不很准确,笔者试将其分别译成"重要性稍弱""重要性稍逊""重要性稍逊于前""重要性渐而稍逊于前""重要性稍有逊色""重要性逐渐稍逊于前",最终选定最后一种译法。但提交后,笔者发现了该段译文的两个问题:第一,"经验性描写"存在让读者断句出现问题的可能,理解成"经验/性描写",虽然读者如果第一反应出错,也能根据上下文及时纠偏,但笔者本应对此修改,避免此种断句的可能;第二,把原译关于"which became the approach most identified with later translation studies"的译文"第一种导向最为晚期翻译研究派所认同"删除后,竟忘记补充改译,酿成漏翻事故。

原译:而且,也只有基于互相可比的描写,我们才能进一步建立一个适用于更大范围的具有说服力的研究:对单个作者或译者的译本,单个时期、体裁、语言(或文化)的译本,或对整个翻译史中的译本进行比较研究。

原文:And only on the basis of mutually comparable descriptions can we go on to produce well-founded studies of a larger scope: comparative studies of the translations of one author or one translator, or-a greater leap-period, genre, one-language (or one-culture), or general translation histories. (Chapter 4, *CTT*)

思维过程与修改轨迹:

而且,也只有基于互相可比的描写,我们才能<u>继续进行范围更广、有充分根据的研究</u>……

而且,也只有基于互相可比的描写,我们才能继续进行范围更广、<u>有理有据的研究</u>:对单个作者或译者的译本<u>进行比较研究,或者更进一步,对某个</u>时期、体裁、语言(或文化)、整个翻译史中的译本进行比较研究。同时去掉"的译本"和"或对"等语。

而且,也只有基于互相可比的描写,我们才能继续进行范围更广、有理有据的研究:对单个作者或译者的译本进行比较研究,或者<u>跨度更大</u>,对<u>单个</u>时期、体裁、语言(或文化)<u>或</u>整个翻译史中的译本进行比较研究。修改稿提交后发现"语言(或文化)或整个翻译史中的译本"中已有两个"或"字,本应避复。

原译:之前我反对那些暗含等级意味的术语,包括高级/低级、主要/次要、有声望/无声望等,现在我仍然如此。

原文:My earlier objections to the hierarchies implied by the terminology of higher/lower, major/minor, prestigious /non-prestigious remain. (Chapter 5, *CTT*)

思维过程与修改轨迹：

<u>我一如既往</u>反对暗含等级意味的术语,包括高级/低级、主要/次要、有声望/无声望等。同时去掉"那些"两字。修改稿提交后,发现"包括"其后的文字不畅,本应再作修改,但未及时察觉。

原译： 俄国形式主义的扩展是形式主义方法的必然结果：在分析特定的文学问题时,批评家很快就会发现文学问题不仅被网罗在历史之中,同时也对它所处的历史产生影响,这就开启了文学进化的复杂问题。

原文： This branching out of Russian Formalism was a natural consequence of the Formalist approach: in the analysis of a particular literary issue, the critic would soon find the literary problem not only enmeshed in history, but also influencing the history in which it finds itself, opening up the complex problem of literary evolution. (Chapter 5, *CTT*)

思维过程与修改轨迹：

俄国形式主义的扩展是形式主义方法的必然结果：在分析特定的文学问题时,批评家很快就会发现文学问题不仅<u>落入历史的樊笼</u>,同时也对它所处的历史产生影响,这就<u>带来</u>了文学进化的复杂问题。修改稿提交后,浏览至此处,发现忘记把"进化"改成"<u>演进</u>"了。

原译： 此外,与佐哈尔和图里自己声称的相反,他们仍然都将分析局限在"文学"实体之中,倾向于把不断进化的多元文化系统和文化中的其他表意系统分离开来。

原文： In addition, both Even-Zohar and Toury still confine their analyses to entities called "literary" and tend, despite claims to the contrary, to divorce the evolving literary polysystem from other signifying systems in a culture. (Chapter 5, *CTT*)

思维过程与修改轨迹：

此外,佐哈尔和图里<u>仍将</u>分析局限在"文学"实体之中,倾向于把不断进化的多元文化系统和文化中的其他表意系统分离开来<u>,这与他们的说法相悖</u>。修改稿提交后,浏览至此处,又发现未将"进化"改成"<u>演进</u>"。

原译：例如，在日常生活中人们会偶尔发现自己在对一个译本进行使用时并没有意识到它是翻译文本。

原文：In daily use, for example, people occasionally find themselves using a translation without being aware of it. (Chapter 5, *CTT*)

思维过程与修改轨迹：

例如，在日常生活中，人们偶尔会不知不觉地使用翻译文本。修改稿提交后发现自己的改文和原文意思还是有微妙的差别，原译本不必修改。

原译：数据似乎表明，翻译文本要比起初看起来的更难识别。

原文：Data seemed to indicate that translations were much harder to identify than initially apparent. (Chapter 5, *CTT*)

思维过程与修改轨迹：

从研究数据似乎可以看出，翻译文本原先一目了然，实则难辨。

从研究数据似乎可以看出，翻译文本原先一目了然，实则迷离难辨。

从研究数据似乎可以看出，翻译文本起先看似一目了然，实则迷离难辨。修改稿提交后发现原译中"数据似乎表明"说得很清楚，也很简洁，本不必修改。

原译：在下一章，我们将看到精通解构主义和后殖民主义的学者是如何揭示多元系统理论的局限性，并且提供了新的选择。

原文：In the following chapter, we will see how scholars more versed in deconstruction and postcolonial theories expose the limitations of polysystem theory and offer new alternatives. (Chapter 5, *CTT*)

思维过程与修改轨迹：

在下一章，我们将看到，熟谙解构主义和后殖民主义的学者揭示了多元系统理论的局限性，并且提供了新的选择。考虑是用"深谙"还是"熟谙"，感觉差不多，最终选择后者。修改稿提交后，发现原文中的"more"未译出。

原译：显然，海德格尔是在利用翻译来实现一种双重写作：首先，要取代和动摇西方读者为让其他事情发生而给语言带来的预设概念；其次，再次提出在《时间与存在》中提出的存在问题。

原文：Clearly, Heidegger is using the translation to achieve a kind of double writing: first, to displace and unsettle preconceived notions which Western readers bring to language in order to let something else occur; second, to raise again the question of Being as in *Being and Time*. (Chapter 6, *CTT*)

思维过程与修改轨迹:
显然,海德格尔是在利用翻译来实现一种双重写作:首先,取代、动摇西方读者给语言带来的先入为主的概念,以使其他事情发生;其次,再次提出在《存在与时间》中提出的存在问题。同时去掉一个"要"字。修改稿提交后,发现"其次"后的分句中竟两次使用"提出"。

原译: 形式主义的方法受语法规则的约束较强,经过缜密计划从而达到拼写的准确和指涉的精准,而德里达的策略则更像是一种经验的徘徊(empirical wandering),不受哲学责任的约束,不受传统的约束,也不受语言或思想体系进化的约束,相反,它沿着书面语言的表面运动,是无须缜密计划的游戏,是没有终点或目的(telos)的徘徊。

原文: Whereas formalist approaches are very much bound by the laws of grammar, and are calculated in order to achieve graphic accuracy and precise reference, Derrida's tack is more an empirical wandering, not bound to the responsibility of philosophy, to tradition, to evolution of language or thought systems, foregrounding instead movement along a surface of the written language, play without calculation, wandering without an end or *telos*. (Chapter 6, *CTT*)

思维过程与修改轨迹:
形式主义的方法受语法规则的约束较多,经过缜密思考,从而达到描述确切、指涉精准的效果……对改文不满意,暂停校译下文,回读,再改。

形式主义的方法受语法规则的约束较多,思考缜密,从而达到描述确切、指涉精准的效果……仍不满意,返回再改。

形式主义的方法受语法规则的约束较多,为使描述确切、指涉精准,被精心雕琢过……回读,继续改。

形式主义的方法受语法规则的约束较多,被精心雕琢,以使其描述确切、指涉精准,而德里达的策略则更像是一种经验的游走(empirical wandering),不受哲学责任的约束,不受传统的约束,也不受语言或思想体系演进的约束,相反,它沿着书面语言的表面运动,是无须精心思考的游戏,是没有终点或目的(telos)的游走。

  形式主义的方法受语法规则的约束较多，被精心雕琢，以使其描述确切、指涉精准，而德里达的策略则更像是一种经验的游走(empirical wandering)，不受哲学责任的约束，不受传统的约束，也不受语言或思想体系演进的约束，相反，它沿着书面语言的表面运动，是无须精心安排的游戏，是没有终点或目的(telos)的游走。修改稿提交后，发现原译中将"calculation"译成"缜密计划"挺好，本无须改成"被精心雕琢"，自己的改文并不高明。

  原译：达瓦德克指出，解构主义者推动了理论和意识形态要素，已经到了使重要的诗学和文化元素都丢失的地步。
  原文：The deconstructionists push the theoretical and ideological factors, Dharwadker argues, to the point that important poetic and cultural elements get lost. (Chapter 6, *CTT*)
  思维过程与修改轨迹：
  达瓦德克指出，解构主义者助长了理论和意识形态元素的声势，已使重要的诗学和文化元素迷失。"迷失"如果改成四个音节的词语，读来节奏感会更好些？
  达瓦德克指出，解构主义者助长了理论和意识形态要素的声势，已使重要的诗学和文化元素迷踪失路。译文提交后发现，原译对"Dharwadker"译名不统一，有时译成"达瓦德克"，有时译成"达瓦德卡"，笔者修改时也未发现。

  原译：作为一个译者，斯皮瓦克利用传统的翻译和再现手段，以及不是那么传统的手段，从内部开拓了对翻译和印度部落妇女进行思考的新方式。
  原文：Spivak uses traditional devices of translation and representation as well as less than traditional devices to operate from the inside as a translator to open up new ways of thinking about translation as well as about Indian tribal women. (Chapter 6, *CTT*)
  思维过程与修改轨迹：
  参考机器翻译如下：
  (DeepL翻译)斯皮瓦克使用传统的翻译和表现手段，以及不那么传统的手段,从内部作为一个翻译者来操作,开辟了关于翻译以及印第安部落妇女的新思维方式。

(谷歌翻译)Spivak使用传统的翻译和表示手段,并且比传统的手段少使用从内部进行翻译的工作,从而开辟了关于翻译以及印度部落妇女的新思维方式。

作为译者,斯皮瓦克利用传统的<u>和不那么传统的翻译和再现手段从内部探索,开辟研究关于翻译和印度部落妇女问题的新思路</u>。

作为译者,斯皮瓦克利用传统的和不那么传统的翻译和再现手段<u>,</u>从内部探索,开辟关于翻译和印度部落妇女问题研究的新思路。

作为译者,斯皮瓦克利用传统的和不那么传统的翻译和再现手段,从内部探索,开辟<u>翻译研究、</u>印度部落妇女问题研究的新思路。修改稿提交后,发现前半句中竟用了两个"和"字,本应避复。

原译:福柯指出,它打破了体裁的整体定义,变成了"除了断言(affirming)就没有任何其他法则"的语言的单纯表现。因此,在这一时期,权威的形式不再施加法则;各种体裁和形式不再被认为是永恒的;原初概念的结构也被瓦解了。

原文:Foucault argues that it breaks with the whole definition of genres and becomes merely a manifestation of language that has "no other law than that of affirming". During this period, then, forms of authority cease to impose laws; genres and forms cease to be viewed as eternal; and the structure of any notion of originality breaks down. (Chapter 6, *CTT*)

思维过程与修改轨迹:

福柯<u>认为</u>,它打破了<u>流派</u>的整体定义,<u>而仅仅变成语言的一种表现形式</u>,"<u>除了积极肯定的法则之外没有其他法则</u>"。因此,在这一时期,<u>不同形式的权威</u>不再强加法则;各种<u>流派</u>和形式不再被认为是永恒的;<u>任何原创概念的结构也分崩离析</u>。修改稿提交后发现,"任何……也"是病句,应改成"任何……都"。

原译:因此,解构主义者在实践中往往对作者以及明晰的意义极为漠视,转而关心自我言说的语言,聆听那些<u>前所未闻、不可把握的东西——他们即存在又不存在,遗落于所指和能指之间的空隙之中</u>。

原文：Thus, in practice, deconstructionists tend to exhibit a great indifference to authors and explicit meanings, and instead tune into the language speaking itself, listening for the unheard, the ungraspable-that which is there and yet is not there, lost in that space between signified and the signifier. (Chapter 6, *CTT*)

思维过程与修改轨迹：

因此,解构主义者在实践中往往对作者以及明晰的意义极为漠视,<u>而是调和自我言说的语言</u>,聆听那些<u>未被倾听</u>、不可把握的东西——他们<u>既存在又不存在</u>,遗落于所指和能指之间的空隙之中。原译将"tune into"译成"转而",可能是在翻译过程中视觉疲劳,将"tune"看成了"turn"。修改稿提交后,笔者发现自己的改文存在几处问题:1."解构主义者……对……极为漠视"句法拖沓,应改成"<u>解构主义者极为漠视……</u>";2."而是"与前文衔接不畅,责任在笔者,因改完"tune into"的译文后,忽视了改文与前文的连贯性,本应将前后文连起来读一读,看看衔接是否通畅;3."lost"此处译成"遗落"有些别扭,若译成"<u>迷失</u>"可能效果更佳。

原译：……所以,翻译不是要与原文的意义相像,而是应该在爱的运动中细致地把原文的意图模式传入自己的语言;因此,正如那些残骸都可以被视为同一个花瓶的碎片,原文和译文也可以被视为一个更大语言的碎片。

原文：... so instead of rendering itself similar to the meaning of the original, the translation should rather, in a movement of love and in full detail, pass into its own language the mode of intention of the original; thus, just as the debris become recognizable as fragments of the same amphora, original and translations become recognizable as fragments of a larger language. (Chapter 6, *CTT*)

思维过程与修改轨迹：

……所以,翻译不是要与原文的意义相像,而是<u>应该怀着热忱……</u>改至此处,感觉为忠于原文的"in a movement of love",还是维持原译不改。

……所以,翻译不是要与原文的意义相像,而是<u>应该在爱的运动中</u>,细致地把原文的意图模式传入自己的语言;因此,<u>就像碎片历历可辨,原是同一个双耳瓶的碎片</u>……仍然想把"在爱的运动中"改掉,但原文是"in a movement of love",这样译确实也很忠实,还是别改。发现原译"正如那些残骸都可以被视为同一个花瓶的碎片"可能译错了。

……所以,翻译不是要与原文的意义相像,而是应该在爱的运动中,细致地把原文的意图模式传入自己的语言:因此,就像碎片历历可辨,<u>可以看出本是同一个双耳瓶的碎片,原文和译文也可被视为更广泛意义上的语言的碎片</u>。

……所以,翻译不是要与原文的意义相像,而是应该在爱的运动中,细致地把原文的意图模式传入自己的语言:因此,就像碎片历历可辨,可以看出本是同一个双耳瓶的碎片,原文和译文也可被视为范畴更大的语言的碎片。修改稿提交后回看,"在爱的运动中"还是别扭,本应将此语稍作修改,至少应和作者根茨勒在本书第七章中所提及的本雅明之语"must lovingly and in detail"(笔者改译成"满腔热情、细致周密地")中"lovingly"的译文保持相关。

原译:尼南贾纳没有沉湎于本雅明的纯语言概念,而是关注"释放"、"再创作"、"解放"和"打破"等表述,所有这些她在本雅明的历史唯物主义作品中也都看到了。本雅明的这种方法让她想起,德里达就使用了各种手段来中断他的文本,从而使得其他词源浮出水面。

原文:Rather than dwell on Benjamin's concept of pure language, Niranjana focuses on terms such as "release", "re-creation", "liberate", and "breaks", all of which she also sees in Benjamin's work as a historical materialist. Benjamin's manner reminds her of Derrida's use of various devices to interrupt his text and allow other etymological sources to surface. (Chapter 6, *CTT*)

思维过程与修改轨迹:

尼南贾纳没有沉湎于本雅明的纯语言概念,而是关注"释放"、"再创作"、"解放"和"打破"等表述,<u>她作为历史唯物主义者,也在本雅明的著述中看到了所有这些表述</u>……对改文不满意,暂停校译下文,返回再改。

尼南贾纳没有沉湎于本雅明的纯语言概念,而是关注"释放"、"再创作"、"解放"和"打破"等表述,<u>她也从历史唯物主义者的角度来理解这些术语</u>……译至此处,笔者参照 DeepL 译文:Niranjana 没有纠缠于本雅明的纯语言概念,而是专注于"释放""再创造""解放"和"打破"等术语,所有这些她也在本雅明作为历史唯物主义者的工作中看到。本雅明的方式让她想起德里达使用各种手段打断他的文本,让其他词源浮出水面。

尼南贾纳没有沉湎于本雅明的纯语言概念，而是关注"释放"、"再创作"、"解放"和"打破"等表述，她也从历史唯物主义者的角度来理解这些术语。本雅明的这种方法让她想起，德里达就使用了各种手段来<u>打断</u>他的文本，从而使得其他词源<u>出头露脸</u>。修改稿提交后，笔者发现自己修改时删除了"she also sees in Benjamin's work（她也在本雅明的作品中看到了）"这层内容，但再看此处，却感觉最好不删。此外，根据新标点法，句中顿号皆应去掉。

原译：所选择的故事、所呈现的人物塑造、所包含的文学手法，这些都与西方的方法有着结构上的相似性，但又存在差异。

原文：The choice of the stories, the characterizations presented, the literary devices incorporated all have structural analogies to Western devices, and yet are different. (Chapter 6, *CTT*)

思维过程与修改轨迹：

参看 DeepL 译文：故事的选择、人物形象的呈现、文学手段的融入都与西方的手段有结构上的相似之处，但又有所不同。

<u>故事的选择、人物形象的呈现、文学手法的运用</u>，这些都与西方的方法同中有异。此处吸收了 DeepL 的部分译文。修改稿提交后，发现此处还是应将"structural（结构上的）"这一元素译出，不应将原译中"结构上的"一语删去。

原译：通过为目的语文化引入新的表现形式和观念，译者的确帮助塑造了目的语文化：他们在创造、发展民族文化中发挥了重要作用。正是译者发挥了这一重要作用，才引发出本阶段翻译理论发展的恰当隐喻：翻译即创造（translation is creating）。

原文：By bringing new forms and ideas into the target culture, translators do indeed help to shape that culture; they are instrumental in the creation and development of a national culture. And it is this role that suggests an appropriate metaphor for this stage of translation theory development: translating is creating. (Chapter 2, *MT*)

思维过程与修改轨迹：

通过为目的语文化引入新的表现形式和观念，译者的确帮助塑造了目的语文化：他们在创造、发展民族文化中发挥了重要作用。<u>译者发挥的</u>

这一重要作用,引发了本阶段对翻译理论的隐喻,该隐喻恰如其分:翻译即创造(translation is creating)。修改稿提交后再看此处,认为最后一句应写成"<u>译者发挥的这一重要作用引发了本阶段对翻译理论的隐喻:翻译即创造(translating is creating)。该隐喻恰如其分</u>"。

原译:特定情况下应该优先考虑哪种关系,应该由译者定夺,或许根据文本类型,或许根据委托者的意愿,或许根据原作者的意图,或许根据预期读者的假定需求。

原文:It is up to the translator to decide what kind of relation is appropriate in any given case, according to the text-type, the wishes of the commissioner, the intentions of the original writer, and the assumed needs of the prospective readers. (Chapter 3, *MT*)

思维过程与修改轨迹:

<u>在任何情况下,都要由译者根据文本类型、委托者的意愿、原作者的意图以及预期读者的假定需求来决定哪种关系适契</u>。

<u>特定情况下优先考虑哪种关系,应由译者根据文本类型、委托者的意愿、原作者的意图或预期读者的假定需求来定夺</u>。修改稿提交后,发现"in any given case"还是翻译成"<u>在任何情况下</u>"比较合适。

原译:这里的六韵步音律显然是有意的形象化手段,其目的就是要展现诗歌所描述的节拍。

原文:The hexameter metre here is obviously intended iconically, since it manifests the very rhythm that is being described. (Chapter 4, *MT*)

思维过程与修改轨迹:

<u>诗中提及的六步格韵体显然意在反讽,因为诗歌本身韵体恰恰是六步格</u>。修改稿提交后发现改错,此处笔者将"iconically"误看成了"ironically",属于翻译硬伤,原译文本不必修改。

原译:翻译能力由两种能力构成:
a. 针对特定源语文本或条目生成一系列可能恰当的译文的能力;
b. "充满自信、毫不犹豫而且合情合理地从该一系列可能恰当的译文中选择一个被认为最恰当"的译文。

原文：a. The ability to generate a series of possible translations for a given source text or item.

b. The ability to select from this series, "quickly and with justified (ethical) confidence", one version considered to be optimally appropriate. (Chapter 5, *MT*)

思维过程与修改轨迹：

翻译能力由两种能力构成：

a. 译文生成能力：能针对特定源语文本或条目，生成一系列可能恰当的译文；

b. 译文选择能力：能从该系列可能恰当的译文中，"当机立断、适度自信"地择选出最恰当的论文。

翻译能力由两种能力构成：

a. 针对特定源语文本或条目，能生成一系列可能恰当的译文；

b. 从该系列可能恰当的译文中，能"当机立断、适度自信"地择选出最恰当的论文。修改稿提交后，笔者感觉前一种改法更好，因之更显条理性，更易为读者理解。可能笔者选择译文时，不知不觉根据原文的句法结构特点来选择译文了，一时间将句法提升至比读者感觉更重要的程度，但当自己作为读者再来看的时候，才发现自己的最终选择并不令人满意。

原译：火车驶入这些车站时，车站喇叭就会响起，提醒乘客"注意间距"。对于那些正运用尝试性理论消除错误的译者来说，"注意间距"无疑是当头棒喝。

原文：When a train arrives at one of these stations, a voice over the loudspeakers intones: Mind the gap! This is a good image for translators who are subjecting their Tentative Theories to Error Elimination. (Chapter 5, *MT*)

思维过程与修改轨迹：

火车驶入这些车站时，车站喇叭就会响起，提醒乘客"注意间隙"。对于那些正运用尝试性理论消除错误的译者来说，"注意间隙"是很形象的提醒。这里指的是伦敦地铁站的语音提醒"Mind the Gap"，而"火车"一般指陆面铁路，因此这里的"火车"似乎最好改成"列车"。但笔者未能及时修改文中的其他同例。此种错误发生的原因在于笔者未进行全文查找、替换。

原译:斯蒂格穆勒在理解原文方面,有时候较沃尔略胜一筹("jeunes gens" are "young men" not "young people", the "lampion" Emma wears at the carnival is not a paper lantern but a cocked hat ....)然而,斯蒂格穆勒在英语表达自然流畅的出众能力,导致他喜欢将原文的词汇和句子进行名词化处理,甚至罔顾原文有意在词汇和句子方面的偏常用法。

原文:Steegmuller sometimes has the edge on Wall in his understanding of the original("jeunes gens" are "young men" not "young people", the "lampion" Emma wears at the carnival is not a paper lantern but a cocked hat).[...] Yet Steegmuller's impressive ability to communicate a sense of naturalness in English pulls him towards lexical and syntactic normalization even where the original is deviant.[...](Chapter 5, *MT*)

思维过程与修改轨迹:

斯蒂格穆勒在理解原文方面,有时候较沃尔略胜一筹("jeunes gens"是"年轻男子",而不是"年轻人";爱玛在狂欢节上戴的"lampion"是三角帽,而不是纸灯笼)。然而,斯蒂格穆勒的英语表达自然流畅,能力出众,导致他喜欢将原文的词汇和句子进行名词化处理,甚至罔顾原文有意在词汇和句子方面的偏常用法。此处想把原译中的"导致"换成其他词语,或去掉,但最终感觉改不改无所谓,于是未改。修改稿提交后,发现此处"三角帽"和"纸灯笼"应加引号。

原译:有鉴于此,其中一个译者明显特别注重直译,注重保留修辞性比喻,等等;另外一个译者特别注重显性翻译策略,或许还特别注重改编。

原文:Judging by this review, one translator has evidently placed more priority on literal translation and the preservation of rhetorical schemes etc.; the other has given more weight to the pragmatic strategies of explicitation and perhaps even adaptation. (Chapter 5, *MT*)

思维过程与修改轨迹:

从评论来看,其中一位译者(斯蒂格穆勒)明显特别注重直译、注重保留修辞性比喻等等;另一位译者(沃尔)特别注重显性翻译策略,或许还特别注重改编。同时去掉"等等"前的逗号。

据此,我们可以说,其中一位译者(斯蒂格穆勒)明显特别注重直译、注重保留修辞性比喻等等;另一位译者(沃尔)特别注重显性翻译策略,或许还特别注重改编。原文语意与前文保持连贯，但译成中文，如不作说明，则与上下文语意不连贯，故而此处略加说明。对"Judging by this review"如何译，笔者犹豫不决，一方面不想去掉原译"有鉴于此"的简洁表达，一方面又觉得"有鉴于此"和下文承接不够顺畅；译文提交后，笔者发现还是前之改文中的"从评论来看"更妥当。

原译：而且，尽管识别和选择过程中的心理态度仍然属于作者所谓的"超然"，学习者的确对行为结果感觉到责任感，因而这个阶段的确涉及到情感因素。

原文：Moreover, although the mental attitude during the process of recognition and selection is still what the Dreyfuses call "detached", analytical, learners do feel responsible for the outcome of their actions, and emotional involvement thus enters the picture at this stage.（Chapter 6, *MT*）

思维过程与修改轨迹：

此外，尽管在识别和选择过程中，学习者的心理状态仍然是德雷福斯所说的"超然的"、分析性的，但学习者确实感到对自己的行动结果存在责任感，因此在这个阶段，感性开始影响学习者。

此外，在识别和选择过程中，尽管学习者在此期间产生的心理状态仍可以用德雷福斯"客观的"一语来描述，具有分析理性，但学习者却（在感性方面）对自己的行为结果存有责任感，因此我们可以说，在这一阶段，感性影响开始渗入其中。因担心读者难理解，故在译文中稍稍增加了阐释；修改稿提交后，发现改文中的"因此我们可以说"应删除。

原译：专家型职业译者的一个标识，可能在于他能否精确地判断何时需要谨慎理性以及如何运用谨慎理性。

原文：One mark of the expert professional is presumably the ability to judge precisely when deliberative rationality is needed and how it should be used.（Chapter 6, *MT*）

思维过程与修改轨迹：

专家型职业译者的一个标识，可能在于他能精确地判断何时需要谨慎理性以及如何运用谨慎理性。

能准确决定何时及如何需用审慎理性，这是专家型职业译者的标志。

提交后发现"presumably"之意未译出,此句可改成"能准确决定何时及如何需用审慎理性,这可以说是专家型职业译者的标志",同时也觉得"如何需用审慎理性"一语滞涩。

原译:……但是,一旦译者的专业知识与日俱增,模因虽然会沉入意识阈域之下,但还是保留在一种谨慎理性可以按照要求获取的状态。
原文:... but when translators grow in expertise memes sink below the threshold of awareness, yet remain accessible to deliberative rationality when required. (Chapter 6, *MT*)
思维过程与修改轨迹:
……但是,一旦译者的专业知识与日俱增,模因虽然会沉入意识阈域之下,<u>然而译者一旦需要,即可获取审慎理性</u>。提交修改稿后,发现此句竟重复使用了"一旦"。

原译:其中一种假设,沃里讷(Vuorinen,1994)曾经对它做过引人深思的讨论……
原文:One such is provocatively discussed by Vuorinen(1994) ... (Chapter 6, *MT*)
思维过程与修改轨迹:
<u>沃里讷(Vuorinen,1994)就曾针锋相对,讨论过一种这类假设……</u>
原译误读了"provocatively",此处笔者作了修改,但在下文中,修改稿提交后,笔者发现自己漏改了一处原译误读的"provocative"(见下例)。

原译:达尔文最发人深省的观点之一,认为物种的个体发展是与种系发展同步的。
原文:One of Darwin's most provocative ideas was that the ontogenetic development of the individual parallels the phylogenetic development of the species.
思维过程与修改轨迹:
<u>达尔文认为物种的个体发展与种系发展同步,这是他最发人深省的观点之一</u>。此处笔者未能及时修正"provocative"的译文。

原译:在无止境的不断重译游戏中,"糟糕的"翻译"代表着虚假翻译,

将在游戏中消失","好的"翻译"将产生其他'更好的'翻译,在更好的翻译基础上又产生其他翻译",从而从一系列指号过程最终出现理想的翻译,从这一系列流畅的半成品中出现"一种满足真实条件的翻译"。

原文：In the endless game of translation-through-time, "bad" translations "represent falsity and will be lost in the game", while "good" translations "will engender other, 'better' translations which will again engender other translations", so that eventually what emerges ideally from this flowing series of semioses is "a translation fulfilling the conditions of truth". (Chapter 7, *MT*)

思维过程与修改轨迹：

在无止境的不断重译游戏中,"糟糕的"翻译就是错误,是失败的,"好的"翻译"将产生其他'更好的'翻译,在更好的翻译基础上又产生其他翻译",最终,从源源不断的一系列指号中,"一种满足真实条件的翻译"完美地诞生了。"Lost in the game"本来表示"失败的"意思,但修改稿提交后,笔者发现,此处应该和前文的"重译游戏"呼应,将其改成"在游戏中失败"之类的文字,但笔者未及时意识到这一点。

第二章 译者施加的精神影响：
向前驱译文靠拢的趋势

"译者"在本章中既包含文稿的译者，也包含对源语文本中所涉内容（特别是术语等）早已给出约定俗成译文的前辈译者，具体所指视语境而定；"前驱译文"指相对于笔者的修改稿而言诞生时间更早的译文，包含文稿译者的译文、前辈译者给出的约定俗成的译文。这些前驱译者、前驱译文都给后来的译者、校译者带来精神影响。[①]

首先是文稿译者给校译者（如果两者并非一人）会带来精神影响。译者的身份影响着校译者对自己的角色定位，而这一角色定位又进一步影响着校译者对译文的修改方式与修改力度。修改者如将自己定位为指导者，则修改时可能大刀阔斧，无须顾虑，或给出宏观的指导性建议；校译者如将自己作为译文的校译者，则以对译文的小修小补为主，努力帮助译者尽可能避免译文硬伤。而因为译者本身就是大家，博学多闻，德高望重，译文本身即为精品，校译者只是提供一种补充视角，那么他按照自己的风格径直修改，可能也不合适。这里笔者对自己的定位仅为校译者，对译文进行必要的补充修改，其他能不修改则不修改，尽量维持译文原貌。当然，这种做法也可以减少校译者的压力。

这和笔者修改自己译文时的心理有较大差别：如若修改自己的译文，对不够文通字顺的语句可以随心所欲地雕琢，但当笔者面对的是别人译好的作品时，则需考虑多方面的因素，无法随心所欲。如果原译有可疑处或有需修改处，校译者也常会推测原译采取此种处理方式的原因，思考其是否合理、是否有修改的必要。修改后亦需和原文比对，如感觉与原文差别不大或提升效果不明显，则往往最终放弃修改。因此校译他人译文往往采取的是非必要不修改的路径。但何为必要？何为非必要？其中的界限难以通过量化数据来界定，多凭校译者自己的主观感受去把握。因此

[①] 王世钰.译文影响下的译者屈从与焦虑探究[J].上海翻译,2021(03):13—17.

从这一视角来看,翻译或校译结果不但受到理性的思维活动影响,同样也受到感性思维影响,有时甚至受到的感性因素影响更多。此外,笔者修改的版本已经是译者认真修改过的版本,修改者在原译基础上即使增加一字或减少一词,原译者也需要花时间再去斟酌、取舍,在这一情境中去修改,笔者希望尽可能少给原译者增添麻烦,比如原译者的译文有些乍看上去稍显拗口,似乎需要修改,但经细察,译文仍较为忠实地传递了原文的语意,最终笔者往往选择不作修改。

校译者向原译者靠拢,除上述主观原因之外,也受客观因素影响。校译、修改者在对照源语文本和目标文本时,往往受到原译的目标文本影响,这就是具有优先权的译文对包括校译者在内的后之译者产生的影响。[①]因此如需进行较为客观的比照,理想情况下,校译者需要在查看原译已经生产出的目标文本之前,先行给出自己独立的译文,然后再进行比照。但在实际操作中,因受时间和精力等成本所限,校译往往无法采用此理想模式。就笔者本人而言,通常是在看完源语文本之后,随即查看原译者的译文,主要看译文有无差错或佶屈聱牙之处。当然,如原文出现长难句,笔者则会先刻意不去查看原译,避免受到原译影响,先行给出自己的译文,然后与原译比较、校正。但如前所述,总体而言,作为第三方的校译者不可避免地会受到原译文的影响,在必须调整某一部分的译文时,也常以原译文字风格等为默认的标准,或至少为参考标准,改动幅度希望尽可能不要太大。

此外,前辈译者给出的已约定俗成的译文也给校译者带来精神影响。修改此类前驱译文必然会使修改稿与前驱译文存在竞争关系,[②]因此修改者一旦试图对此类译文进行修改,也会增加自己的精神压力,故而笔者在不能保证修改稿明显优于前驱译文的情况下往往不作修改,维持前辈译者的译文。

第一节 文稿译者的精神影响

在实际修改中,文稿译者的选择给作为校译、修改者的笔者带来精神影响,笔者在修改中会不自觉地以译者的文字作为参照,向译者的文字靠拢,典型表现为以下几点:首先,尽量不作修改或少作修改;其次,笔者对

[①][②] 王世钰.译文影响下的译者屈从与焦虑探究[J].上海翻译,2021(03):13—17.

乍看感觉需要修改的文字往往反复玩味,确认修改后效果更好时,才着手修改,但经常在修改后发现修改稿不如原译或在原译基础上改进不明显,最终又放弃修改。凡此种种,皆体现了文稿译者的选择对校译者的精神影响。

原译:比如,文学译者选择远离语言学方法的"行话",符号学家追求的"科学"术语被解构主义者颠覆;而解构主义的尖锐辞令又让这些学者和许多其他领域相距甚远。

原文:Literary translators, for example, distance themselves from the "jargon" of linguistic approaches; deconstructionists subvert the very "scientific" terminology demanded by semioticians; and the aggressive rhetoric of the deconstructionists alienates scholars from many of the other fields. (Chapter 1, *CTT*)

思维过程与修改轨迹:

比如,文学译者远离语言学方法的"行话",符号学家追求的"科学"术语被解构主义者颠覆;而解构主义的尖锐辞令又<u>使学者被其他许多领域摈诸门外</u>。去掉原译中的"选择"二字。原译第一个分句"文学译者选择远离语言学方法的'行话'"是主动句,第二个分句"符号学家追求的'科学'术语被解构主义者颠覆"是被动句,第三个分句是主动句,因此笔者想将第二个分句改成主动句,使语态统一:"<u>解构主义学者颠覆语言学家所要求的'科学'术语</u>",但斟酌片刻后,认为无须这般苛求,最终未修改这一细节。

比如,文学译者远离语言学方法的"行话",符号学家追求的"科学"术语被解构主义者颠覆;而解构主义的尖锐辞令又<u>让这些学者和许多其他领域相距甚远</u>。犹豫片刻后,画线部分内容沿用原译。文稿提交后才发现,原译中的分号应改为逗号。

原译:晚期的俄国形式主义者,如通加诺夫(Jurij Tynjanov)和雅各布森在他们的艺术理论中加入了翻译和其他文化现象,但他们很少对具体内容做出扩展。

原文:Late Russian Formalists such as Jurij Tynjanov and Roman Jakobson allowed for translation as well as other cultural phenomena in their theory of art, but infrequently expanded upon specifics. (Chapter 1,

CTT）

思维过程与修改轨迹：

已故的俄国形式主义者，如通加诺夫（Jurij Tynjanov）和雅各布森在他们的艺术理论中加入了翻译和其他文化现象，但他们很少涉及细节。

晚期的俄国形式主义者，如通加诺夫（Jurij Tynjanov）和雅各布森在他们的艺术理论中加入了翻译和其他文化现象，但他们很少对具体内容做出扩展。原译"但他们很少对具体内容做出扩展"说成"很少涉及细节"就行，但斟酌片刻，认为还是应当尽量少改，原译也说得更加清楚些，于是放弃修改。起初笔者误认为"late"应翻译为"已故的"，但读完全书后发现，此处仍应作"晚期的"，起先笔者改错了。而且如果使用"已故的"这层含义时，通常说成"the late ..."，说明笔者一开始在修改时，不但犯了常识错误，而且犯了语法错误，因此仍改回原译。

原译：……但随后又将学生的多种不同反应视为错误，说自己的目标是要获得"完美的理解"和一个统一而又正确的反应。对此，我觉得他的论证是自相矛盾的。

原文：... and then turns around, dismisses the varied responses of his students as errors, and argues that the goal also is to achieve "perfect understanding" and a unified and correct response, I suggest his argument is less than consistent. (Chapter 1, *CTT*)

思维过程与修改轨迹：

……但随后又倒戈转向，将学生的多种不同反应视为错误，说自己的目标是要获得"完美的理解"和一个统一而又正确的反应。我觉得他的论证是自相矛盾的。同时去掉"对此，"。"一个统一而又正确的反应"略显语涩，想修改，但未改。

……但随后又倒戈转向，视学生的不同反应为错误，说自己的目标是要获得"完美的理解"和一个统一而又正确的反应。我觉得他的论证是自相矛盾的。文稿提交后发现，原译"将学生的多种不同反应视为错误"对读者更友好，本不必修改。

原译：在70年代末80年代初的一段时间里，翻译培训班似乎要效仿创意写作的进程——从曾经的非学术领域，很快发展到但凡有作家工作室的学校都开设了翻译培训班。

原文：For a while in the late seventies and early eighties, it looked as if the translation workshop would follow the path of creative writing, also considered at one time a non-academic field, and soon be offered at as many schools as had writing workshops. (Chapter 2, CTT)

思维过程与修改轨迹：

在 70 年代末 80 年代初的一段时间里，翻译<u>研讨</u>班似乎要效仿创意写作的<u>发展</u>——<u>曾经的非学术领域迅猛</u>发展，很快许多学校随即<u>开设了翻译研讨班，和写作班的数目不相上下</u>。原译中"从曾经的非学术领域，很快发展到但凡有作家工作室的学校都开设了翻译培训班"读起来稍微有些不畅，要不要改？正准备放弃修改时，又看看原文，发现必须要改，因为发现"但凡有作家工作室的学校都开设了翻译培训班"译错了。但如果译文未失误，笔者此处可能仍维持原译。

在 70 年代末 80 年代初的一段时间里，翻译研讨班似乎要效仿创意写作的发展——<u>一度被认为是非学术的领域蔚然兴起</u>，许多学校随即开设翻译研讨班，和开设写作班的<u>学校</u>数目<u>不相上下</u>。同时去掉前之改文中"很快"两字。

原译：韦努蒂使翻译<u>过程</u>变得更加可见，打破了透明和等值的幻想，并展示了译者是如何密切参与文化建构的。

原文：Venuti makes the translation process more visible, demystifying the illusion of transparency and equivalence, and showing how translators are deeply involved in the construction of culture. (Chapter 2, CTT)

思维过程与修改轨迹：

韦努蒂使翻译过程变得更加可见，<u>揭示了</u>透明和等值的<u>假象</u>，并展示了译者是如何密切参与文化建构的。如将原译"使翻译过程变得更加可见"改成"使翻译过程的<u>可见度更高</u>"似乎更符合汉语的习惯表达，但最终未改。

原译：这个模式假设了一种初级诗歌体验（primary poetic experience），这种体验可以精确而又完整地在受过良好教育的人之间进行分享。对诗歌的评价也可以由受教育之人的共识来确定，他们基于所接受的培训能够对诗歌做出一致的理解与判断。

原文: Such a model presumed a primary poetic experience that can be exactly and completely communicated to another person, if one were properly educated. The evaluation of the poem was similarly determined, again by the consensus of those whose trained abilities allowed them to see the light and judge accordingly. (Chapter 2, *CTT*)

思维过程与修改轨迹:

这个模式<u>预设</u>了一种<u>基本</u>诗歌体验……起先打算在原译的基础上修改,但对修改结果不满意,于是准备重译本句开头部分。

这<u>种模式的前提是:阐释者需有基本诗歌体验,如果一个人接受过良好的教育,这种体验就可以准确而完整地分享给别人</u>……回读,再改。

这种模式的前提是:阐释者需有基本诗歌体验,如果一个人接受过良好的教育,这种体验就可以准确而完整地分享给另一个人。同样,对诗歌的评价<u>也取决于受教育之人的共识</u>,他们基于<u>所受训练领悟、评判诗歌</u>。

这种模式的前提是:阐释者需有基本诗歌体验,如果一个人接受过良好的教育,这种体验就可以准确而完整地分享给另一个人。同样,对诗歌的评价也取决于受教育之人的共识,他们基于所<u>受</u>的训练去领悟、评判诗歌。"准确而完整地分享"语稍涩,但最终未改。修改稿提交后,发现该句中第一个逗号应改为分号。此外,"阐释者需有基本诗歌体验,如果一个人接受过良好的教育,这种体验就可以准确而完整地分享给另一个人"应该改成"阐释者需有基本诗歌体验,如果一个人接受过良好的教育,<u>就可以准确而完整地把这种经验</u>分享给另一个人",使文意更加顺畅。

原译: 他继续说:"意象不是意念(idea),意象是一个能量辐射的中心或集束,我可以也必须称之为<u>旋涡</u>,意念不断从中涌进、涌过、涌出。"

原文: He continued, "The image is not an idea. It is a radiant node or cluster; it is what I can, and must perforce, call a VORTEX, from which, and through which, and into which, ideas are constantly rushing." (Chapter 2, *CTT*)

思维过程与修改轨迹:

他继续说:"意象不是意念(idea),意象是一个能量辐射的中心或<u>集簇</u>,我可以也必须称之为<u>旋涡</u>,意念不断从中涌进、涌过、涌出。""从中涌进"比较费解,但感觉难改,不过形式上看起来比较整齐,又想不改,但反复思考，仍决定修改。

他继续说："意象不是意念（idea），意象是一个能量辐射的中心或集簇，我可以也必须称之为**旋涡**，意念不断从旋涡涌出，<u>穿过漩涡，又进入漩涡中</u>。"

他继续说："意象不是意念（idea），意象是一个能量辐射的中心或集簇，我可以也必须称之为**旋涡**，意念不断从旋涡涌出，<u>流经旋涡，又进入漩涡中</u>。"此处发现"穿过漩涡，又进入漩涡"中的"漩涡"未和原译的"旋涡"保持一致写法。

他继续说："意象不是意念（idea），意象是一个能量辐射的中心或集簇，我可以也必须称之为**旋涡**，意念不断从旋涡中涌出，流经旋涡，又进入<u>旋涡</u>中。"

原译：印象主义是一种静态的、模仿的艺术理论；意象主义虽然本意并非如此但也被类似地使用，这与庞德的观念是相悖的。

原文：Impressionism was a static, mimetic theory of art; imagism, while not intended as such, was being used similarly, much against Pound's conception. (Chapter 2, *CTT*)

思维过程与修改轨迹：

印象主义是一种静态的、模仿的艺术理论；意象主义虽然本意并非如此<u>,</u>但也被类似地使用，这与庞德的观念<u>大相径庭</u>。

印象主义是一种静态的、模仿的艺术理论；意象主义虽然本意并非如此，<u>实际使用却如出一辙</u>，这与庞德的观念大相径庭。本不想修改原译中的"也被类似地使用"一语，但准备继续修改下文时，还是决定返回此处来修改。

原译：在文学作品中，词语"多数或所有"层面的意思——威尔列出了5个层面：选词（dictionary）、语境（contextual）、符号（symbolic）、解释（interpretive）、内心的视听弦外音（inner aural and visual overtones）——都"被整合为一"。

原文：In the literary work, "most or all" of the levels of meaning of words, and Will lists five—dictionary, contextual, symbolic, interpretative, and inner aural and visual overtones—"are made one". (Chapter 2, *CTT*)

思维过程与修改轨迹：

在文学作品中，词语"多数或所有"层面的意思——威尔列出了5个层面：词典中的规范含义、语境含义、象征含义、阐释性含义、听觉和视觉上的潜在含义——都"被整合为一"。

在文学作品中，词语"多数或所有"层面的意思——威尔列出了5个层面：词典中的规范含义、语境含义、象征含义、阐释性含义、听觉和视觉上的潜在含义——都<u>融为一体</u>。想把"5"改成"五"，但未改。

原译：如果我们试图对方法论作出归纳，那么我们将会面临更多的问题。是否存在支配译本生成的规则呢？译者对原语和原语文化至少要了解多少？

原文：More questions arise when one tries to generalize about methodology. Are there any rules for governing the generation of the translated text? What are the minimum requirements for a translator in terms of knowledge of the source culture and language? (Chapter 2, *CTT*)

思维过程与修改轨迹：

如果我们试图对方法论作出归纳，那么我们将会面临更多的问题。是否存在支配译本生成的规则呢？译者对<u>源语和源语文化</u>至少要了解多少？

如果我们试图<u>归纳方法论</u>，那么我们将会面临更多的问题。是否存在支配译本生成的规则呢？译者对源语和源语文化至少要了解多少？

如果我们试图<u>对方法论作出归纳</u>，那么我们将会面临更多的问题。是否存在支配译本生成的规则呢？译者对源语和源语文化至少要了解多少？此处本欲将"试图对方法论作出归纳"改成"试图归纳方法论"，但最终决定维持原译，不作修改。如果此处修改的是自己的译文，顺手改之，较为便捷，但是修改他人文字，总是存在此类顾虑：原译者是否愿意接受？如不接受，原译者仍需点击修改记号，并选择"拒绝修改"，比较麻烦；此外，改不改差别也不大。因此最终未改。

原译：文本被按照理想化的类型进行分类，复杂的关系被化约成从"经验"推导而来、根据普遍体裁和主题对文本进行归类的公式。

原文：Texts are categorized according to idealized types and complex relations reduced to "empirically" derived formulas classifying texts according to universal genres and themes. (Chapter 3, CTT)

思维过程与修改轨迹:

文本被按照理想化的类型进行分类,复杂的关系被简化为由"经验"衍生的公式,公式根据通用体裁和主题对文本进行归类。

文本被按照理想化的类型进行分类,复杂的关系被简化为源自"经验"的公式,公式根据通用体裁和主题对文本进行归类。

文本被按照理想化的类型进行分类,复杂的关系被简化为根据"经验"推导的公式,公式根据通用体裁和主题对文本进行分类。

文本被按照理想化的类型进行分类,复杂的关系被简化成从"经验"推导而来的公式,公式根据通用体裁和主题对文本进行归类。最后想把该句中的两个"进行"去掉,但尽可能少改的念头占了上风,最终未改。

原译: 为了让有前途的译者学会生产容易理解的译文,我们需要利用一种特殊类型的框架,这个框架不以刻板的忠实观为基础,[而]灵活适用于各种可能的翻译任务,不论其为传统的翻译还是重述(reformulation)。

原文: In order to teach prospective translators to produce accessible translations, we need to be able to draw upon a particular type of framework which is not dependent on rigid definitions of faithfulness, [but instead] which is flexible enough to be used in any translation task that may arise, whether it be conventional translation or reformulation. (Chapter 3, CTT)

思维过程与修改轨迹:

为了让有潜力的译者译出能被理解的文字,我们需要利用一种特殊类型的框架,这个框架不依赖刻板的忠实观,而是具有足够的灵活性,可用于各种可能的翻译任务,不论是传统的翻译还是重述(reformulation)。

为了让有潜力的译者学会生产容易理解的译文,我们需要利用一种特殊类型的框架,这个框架不依赖刻板的忠实观,而是具有足够的灵活性,可用于各种可能的翻译任务,不论是传统的翻译还是重述(reformulation)。还是决定维持原译对"produce"一词的处理。

为了让有潜力的译者学会生产容易理解的译文,我们需要利用一种特殊类型的框架,这个框架不依赖刻板的忠实观,[而是能]灵活适用于各种可能的翻译任务，不论是传统的翻译还是重述（reformulation）。尝试修改后，觉得改文未必比原译效果更佳，甚至不如原译忠实，于是改回原译。

原译：单独的项目——词汇、短语、句子、段落、篇章单位，只有当它们和交际情形以及文化情境产生关联时才会变得重要。

原文：The importance of the individual items—the units of words, phrases, sentences, paragraphs, texts—are only important depending upon their relevance to the larger context of the communication situation and the culture.（Chapter 3，*CTT*）

思维过程与修改轨迹：

单独的项目——词汇、短语、句子、段落、文本单位，只有当它们和交际情形以及文化情境产生关联时才会变得重要。

词汇、短语、句子、段落、文本这些个体单位，只有当它们和交际情形以及文化情境产生关联时才会变得重要。

单独的项目（词汇、短语、句子、段落、文本单位），只有当它们和交际情形以及文化情境产生关联时才会变得重要。

单独的项目（词汇、短语、句子、段落、文本这些单位）只有在与更大范围的交际语境和文化产生关联时才变得重要。同时去掉前之改文中的"情境"和"会"字。

单独的项目（词汇、短语、句子、段落、文本这些单位），其重要性只取决于它们与交际情境和文化的大语境的相关性。

单独的项目（词汇、短语、句子、段落、文本这些单位）只有在与更大范围的交际语境和文化产生关联时才变得重要。还是使用前之改文。

单独的项目——词汇、短语、句子、段落、篇章单位——只有当它们和更广阔的语境下的交际情形以及文化情境产生关联时才会变得重要。将本句原译中逗号后面的内容改来改去，感觉效果差不多，于是放弃对这部分的修改，最终只将这部分原译漏译的"larger"译出。

原译：威尔斯总结说，系统分析和直觉感知都是必要的，二者相辅相成。

原文：Wilss concludes that both systematic analysis and intuition need to complement one another.（Chapter 3，*CTT*）

思维过程与修改轨迹：

威尔斯总结说，系统分析和直觉感知两者都要<u>互补短长</u>。

威尔斯总结说，系统分析和直觉感知要<u>互相取长补短</u>。

威尔斯总结说，系统分析和直觉感知<u>应互补互辅</u>。

威尔斯总结说，系统分析和直觉感知<u>二者应相辅相成</u>。

威尔斯总结说，系统分析和直觉感知<u>这两者应相辅相成</u>。最后仍尽可能最大化保留原译用语。对"complement one another"本不必反复琢磨，因为原译准确、到位、精炼。有时候，译文已经很好了，笔者却想着还要更好；有时候，译文应当再作雕饰润色，笔者却因怕麻烦，不愿再作修改。可能锦上添花式的修改比雪中送炭式的修改有时要轻松一些。

原译：但威尔斯指出，这一程序并不是唯一的程序，而且也不一定会被经常执行。

原文：But Wilss allows that such a procedure is not the only imaginable one and that it is often not practiced. (Chapter 3, *CTT*)

思维过程与修改轨迹：

但威尔斯指出，这一程序并不是唯一<u>能想象得到的程序</u>，而<u>且</u><u>经常不</u><u>被</u>执行。"经常不被执行"改成"经常<u>得</u>不<u>到</u>执行"似乎更好，但最终未改。

原译：奈达的翻译理论则基于圣经翻译实践，在其 50 年代的文章和《信息与使命》一书中可以窥得他早期的理论假设。

原文：Nida's theory was based on his experience translating the Bible; his early theoretical assumptions were visible in articles written in the fifties and in his book *Message and Mission* (1960). (Chapter 3, *CTT*)

思维过程与修改轨迹：

奈达的翻译理论则<u>以圣经翻译实践为基础</u>，在其 <u>20 世纪</u> 50 年代的文章和《信息与使命》<u>(1960)</u>一书中可以窥<u>见</u>他早期的理论假设。但改完认为改不改影响不大，如果修改，反而为原译者增添麻烦，最终未改，维持原译。

原译：在乔姆斯基提出转换生成语法之前，奈达就已经在一些解经（exegesis）问题上采用了本质上来说就是深层结构（deep-structure）的方法了。

原文：Before the formulation of generative-transformation grammar by Chomsky Nida had already adopted an essentially deep-structure approach to certain problems of exegesis. (Chapter 3, *CTT*)

思维过程与修改轨迹：

在乔姆斯基提出转换生成语法之前，奈达就已经采用了本质上就是深层结构的方法来解经(exegesis)了。

在乔姆斯基提出转换生成语法之前，对某些解经问题，奈达就已经采用了本质上就是深层结构的方法了。

在乔姆斯基提出转换生成语法之前，处理一些释经问题时，奈达就已经采用了本质上来说就是深层结构的方法了。一开始想修改原译中的"采用了本质上来说就是深层结构的方法"，但改完感觉效果亦未见佳，于是放弃前之修改。

原译：奈达发展翻译科学的诱因主要是其个人对19世纪古典复兴的反感，他不喜欢古典复兴对表面准确的强调，对形式的依附以及对意义的逐字传递。

原文：Nida's development of a translation science was motivated by a personal dislike for what he saw as a classical revival in the nineteenth century, an emphasis on technical accuracy, an adherence to form, and a literal rendering of meaning. (Chapter 3, *CTT*)

思维过程与修改轨迹：

奈达之所以发展翻译科学，是因为他个人不喜欢19世纪古典主义的复兴，他不喜欢古典复兴强调精确性、依附形式、直译意义。

奈达之所以发展翻译科学，是因为他个人不喜欢19世纪古典主义的复兴，他不喜欢古典复兴强调精确性，强调依附形式和直译意义。本打算将"依附形式"改成"坚持"，但为避免译者麻烦，最后未改；修改稿提交后，发现本应修改。

原译：圣经翻译几乎涵盖了所有体裁，因为在圣经文本中有各种类别的段落，有诗歌和散文、叙事和对话，还有寓言和法律。

原文：In generic terms as well, Bible translating has touched all fields, for within the text one finds passages of poetry and prose, narrative and dialogue, parables and laws. (Chapter 3, *CTT*)

思维过程与修改轨迹：

圣经翻译几乎涵盖了所有体裁，<u>文本包含</u>诗歌和散文、叙事和对话、寓言和规则。同时去掉"还有"两字。犹豫是否要保留原译中的"段落"二字。

圣经翻译几乎<u>涉及</u>各种体裁，文本包含诗歌和散文、叙事和对话、寓言和规则<u>等段落</u>。

圣经翻译几乎<u>涵盖了所有</u>体裁，<u>因为在</u>圣经文本中有各种类别的段落，有诗歌和散文、叙事和对话，<u>还有</u>寓言和规则。考虑到译者对画线部分这样处理可能有其偏好，在尝试稍作修改后，最终除了将原译中的"法律"改成"规则"外，其余未改。

原译：由于在所有的圣经翻译中，原文从理论上讲都具有极其重要的意义，所以奈达翻译理论的基本原则也存在着相应的预设：在不同文化之间传播原文信息的精神，自始至终都是首要任务所在。

原文：Because of the magnitude of theoretical importance the original message receives in any translation of the Bible, the fundamental governing principle of Nida's theory was correspondingly predetermined: the communication across cultures of the spirit of the original message is primary throughout. (Chapter 3, *CTT*)

思维过程与修改轨迹：

由于在所有的圣经翻译中，原文从理论上讲都具有极其重要的意义，所以奈达翻译理论的基本原则也存在着相应的预设：在不同文化之间传播原文信息的精神，自始至终都是首要任务。同时去掉"所在"两字。

由于在所有的圣经翻译中，原文从理论上讲都具有极其重要的意义，所以奈达翻译理论的基本原则也存在着相应的预设：<u>跨</u>文化传播原文信息的精神，自始至终都是首要任务<u>所在</u>。试图把原译末句最后"所在"二字去掉，但觉得修改意义不大，最终仍沿用原译。

原译：在今天看来，上述声明中的术语充满了的假设："理想说话者/听话者"、"同质的语言社区"、"与语法无关条件"，这些在过去二十年中都已经备受质疑。

原文：To those reading such a statement now, the terminology is loaded with suppositions—"ideal speaker-listener", "homogeneous speechcommunity", "know language perfectly", "grammatically irrelevant conditions"—that have all been called into question during the past two decades. (Chapter 3, *CTT*)

思维过程与修改轨迹：

在今天看来,上述声明中的术语<u>充斥着各种假设</u>:"理想说话者/<u>听者</u>"、"同质的语言社区"、"<u>精通语言</u>"、"<u>与语法无关的条件</u>",这些在过去二十年中都已经备受质疑。一开始尝试将前半句改成"<u>对于阅读上述声明的当今读者来说</u>"或"<u>对那些现在阅读上述声明的人来说</u>",但最终还是觉得原译"在今天看来"更好。

原译：在理想化的过程中,乔姆斯基的模式没有将语言使用的诸多情况,如偶然、错误以及口误等都考虑在内。福柯认为,这些情况和"正确"表达一样,对于了解说话主体及其内在"本质"具有同等的重要性。

原文：Through the process of idealization, however, certain usages involving accidents, errors, and slips of the tongue are not incorporated into Chomsky's model, instances which are just as important as "correct" formulations to Foucault's understanding of the speaking subject and its underlying "nature". (Chapter 3, *CTT*)

思维过程与修改轨迹：

在理想化的过程中,乔姆斯基的模式没有考虑<u>某些不期而然的用法</u>、<u>差错、口误等</u>。福柯认为,这些情况和"正确"表达一样,对于了解说话主体及其内在"本质"具有同等的重要性。

在理想化的过程中,乔姆斯基的模式没有考虑某些用法,<u>如不期而然的意思</u>、<u>差错、口误等</u>,<u>根据福柯对说话主题以及潜在"本质"的看法,这些用法和"正统"用法一样重要</u>。改完后,发现"根据"一句与上文连贯性不够,同时发现自己误将"主体"写成了"主题"。

在理想化的过程中,乔姆斯基的模式没有考虑某些用法,如不期而然的意思、差错、口误等,<u>而</u>根据福柯对说话<u>主体</u>以及潜在"本质"的看法,这些用法和"<u>正确</u>"用法一样重要。还是沿用译者对"correct"的译法。

原译：深层存在的形式普遍性……暗示着所有语言都遵循同一模式,但它并不意味着在具体语言之间存在着点到点的对应。

原文：The existence of deep-seated formal universals ... implies that all languages are cut to the same pattern, but does not imply that there is any point by point correspondence between particular languages. (Chapter 3, *CTT*)

思维过程与修改轨迹：
此处本欲将"深层存在的形式普遍性"改成"根深蒂固的形式普遍性"，但又觉得原译更符合学术语言的中立性，于是放弃修改。

原译：他认为生成语法学家们使用的方法论工具和"唯科学主义科学（scientistic science）"使用的是一样的，而且他们力图生产"一种允许经验证实的对心理过程的明晰的数学式刻画"。

原文：He argues that the generativists use the same methodological tools available to a "scientistic science" and seek to produce "a mathematically explicit depiction of the mental processes which allows for empirical verification and confirmation". (Chapter 3, *CTT*)

思维过程与修改轨迹：

他认为生成语法学家们使用的方法论工具和"唯科学主义科学（scientistic science）"使用的是一样的，力图产生"对心理过程数学般明晰的描述，能由经验证实"。此处意欲将前半句改成"他认为生成语法学家们和'唯科学主义科学（scientistic science）'使用的方法论工具一样"，但感觉修改效果亦未见佳，最终未修改这部分内容。

他认为生成语法学家们使用的方法论工具和"唯科学主义科学（scientistic science）"使用的是一样的，力图产生"可由经验证实的、对心理过程数学般明晰的描述"。

他认为生成语法学家们使用的方法论工具和"唯科学主义科学（scientistic science）"使用的是一样的，力图产生"可由经验证实的、对心理过程如数学般明晰的描述"。

他认为生成语法学家们使用的方法论工具和"唯科学主义科学（scientistic science）"使用的是一样的，力图生成"一种对心理过程的描述，如数学般明晰，可由经验证实"。

原译：但奈达忽视了乔姆斯基的警告，反而基于简化了的乔姆斯基理论得出了一个翻译步骤，他聚焦的是语言间相似的深层结构、转换规则和表层结构，而不是更深层次的、允许表层差异和人类语言结构多样化的短语结构规则。

原文：Nida ignored this caution and derived a translation procedure based upon a very simplified notion of Chomsky's theory, one which focuses primarily upon the deep structure, transformational rules, and surface structures that are similar across languages rather than on the deeper phrase structure rules that actually allow for real structural diversity as well as surface differences in human languages. (Chapter 3, CTT)

思维过程与修改轨迹：

但奈达忽视了乔姆斯基的警告，反而基于简化了的乔姆斯基理论<u>生成了一个翻译步骤</u>，<u>这个简化了的理论侧重于跨语言相似的深层结构、转换规则和表层结构</u>，而不是更深层次的、<u>允许真正的结构多样性、允许短语结构规则</u>。

改完后，又感觉不改为宜；关于最后半句的修改，对比了以下两种表达：

（译文一）"而不是更深层次的、<u>包含人类语言真正的结构多样性和表层差异的短语结构规则</u>"；

（译文二）"而不是更深层次的<u>短语结构规则——包含人类语言真正的结构多样性、表层差异的规则</u>"。

最终选择"译文一"。

但奈达忽视了乔姆斯基的警告，反而基于简化了的乔姆斯基理论生成了一个翻译步骤，<u>他聚焦的是语言间相似的深层结构、转换规则和表层结构</u>，而不是更深层次的、<u>包含人类语言真正的结构多样性</u>、<u>包含表层差异的短语结构规则</u>。

反复考虑划线部分内容的翻译，对比以下三种译文：

（译文一）"包含人类语言<u>真实</u>的结构多样性、包含表层差异的短语结构规则"；

（译文二）"包含人类语言<u>实际存在</u>的结构多样性、包含表层差异的短语结构规则"；

（译文三）"包含人类语言实际存在的结构多样性、表层差异的短语结构规则"。去掉后半句的"包含"二字。

最终选择"译文三"。

但奈达忽视了乔姆斯基的警告，反而基于简化了的乔姆斯基理论生成了一个翻译步骤,他聚焦的是语言间相似的深层结构、转换规则和表层结构,而不是更深层次的、包含人类语言<u>实际存在</u>的结构<u>多样性、表层差异</u>的短语结构规则。同时去掉"包含"二字。

原译:……然而,他们反驳说,语言和数学是完全不同的,即便转换生成语言学家把生成表层结构的规则描述得再精确,仍然会有一些语言现象散落在这些规则之间的缝隙之中。

原文:... yet language, they would argue, operates differently from mathematics, and no matter how precisely a generative transformational linguist describes the generative rules which produce surface structures, other aspects of language will fall through cracks between generative lines of production. (Chapter 3, *CTT*)

思维过程与修改轨迹:

……然而,他们<u>会</u>说,语言和数学是完全不同的,即便转换生成语言学家把生成表层结构的规则描述得再精确,仍然会有一些语言现象散落在这些规则之间的缝隙之中。

……然而,他们会<u>反驳</u>,认为语言和数学是完全不同的,即便转换生成语言学家把生成表层结构的规则描述得再精确,仍然会有一<u>些</u>语言现象散落在这些规则之间的缝隙之中。仍然希望尽力保持原译所用词汇;此处保留原译中的"反驳"二字。

原译:转换生成语法倾向于忽略这些错误,或将它们视为与语法无关,这就使得其在揭示语言结构的同时也将它掩盖了起来。

原文:The tendency of generative transformational grammar to ignore all errors or to term them grammatically irrelevant probably obscures as much as it reveals about the structure of language. (Chapter 3, *CTT*)

思维过程与修改轨迹:

转换生成语法倾向于忽略这些错误,<u>或认为它们与语法无关</u>,这就使得其在揭示语言结构的同时也将它掩盖了起来。欲将"倾向于"改成"<u>易于</u>"等,但思及前文,"倾向于"似为译者习惯表达,因此未改。

原译:或者不管怎么说,<u>这些</u>语言学自身的假设、步骤、概念以及结论是否足够确凿,是否足以摆脱内部问题或外部批评,从而可以让文学理论者能不假思索地对其加以采用?

原文:And, in any case, are the assumptions, procedures, concepts, and conclusions of linguistics themselves so well established, so free from internal problems or external criticism that the literary theorists are well advised to adopt and apply them unreflectingly? (Chapter 3, *CTT*)

思维过程与修改轨迹:

或者不管怎么说,这些语言学自身的假设、步骤、概念以及结论是否足够<u>扎实</u>,是否足以摆脱内部问题或外部批评,从而可以让文学理论者能不假思索地对其加以采用?欲把"对其加以采用"改成"采用",但最终仍因希望尽量让译者少改、认为读者大多也已习惯此类表达而未改。

原译:对于萨丕尔、沃尔夫的语言学观点,乔姆斯基持反对态度,认为他们过于强调文化特性,但是奈达却将其纳入到了一个更为广阔的模式中。

原文:Whereas Chomsky discounted the Sapir/Whorf approach to linguistics, which he felt was too culture-specific, Nida incorporates it within a larger model. (Chapter 3, *CTT*)

思维过程与修改轨迹:

<u>乔姆斯基对萨丕尔/沃尔夫的语言学研究路径持反对态度</u>,认为他们过于强调文化特性,但是奈达却将其纳入到了一个更<u>宏大</u>的模式中。

对于<u>萨丕尔/沃尔夫的语言学研究路径,乔姆斯基持反对态度</u>,认为他们过于强调文化特性,但是奈达却将其纳入到了一个更为<u>广阔</u>的模式中。还是希望少改,尝试修改原译起首句后,又改回原译的句型结构,并沿用原译中的"广阔"一词。

原译:如果我们接受乔姆斯基将自己的科学描述为心理主义的,那么,就可以说奈达在语用方面的兴趣至少是对更加传统的深层结构概念的偏离。

原文:If one accepts Chomsky's own characterization of his science as mentalistic, by extension, Nida's pragmatic interests appear to be at least a deviation from more traditional notions of deep structure. (Chapter 3, *CTT*)

思维过程与修改轨迹：

如果我们认可乔姆斯基将自己的科学描述为心理主义的，那么<u>奈达的语用观似乎至少偏离了更传统的深层结构</u>。

如果我们<u>认</u>可乔姆斯基将自己的科学描述为心理主义的，那么<u>，</u>奈达在语用方面的兴趣至少是对更加传统的深层结构概念的偏离。

如果我们<u>接受</u>乔姆斯基将自己的科学描述为心理主义的，那么，奈达在语用方面的兴趣至少是对更加传统的深层结构概念的偏离。

<u>乔姆斯基将自己的科学描述为心理主义的</u>，如果我们接受这一点，那么，奈达在语用方面的兴趣至少是对更加传统的深层结构概念的偏离。想修改"乔姆斯基将自己的科学描述为心理主义的"一语，但未改。

原译：为了实现这一难度颇高的谋略，奈达不得不扩展他关于核心的理论，把接受信息的一种"普遍"经验也囊括进来。

原文：In order to accomplish this difficult maneuver, Nida must necessarily expand the nature of the core of his theory in order to include a "universal" experience of receiving the message. (Chapter 3, *CTT*)

思维过程与修改轨迹：

为了<u>完成这一高难度动作</u>，奈达不得不扩展他关于核心的理论，把接受信息的一种"普遍"经验也囊括进来。

为了<u>实现这一难度颇高的谋略</u>，奈达必须扩展他<u>理论核心的本质</u>，<u>从而囊括信息接受的</u>"普遍"经验。针对前半句的修改效果也未见佳，于是沿用原译。

为了实现这一难度颇高的谋略，奈达<u>不得不</u>扩展他<u>关于核心的理论</u>，从而<u>涵盖</u>信息接受的"普遍"经验。

原译：一旦奈达从功能的角度对意义进行重新定义，并将这个概念抽象化到能够假设出一个普遍结构的程度，他对乔姆斯基模式的挪用就会顺理成章，包括该模式对人类大脑天生结构的观点、其转换"生成"规则以及它对表层符号地位的降级。

原文：Once Nida has redefined meaning in terms of its function and abstracted the concept to the point where it can assume universal structural status, the appropriation of Chomsky's model with its concept of innate structures of the mind, its "generative" rules of transformation, and its reduction of surface signs to superficial status, follow quite naturally. (Chapter 3, *CTT*)

思维过程与修改轨迹：

一旦奈达从功能的角度对意义进行重新定义,并将<u>这一概念抽象化,使其范式具有普适性</u>……译至此处,回读,再改。

一旦奈达从功能的角度对意义进行重新定义,并将这一概念抽象化,使其<u>成为普适性范式</u>,他对乔姆斯基模式的挪用就会顺理成章,包括<u>大脑内在结构的概念、转换"生成"规则以及表层结构中表层符号的</u>……改至此处,发现自己眼花将"and its reduction of surface signs to superficial status"看错了,将其中的"to"误看成了"of"。

一旦奈达从功能的角度对意义进行重新定义,并将这一概念抽象化,使其成为普适性范式,他对乔姆斯基模式的挪用就会顺理成章,包括大脑内在结构的概念、转换"生成"规则、<u>将表层结构降级为表层地位</u>。

一旦奈达从功能的角度对意义进行重新定义,并将这一概念抽象化,使其成为普适性范式,<u>那么</u>他对乔姆斯基模式的挪用就会顺理成章,<u>模式</u>包括大脑内在结构的概念、转换"生成"规则、将表层结构降级为表层地位。

一旦奈达从功能的角度对意义进行重新定义,并将这一概念抽象化,使其成为普适性范式,那么他对乔姆斯基模式的挪用就会顺理成章,<u>包括该模式对人类大脑天生结构的观点、其转换"生成"规则以及它对表层符号地位的降级(降至表层地位)</u>。横线部分仍旧大致采用原译("and its reduction of surface signs to superficial status"的译文除外),放弃前之逐步修改。

一旦奈达从功能的角度对意义进行重新定义,并将这一概念抽象化,使其成为普适性范式,那么他对乔姆斯基模式的挪用就会顺理成章,包括该模式对人类大脑天生结构的观点、其转换"生成"规则以及它对表层符号地位的降级。去掉前之改文中括号内的说明。最终除了对"and abstracted the concept to the point where it can assume universal structural status"的原译稍作修改,其他部分都维持原译,不作修改。

原译： 但是,乔姆斯基认为这个概念稍微有些误导性,其在《句法理论的若干问题》出版的时候很快就消失了。

原文:Chomsky, however, felt the concept was slightly misleading, and it was rapidly disappearing by the time *Aspects* appeared.(Chapter 3, *CTT*)

思维过程与修改轨迹:

但是,乔姆斯基认为这个概念<u>易让人误解</u>……一开始尝试修改,但随即放弃,维持横线部分对应的原译。

但是,乔姆斯基认为这个概念<u>稍微有些误导性,《句法理论的若干问题》一书中便不再使用这一概念</u>。同时去掉"其在"二字。

原译:所有文本都是灵活的,可以在不改变原文意图的前提下变换多种形式。

原文:Texts are equally pliable, adapting themselves to multiple forms without altering the original intention.(Chapter 3, *CTT*)

思维过程与修改轨迹:

所有文本都是灵活的,可以在不改变原文<u>初衷</u>的前提下变换<u>成</u>多种形式。

所有文本都是灵活的,可以在不改变原文<u>意图</u>的前提下变换成多种形式。最终除了增添"成"字之外,余者不作改动。

原译:奈达一<u>直</u>都怀有这样的预设——来自更高的原始信息不仅存在,而且还是永恒的,<u>先于</u>语言而存在——这个预设影响着他的科学。

原文:The assumption that this higher, originary message not only exists, but that it is eternal and *precedes* language is always already presupposed by Nida, and it affects his science.(Chapter 3, *CTT*)

思维过程与修改轨迹:

奈达一<u>直</u>都有这样的预设——<u>源头更深</u>的原始信息不仅存在,而且<u>永远存在</u>,<u>先于语言存在,这是奈达一直以来的预设,该预设影响着他的翻译科学理论</u>。同时去掉原译中的"而"字。

奈达一直都有这样的预设——源头更深的原始信息不仅存在,而且<u>还是永恒的</u>,<u>先于</u>语言<u>而存在</u>——<u>这个</u>预设影响着他的翻译科学理论。起初尝试修改画线部分内容,最终还是保留了原译。

原译:所有潜在的差异——包括模糊、神秘和弗洛伊德口误等——都

177

应该予以消除,从而取得一个跨越历史的统一反应。

原文:All potential differences—ambiguities, mysteries, Freudian slips—are elided in order to solicit a unified response that transcends history. (Chapter 3, *CTT*)

思维过程与修改轨迹:

所有潜在的差异——包括<u>朦胧、奥义</u>和弗洛伊德口误等——都应该予以消除,从而<u>获得</u>一个跨越历史的统一反应。本欲将此句改成"<u>应消除所有潜在差异——包括朦胧、奥义和弗洛伊德口误等,以追寻超越历史的统一反应</u>",但终因不愿对原译作过多修改而放弃此念头。

原译:但是,威尔斯对具体的配对案例——既有句子导向又有篇章导向的——进行了大量的语言分析,这就使得他能够对翻译科学的方法论和哲学工具提出较为全面的一般性概括。

原文:Yet enough work has been accomplished in terms of linguistic analysis of specific pair-bound examples—both sentence and text oriented—for Wilss to make fairly large generalizations about appropriate methodological and philosophical approaches for a science of translation. (Chapter 3, *CTT*)

思维过程与修改轨迹:

但是,威尔斯对具体的成对案例(包括句子和文本)进行了大量的语言分析,<u>因此他能较全面地概括</u>……译至此处,返回修改。

但是,威尔斯对具体的成对案例(包括句子和文本)进行了大量的语言分析,因此他能较全面地<u>为翻译科学概括出适当的方法论和哲学路径</u>。

但是,威尔斯对具体的成对案例(包括句子和文本)进行了大量的语言分析,因此他能较全面地<u>概括出(翻译科学的)</u>适当的方法论和哲学路径。

但是,威尔斯对具体的成对案例(包括句子和文本)进行了大量的语言分析,因此<u>,</u>他能为<u>翻译科学较全面地概括出</u>适当的方法论和哲学路径。

但是,威尔斯对具体的成对案例(包括句子和文本)进行了大量的语言分析,因此,他能<u>较全面地为翻译科学概括出</u>适当的方法论和哲学路径。

但是,威尔斯对具体的成对案例(包括句子和文本)进行了大量的语言分析,这就使得他能够对翻译科学的方法论和哲学路径提出较为全面的概括。后半句还是基本沿用原译,尽可能少改。

原译:此外,不足为奇的是,威尔斯在总结他的翻译史时乐观宣告:"任何东西在任何语言中都能加以表达",而且这种观点"在现代语言学中十分普及"。

原文:In addition, not surprisingly, Wilss ends his history with the optimistic pronouncement that "everything can be expressed in every language" and that this view is "widespread in modern linguistics". (Chapter 3, *CTT*)

思维过程与修改轨迹:

此外,不足为奇的是,威尔斯在总结他的翻译史时乐观宣告:"任何东西在任何语言中都能表达",而且这种观点"在现代语言学中十分普遍"。同时去掉原译中的"加以"二字。

此外,不足为奇的是,威尔斯在总结他的翻译史时乐观宣告:"任何内容都能用任何语言表达",而且这种观点"在现代语言学中十分普遍"。

此外,不足为奇的是,威尔斯在总结他的翻译史时乐观宣告:"任何内容都能用任何语言表达",而且这种观点"在现代语言学中广为流传"。笔者想将此处的"不足为奇的是"置于句末,改成"这不足为奇",但最终未改。

原译:但不幸的是,对于文本的意义来说,为了达成这种目标而遭到化约以及压制的那些东西,或许和文本的主题化内容是同等重要的。

原文:Unfortunately, that which has been reduced and repressed in order to accomplish this total success may be as important to the text's meaning as its thematized content. (Chapter 3, *CTT*)

思维过程与修改轨迹:

但不幸的是,对于文本的意义来说,为了获得全面成功而遭简化、压制的内容,也许和文本的主题内容同等重要。

但不幸的是,对于文本的意义来说,为完全达到这一目标,那些被简化、压制的内容或许和文本的主题内容同样重要。

但不幸的是,对于文本的意义来说,为完全达此目标而遭简化、压制的那些内容,或许与文本的主题内容同等重要。

但不幸的是,对于文本的意义来说,为完全达此目标而遭简化、压制的那些内容,或许和文本的<u>主题化内容是同等重要的</u>。想把"对于文本的意义来说"改成"对文本的意义<u>而言</u>",但未改。最后半句译文改后效果亦未见佳,恢复原译。

原译:从理论上讲,威尔斯近期研究比较有趣的方面是,他借鉴了现代语言学和心理语言学,对翻译过程中人类的直觉和创造性进行了研究和界定。

原文: Drawing upon modern linguistics and psycholinguistics, Wilss's work in researching and defining human intuition and creativity in translation has perhaps been the theoretically more interesting aspect of his recent work. (Chapter 3, *CTT*)

思维过程与修改轨迹:

威尔斯近期研究比较有趣的<u>理论</u>方面是,他借鉴了现代语言学和心理语言学,对翻译过程中人类的直觉和创造性进行了研究和界定。总感觉在"是"后面加逗号并非严谨的汉语表达,但又不想去改动;欲将原译中的"对翻译过程中人类的直觉和创造性进行了研究和界定"改成"<u>研究和界定了翻译过程中人类的直觉和创造性</u>",但最终仍因不愿增加原译者麻烦、不愿改变原译风格而未改。

原译:与本书介绍的其他翻译学派相比,功能主义理论家尽最大的努力赋予译者权力,给予他们和作者、编者以及客户同样的地位,相信他们会做出合理的正确选择,实现跨文化交际的目的。

原文: In comparison to other translation theorists cited in this book, the functionalist theorists have done the most to empower translators, elevating them to equal status with authors, editors, and clients, entrusting them to make appropriate, rational decisions that best realize the intended cross-cultural communication. (Chapter 3, *CTT*)

思维过程与修改轨迹:

与本书介绍的其他翻译学派相比,功能主义理论家尽最大的努力赋予译者权力,给予他们和作者、编者以及客户同样的地位,<u>委托他们合理、理性选择</u>,<u>尽可能实现预期的跨文化交际</u>。

与本书介绍的其他翻译学派相比,功能主义理论家尽最大的努力赋予译者权力,给予他们和作者、编者以及客户同样的地位,委托他们合理、理性选择，尽可能达到预期的跨文化交际效果。

与本书介绍的其他翻译学派相比，功能主义理论家尽最大的努力赋予译者权力，给予他们和作者、编者以及客户同样的地位，委托他们恰当、理性地选择，最大化实现预期的跨文化交际。同时去掉"效果"二字。

与本书介绍的其他翻译学派相比，功能主义理论家尽最大的努力赋予译者权力，给予他们和作者、编者以及客户同样的地位，委托他们恰当、理性地选择，最优实现预期的跨文化交际。本欲将此句中"给予他们和作者、编者以及客户同样的地位"改成"将他们和作者、编者以及客户提升至同样的地位"，但改文亦未见佳，于是不改。

原译：……文学译者拒绝科学的语言学式分析；而语言学者则反对非科学的文学式分析。在这两个学派的夹缝中崛起的，是一群来自荷兰和比利时的学者。这些学者大多年轻……

原文：... literary translators dismissed any scientific linguistic analysis; linguists dismissed non-scientific literary analysis. Intervening in this confrontational situation were a handful of mostly younger scholars from the Netherlands and Belgium. (Chapter 4, *CTT*)

思维过程与修改轨迹：

……文学译者拒绝科学的语言学式分析；而语言学者则反对非科学的文学式分析。而在这……感觉据此句法继续翻译，下文可能冗赘，于是暂停继续翻译，返回修改。

……文学译者拒绝科学的语言学式分析；而语言学者则反对非科学的文学式分析。而干预这种对抗性研究局面的……

……文学译者拒绝科学的语言学式分析；而语言学者则反对非科学的文学式分析。而斡旋这一对抗性局面的，是少数几个来自荷兰和比利时的学者。这些学者大多年轻……

……文学译者拒绝科学的语言学式分析；而语言学者则反对非科学的文学式分析。在这两个对抗学派的夹缝中崛起的，是少数几个来自荷兰和比利时的学者。这些学者大多年轻……最终对"Intervening in this confrontational situation"的原译除添加"对抗"二字以外，其余未作修改，尽量保持原译风格。

原译：几年之后，勒菲弗尔（Andre Lefevere）对理论问题的症结所在进行了概述。

原文：A few years later, André Lefevere outlined the crux of the theoretical problem. (Chapter 4, *CTT*)

思维过程与修改轨迹：

几年之后，勒菲弗尔(André Lefevere)对理论问题的症结进行了概述。去掉"所在"。实际上笔者本想将"对……进行"之类的句式修改得更简洁，比如将此句改成"几年之后，勒菲弗尔(André Lefevere)概述了理论问题的症结"，但最终未改。不过有时碰到相似的情境，笔者也会修改，比如遇到下文时，笔者就修改了原译，将"对……做出精确概括"改成"精确概括了"：

原译：再一次，勒菲弗尔对翻译研究派的理论目标做出精确概括：……

原文：Again, André Lefevere summarized accurately the theoretical goals of the field：…

改文：勒菲弗尔再次精确概括了翻译研究派的理论目标：……

虽然笔者尽量秉持能不改则不改的原则，有时也会根据即时阅读的主观感觉决定。

原译：他发表的看法代表了荷兰/比利时翻译研究者们的意见……

原文：He displayed sentiments characteristic of the Dutch/Belgian intervention in the field … (Chapter 4, *CTT*)

思维过程与修改轨迹：

他宣泄的情绪……对改文不满意，暂停校译下文，返回再改。

他显露的情绪……仍不满意。

他表达的情绪代表了荷兰/比利时翻译研究者们的干预意见……

他的看法代表了荷兰/比利时翻译研究者们的意见……去掉"干预"二字，最终还是尽量沿用原译措辞。

原译：打个比方，专有名词就是困扰译者的常见难题，它们常常含有独特而具体的涵义——例如地名在源文化中往往会产生特别的共鸣或引起对特殊场所及历史的联想，这些在翻译中将不可避免地遭受损失。

原文：Proper nouns, for example, have always been troublesome for translators, for they always tend to have a special, specific meaning—such as place names that have a special resonance, location, history in the source culture—that invariably gets lost in translation. (Chapter 4, *CTT*)

思维过程与修改轨迹：

举个例子，专有名词就是困扰译者的常见难题，它们常常含有<u>特殊的、特定的涵义——比如源语文化中能引起特别共鸣的地名</u>……对改文不满意，返回再改。

举个例子，专有名词就是困扰译者的常见难题，它们常常含有特殊的、特定的涵义——比如源语文化中<u>的历史、地点、能引起特别共鸣的地名——总会译有所失</u>。将"打个比方"换成"举个例子"，也是为了使语言的节奏能够贴近原译者的风格，笔者如自己翻译，会直接用"例如"。

原译：早期翻译研究派的特征就在于发现和发展的精神以及<u>多重应用的精神</u>，但他们仍然将研究领域局限在了特定的译本上。这或许也正是为什么翻译研究派的有些学者并不愿意主张，翻译研究派和一般文学理论具有更加广泛的关联性。

原文：The spirit of discovery, of evolution, and of multiple applications characterizes early translation studies. Yet they also limit the field of investigation to specific translated texts, which also perhaps explains the hesitancy for members to make the claim that translation studies may have wider relevance for literary theory in general. (Chapter 4, *CTT*)

思维过程与修改轨迹：

早期翻译研究派<u>具有</u>发现和发展的精神，<u>能被多重应用</u>，但他们仍然将研究领域局限在了特定的译本上。这或许也正是为什么翻译研究派的有些学者并不愿意主张，翻译研究派和一般文学理论具有更加广泛的关联性。

笔者本想修改此部分内容如下：

早期翻译研究的特征是<u>发现、发展、能被多重应用，但其研究者仍将研究领域囿于具体译本，这可能也是该领域的学者有点儿讳言"翻译研究可能对一般文学理论更具广泛意义"</u>的原因。

但最终还是决定依循原译的风格，尽量少做改动。

原译：可以明确的是，他们否认文学作品是脱离世界其他部分的自主

183

存在,而这种对文学自主性概念的反对在形式主义晚期已经出现。

原文:Certainly they have distanced themselves from the concept of literature as autonomous literary works isolated from the rest of the world, a move already underway during the later stages of Formalism. (Chapter 4, *CTT*)

思维过程与修改轨迹:

可以明确的是,他们否认文学作品的自足性,认为文学作品不能脱离……在对该句的修改步骤中,省略号皆为笔者修改至某处,因对改文不满意而暂停对下文的修改,先返回再改已修改的部分。下同。

可以明确的是,他们不搭理这样的观点:文学是指具有自足性的作品、脱离世界上其他作品而存在……

可以明确的是,他们对这样的观点置之不理:文学是指具有自足性的文学作品、脱离世界上其他作品而存在……

可以明确的是,他们并不把文学看成仅仅是具有自足性的文学作品,不认为文学作品脱离世界上其他的作品存在……同时去掉前之改文中的"而"字。

可以明确的是,他们并不把文学看成是具有自足性的文学作品,不认为文学作品脱离世界上其他的作品存在,这一观点在形式主义后期已然……同时去掉前之改文中的"仅仅"二字。

可以明确的是,他们并不把文学看成是具有自足性的文学作品,不认为文学作品脱离世界上其他的作品存在,这一观点的变迁在形式主义后期已然显现。

可以明确的是,他们并不把文学仅看成是具有自足性的文学作品,认为文学作品不能脱离世界上其他作品而存在,这一观点在形式主义后期已然显现。同时去掉前之改文中的"的变迁"。

可以明确的是,他们认为,文学不是指脱离世界上其他作品存在的、具有自足性的文学作品……

可以明确的是,他们认为,文学并非具有自足性的、脱离世界上其他作品存在的文学作品,这一观点在形式主义后期已然萌生。笔者本欲将"可以明确的是"改成"当然",但又感觉原译并没错,于是未改。

原译:布拉格结构主义者认为文本交织在符号网络中,将语言视为一种符码(code)或依照特定规则结合在一起的语言成分集。

原文: The Prague structuralists viewed texts as incorporated within semiotic networks and viewed language as a code or complex of language elements that combine according to certain rules. (Chapter 4, *CTT*)

思维过程与修改轨迹:

布拉格结构主义者认为文本是符号网络的组成部分……这样修改是否更好理解？但想想原译无错，不必改。

布拉格结构主义者认为文本交织在符号网络中，并将语言视为根据一定规则组合而成的语言元素的代码或复合体。

布拉格结构主义者认为文本交织在符号网络中，将语言视为(根据一定规则组合而成的)语言元素的代码或复合体。同时去掉前之改文中的"并"字。将部分定语置于括号内，是为了尽可能减少读者阅读时的视觉疲劳感。

原译: 波波维奇承认，某些因素在语篇转换的过程中必然会遭到疏忽。他寻求的不是翻译中的匹配现象，而是那些不匹配，找到那些"残余"并对其细致研究。

原文: Accepting the fact that certain elements will fall through the cracks as one moves from one system of discourse to another, Popovič looked not for what fits, but what does not, and picks up the "residue" to examine it more closely. (Chapter 4, *CTT*)

思维过程与修改轨迹:

波波维奇接受这样的事实:某些元素在语篇转换的过程中必然会被忽视……对改文不满意，暂停校译下文，返回再改。

波波维奇承认:从一个话语系统转移到另一个话语系统的过程中，有些元素会蒙混过关……还是沿用原译的"波波维奇承认"。

波波维奇承认:从一个话语系统转移到另一个话语系统的过程中，有些元素乘隙而过……虽然笔者感觉原文"fall through the cracks"用"乘隙而过"来翻译，似乎还可以，但放到上下文中去，却令人费解。

波波维奇承认:从一个话语系统转移到另一个话语系统的过程中，有些元素会被忽视。他寻求的不是翻译中的匹配现象，而是那些不匹配的现象，找到那些被忽视的"残余"并对其细致研究。

波波维奇承认，从一个话语系统转移到另一个话语系统的过程中，有些元素会被忽视、遗落罅隙。他寻求的不是翻译中的匹配现象，而是那些不匹配的现象,捡起那些被忽视的"残余"并对其细致研究。

波波维奇承认,从一个话语系统转移到另一个话语系统的过程中,有些元素会被忽视。他寻求的不是翻译中的匹配现象,而是那些不匹配的现象,捡起那些被忽视的"残余"并对其细致研究。删除"遗落罅隙"。

原译:假如让5位译者去翻译哪怕是句法易懂、格律自由、意象简单的诗歌,比如将卡尔·桑德堡(Carl Sandberg)的《雾》(*Fog*)翻译成荷兰语,结果都不会出现有相似的两个译本。

原文:Put five translators onto rendering even a syntactically straight-forward, metrically unbound, imagically simple poem like Carl Sandberg's "Fog" into, say Dutch. The chances that any two of the five translations will be identical are very slight indeed.(Chapter 4,*CTT*)

思维过程与修改轨迹:

假如让5位译者去翻译哪怕是句法易懂、格律自由、意象简单的诗歌,比如将卡尔·桑德堡(Carl Sandberg)的《雾》(*Fog*)翻译成荷兰语,出现两份相同译文的可能性都非常小。本欲将"5"改成"五",但笔者记起此前遇到这一情况时未作修改,于是这里也未改。但其实本应修改。

原译:列维的形式主义根源体现在他的语言学方法上。

原文:Levý's Formalist roots are revealed by the specific linguistic methodology that characterizes his project.(Chapter 4,*CTT*)

思维过程与修改轨迹:

列维的理论中特有的具体的语言学方法论揭示了他的形式主义根源。

列维的形式主义根源体现在他的理论特有的语言学方法上。将部分表达改回原译。

列维的形式主义根源体现在他的理论特有的、具体的语言学方法上。对"列维的形式主义根源"这一表达并不满意,如果自己译,可能会用"根基"一词替代"根源",但要改动他人译文,特别是德高望重的译者的译文,似乎无形中多了阻力,最终沿用原译的"根源"。

原译:列维的研究止步于他最后的指示——如果某个表达特征无法在目标语中产生效果,那么译者就必须对其进行替换,或创造新的特征以确保原文的整体文学品质不会丢失。

原文：Levý's project left off with the prescription that if an expressive feature does not work in the receiving culture, then the translator must replace it or even invent a new feature so that the overall literary quality is not lost. (Chapter 4, *CTT*)

思维过程与修改轨迹：

列维的研究<u>留下了这样的规定</u>：如果某个表达特征<u>在接受文化中不起作用</u>，那么译者就必须对其进行替换，或创造新的特征<u>，</u>以确保原文的整体文学品质不会丢失。

列维的研究<u>最后</u>这样规定：如果某个表达特征在接受文化中不起作用，那么译者就必须对其进行替换，或创造新的特征，以确保原文的整体文学<u>特</u>质不会丢失。想把"对其进行替换"改成"<u>将其撤换</u>"，但未改。

原译：他必须努力确定译者的两幅路线图的特征，并发现译者的变异、投射以及对应规则体系——即译者的诗意。

原文：He must attempt to determine the features of the translator's two maps and to discover his system of rules, those of deviation, projection, and above all, correspondence—in other words, the translator's poetic. (Chapter 4, *CTT*)

思维过程与修改轨迹：

他必须<u>弄清译者的规则系统，包含偏离、投射以及对应</u>，换言之，译者的诗艺。

他必须弄清译者的规则系统，包含偏离、投射<u>和</u>对应<u>，也就是</u>译者的诗艺。

他必须<u>努力确定译者的两幅路线图的特征</u>，弄清译者的规则系统——包含偏离、投射和对应——也就是译者的诗艺。最后决定放弃对前半句的修改，沿用原译。

原译：布洛克对此表示赞同，他认为有限不变量（近似意义）与翻译转换（功能等值）是并肩而行的。

原文：Van den Broeck concurred, suggesting that limited invariance (approximate meaning) goes hand in hand with translation shifts (functional equivalents). (Chapter 4, *CTT*)

思维过程与修改轨迹：

布洛克对此表示赞同，他认为<u>受到局限的不变性</u>（近似意义）与翻译转换（功能等值）<u>形影相随</u>。

布洛克对此表示赞同，他认为<u>有限的不变性</u>（近似意义）与翻译转换（功能等值）形影相随。实际上笔者想将"布洛克对此表示赞同"改成"<u>布洛克赞同这一点</u>"，但仍然是因为秉持能不改则不改、向原译靠拢的原则，最终未改。

原译： 佐哈尔理论的潜台词让人们想起了柏拉图的形式观和古典美学，就是要消除不一致和不符合的东西。

原文： The implicit subtext to Even-Zohar's theory calls to mind Platonic forms and classical aesthetics, by smoothing out contradictions and eliminating that which does not fit.（Chapter 5，*CTT*）

思维过程与修改轨迹：

佐哈尔理论<u>潜在的意思是要消除不一致和不契合的内容</u>，这让人们想起了柏拉图的形式观和古典美学。

佐哈尔理论<u>的潜在之意就是</u>要消除不一致和不契合的内容，这让人们想起了柏拉图的形式观和古典美学。

佐哈尔理论的<u>潜在含义让人们想起了柏拉图的形式观和古典美学，就是要消除不一致和不适合的内容</u>。画线部分还是尽量保持原译，少作修改。

佐哈尔理论的潜在含义让人们想起了柏拉图的形式观和古典美学，<u>旨在</u>消除不一致和不适合的内容。

原译： 佐哈尔的同事吉迪恩·图里抓住了这一突破，专门对佐哈尔模型的翻译部分进行研究，并且开始了自己对新翻译理论的探寻。

原文： This opening was seized upon by Even-Zohar's colleague Gideon Toury, who focused specifically upon the translation component of Even-Zohar's model, and began the search for a new theory of translation.（Chapter 5，*CTT*）

思维过程与修改轨迹：

佐哈尔的同事吉迪恩·图里抓住了这一突破，专门对佐哈尔模型的翻译部分进行研究，<u>开始探寻新的翻译理论</u>。是否要将"抓住……突破"

改成"抓住……机会"？不改也罢。

佐哈尔的同事吉迪恩·图里抓住了这一突破良机，专门对佐哈尔模型的翻译部分进行研究，开始探寻新的翻译理论。

原译：对于那些将文学视为确定性存在，对文学进化做出预测的理论，他都与之保持距离。相反地，他提出了术语"随机（stochastic）"，这是一个希腊词，有通过臆测猜想而前进的意思，同时还有凭借"熟练瞄准"而前进的意思。勒菲弗尔用这个术语来描述系统的进化是含有偶然性以及随机变量的。

原文：He distanced himself from any theory that sees literature as deterministic and that makes predictions about its evolution. Instead, he introduces the term "stochastic," a Greek word that recalls both proceeding by guesswork and, literally, proceeding by "skillful aiming", to describe a system whose evolution involves probability *and* random variables. (Chapter 5, *CTT*)

思维过程与修改轨迹：

他不理会文学决定论和……对改文不满意，暂停校译下文，返回再改。

他并不认为……按此句法翻译，下文难以顺畅承续，返回修改。

他认为文学不是……但觉得此语仍与"他并不认为文学……"有些微差异，为忠于原文，还是使用"他并不认为文学具有……"的表达。

他并不认为文学具有确定性，也不理会对文学演进的预测。相反，他提出了术语"随机（stochastic）"，这是一个希腊词，让人联想到通过猜测而行进的意思，同时还有凭借"熟练瞄准"而前进的意思。勒菲弗尔用这个术语来描述系统演进中的概率和随机变量。

参看 DeepL 译文：相反，他引入了"随机"一词，这个希腊词既让人联想到通过猜测进行，也让人联想到通过"巧妙的瞄准"进行，来描述一个系统，其演变涉及概率和随机变量。勒菲弗尔用这个术语来描述系统，其演进涉及概率和随机变量。

他并不认为文学具有确定性，也不理会对文学演进的预测。相反，他提出了术语"随机（stochastic）"，这是一个希腊词，让人联想到通过猜测而行进的意思，同时还有凭借"熟练瞄准"而前进的意思。勒菲弗尔用这个术语来描述系统，其演进涉及概率和随机变量。最后一句采用了 DeepL

的译文。想修改"同时还有凭借'熟练瞄准'而前进的意思"一语,但未改。

原译:解构主义的进化反映了60年代末法国政治和社会的动荡,而这不仅仅是一个巧合……但显然,这些年轻激进分子的替代性思维模式同时也促成了5月事件的发生。

原文:That its evolution reflected the political and social turmoil in France during the late sixties was more than coincidence ... but clearly the alternative mode of thinking by the young radicals served to bring about the events of May as well. (Chapter 6, *CTT*)

思维过程与修改轨迹:

解构主义的<u>演变</u>反映了60年代末法国政治和社会的动荡,<u>这绝非偶然</u>……但显然,这些年轻激进分子的替代性思维模式同时也促成了"<u>五月风暴</u>"的发生。欲修改"促成了……的发生"一语,但放弃。

原译:……当我们试图停止它的运动并抓住它时,它就会撒播(disseminate)、分离(separate),并继续运动下去,跨越到另一个地方去。

原文:… as one tries to stop its movement and grasp it, it disseminates, separates, and continues to move on, crossing over to another place. (Chapter 6, *CTT*)

思维过程与修改轨迹:

……当我们试图停止它的运动并抓住它时,它就会撒播(disseminate)、分离(separate),并继续运动下去,<u>越至他处</u>。

……当我们试图停止它的运动并抓住它时,它就会撒播(disseminate)、分离(separate),并继续运动下去,<u>转徙他处</u>。考虑"<u>迁移</u>""<u>迁越</u>"哪个更贴切,但都不满意,最后使用"转徙"二字。

……当我们试图停止它的运动并抓住它时,它就会撒播(disseminate)、分离(separate),并继续运动下去,<u>跨越到另一个地方去</u>。但最终发现译者将下文中的"crossing over"也翻译成了"跨越"。索性两处都不改,保持原译。

原译:通过落笔于纸,通过选择其中的一种可能,那种貌似可以在语言之间存在的沉默思考(silent thought)被延迟、推迟,也被所选词汇的界限所抹擦。

原文：By putting pen to paper, by choosing one possibility, what occurs is that the silent thought that seemed possible between the languages is deferred, delayed, erased by the delimiting chosen term. (Chapter 6, *CTT*)

思维过程与修改轨迹：

一旦选择了其中一种可能，落笔于纸，那种貌似可以在语言之间存在的无声思考被延迟、推迟，也被所选词汇的界限所抹擦。

一旦选择了其中一种可能，落笔于纸，那种看似可能在语言间存在的无声思考则被延迟、推迟，也被所选词汇的界限所抹擦。

一旦选择了其中一种可能，落笔于纸，语言间看似可能产生的无声思考则被延迟、推迟，也被所选术语的界限擦除。改至此处，突然发现原译有误，此前竟一直未察觉。因为潜意识里总以原译为标准。

一旦选择了其中一种可能，落笔于纸，语言间看似可能产生的无声思考则被限定的所选术语延迟、推迟、擦除。

原译：这两种观念可以被认为是相同的，正如海德格尔公式中的生命和死亡总是交织在一起，以至于对所有意图和目的来说二者都无法区分。

原文：One could effectively argue that the two conceptions are the same, just as life and death in Heidegger's formulation are so intertwined that they are to all intents and purposes indistinguishable. (Chapter 6, *CTT*)

思维过程与修改轨迹：

我们可以言之有理地说，这两个概念相同，对于这一点我们可以进行有效的论证，正如海德格尔理论中的生命和死亡总是交织在一起，以至于它们所有的意图和目的都无法区分。同时去掉原译中的"来说二者"。

我们可以言之有理地说，这两个概念相同，对此我们可以有效论证，正如海德格尔理论中的生命和死亡总是交织在一起，以至于它们所有的意图和目的都无法区分。

我们可以确凿地说，这两个概念相同，正如海德格尔理论中的生命和死亡总是交织在一起，以至于它们所有的意图和目的都无法区分。

我们可以言之凿凿，认为这两个概念相同，正如海德格尔理论中的生命和死亡总是交织在一起，以至于它们所有的意图和目的都无法区分。

想把"以至于"这类稍显生硬的表达改掉,但最后还是放弃了修改。

原译:另一个例子是对语言学文本中的夹注。这些注释,甚至并不认为需要翻译得流畅或者自然,只要它们显示出原文的结构就行。

原文:Another could effectively argue in linguistics texts, which are not even supposed to be fluent or natural but to illustrate the structure of the original.(Chapter 3,*MT*)

思维过程与修改轨迹:

另一个例子是语言学文本中的夹注,它们无须译得流畅或自然,只要能显示出原文的结构即可。同时删除原译中的"对"字。

再如,语言学文本中的夹注无须译得流畅或自然,只要能显示出原文的结构即可。修改此句开头部分时,优先选择在原译的句法结构基础上修改,对修改稿仍不满意后才重新架构。

原译:事实上,就理想的角度而言,我们有必要重构整个翻译过程。

原文:Ideally, in fact, we need to reconstruct the whole translation process.(Chapter 5,*MT*)

思维过程与修改轨迹:

事实上,理想而言……优先选择在原译"就理想的角度而言"的基础上修改,对修改结果更不满意时,才进行较大幅度修改。

事实上,我们最好重构整个翻译过程。

原译:读者是否了解译文由谁翻译,由以目的语为母语的人还是由不以目的语为母语的人翻译。换句话说,根据译者的不同,读者会做出不同的判断。

原文:And readers even react differently according to whether they know if the translation was by a TL native speaker or not; judgements may be made differently according to the kind of translator, in other words.(Chapter 5,*MT*)

思维过程与修改轨迹:

读者是否知晓译文是由母语为英语的人翻译的?读者会据此作出不同反应。换言之,读者会根据译者的不同类型作出不同判断。优先选择保留原文的基本结构,但修改后,读来仍感壅滞,于是准备换用其他句法结构。

目的语是不是译者的母语、读者是否了解这一背景，这会引发不同的读者反应。换句话说，译者的类型不同，读者做出的判断也不同。

原译：约翰森(Johansson，1978b)报告了一系列实验。这些实验测试了不同类型的错误如何影响对文本的理解以及读者的不满程度。

原文：Johansson(1978b) reports a series of experiments testing the way in which different error-types affect the comprehensibility of the text and the degree of irritation of the reader. (Chapter 5, *MT*)

思维过程与修改轨迹：

约翰森(Johansson，1978b)报告了一系列实验，测试不同的错误类型如何影响对文本的理解和读者的不满程度。优先选择在原文的基础上修改，但对修改结果不满意，准备重译后半句。

约翰森(Johansson，1978b)公布了一系列实验结果。不同类型的错误如何影响对文本的理解、带给读者的不满程度如何，这些实验对此展开了测试。

原译：这些反应也显示出，存在着不同种类的评估，关于翻译如何能够被评估或者应该如何评估，存在着不同的期待。

原文：These reactions also reveal different kinds of assessment, different kinds of expectation about how translations can or should be assessed. (Chapter 5, *MT*)

思维过程与修改轨迹：

这些反应也表明存在着不同种类的评估……优先选择在原译的基础上修改，对修改结果不满意后，准备重译。

这些反应也表明，对可以如何或应该如何评估翻译这一问题，人们有不同种类的评估方式和不同的期待。

原译：如果译文过多地运用复杂的句子结构、歧义丛生的词汇或者不同寻常的习语，这些都可能极不公平地促使不以英语为母语的读者望而却步，由于不能理解而被排除在理解文本的读者群之外。

原文：Excessive complexity, obscure vocabulary or unusual idioms, for instance, may unfairly exclude non-native readers from the circle of

193

those who may understand, the included readers. (Chapter 7, MT)

思维过程与修改轨迹：

如果译文烦冗复杂、词义晦涩、典故生僻，会让母语非英语的读者望而却步，从而被排除在能理解文本的读者群之外，这不公平。意欲将"exclude non-native readers from the circle of those who may understand（从而被排除在能理解文本的读者群之外）"的原译修改得更简洁些，但最终未改。

第二节 前辈译者的精神影响

前辈译者给出的译文往往经过时间磨砺，沿用至今，如果要修改这类译文，努力打破前辈译者的精神影响，[①]修改者往往要承担较多的压力。对源语文本中涉及专业术语等的译文，如果有些过于深奥冷僻，或不够精确，笔者往往试图修改，但若改文并未明显优于前辈已经给出的约定俗成的译文，则放弃修改。若反复思考后，确实觉得需要修改，笔者在自己有限的认知范围内修改后也要反复确认改文确实有一定价值。而假如书稿译者对某一术语、书名等的译文与前辈译者给出的约定俗成的译文有别，则笔者发现自己往往会优先选用后者。

原译： 这两位语言学家认为他们提出的存在于不同语言之间的深层结构只是间接地与表层结构相联系，如果想要通过表层结构探知"真谛（real argument）"，"错误的几率将大大增加"。

原文： To resolve this epistemological problem, Will first looks at the linguists Noam Chomsky and Norbert Weiner, who argue that the deep structure they posit across languages is only obliquely related to surface structure, and that there exists a "considerable chance for error" if one reaches through the surface structure for the "real argument". (Chapter 2, CTT)

思维过程与修改轨迹：

这两位语言学家认为他们提出的存在于不同语言之间的深层结构只是间接地与表层结构相联系，如果想要通过表层结构探知"实际论元"，

---

① 王世钰.译文影响下的译者屈从与焦虑探究[J].上海翻译，2021(03)：13—17.

"错误的几率将大大增加"。读者未必熟悉"实际论元"这样的表达,而原文"real argument"使用的却是英文中的常见词,不难理解,笔者想把"real argument"的译文处理得更加通达一些,但最终仍沿用前辈译文。

原译:例如,勒菲弗尔写过一篇名为《勇气妈妈的黄瓜:文学理论的文本、系统和折射》(Mother Courage's Cucumbers: Text, System and Refraction in a Theory of Literature)的文章(1982b),他在文中指出了布莱希特(Brecht)的作品是如何在西方被折射,从而更好地遵循英美世界盛行的艺术规范和意识形态的。

原文:Lefevere, for example, has written an article called "Mother Courage's Cucumbers: Text, System and Refraction in a Theory of Literature" (1982b) that shows how Brecht's work has been refracted in the West to better conform to prevailing artistic norms and ideology in the Anglo-American world. (Chapter 5, *CTT*)

思维过程与修改轨迹:

例如,勒菲弗尔写过一篇名为《大胆妈妈的黄瓜:文学理论中的文本、系统和折射》("Mother Courage's Cucumbers: Text, System and Refraction in a Theory of Literature")的文章(1982b),他在文中指出,布莱希特(Brecht)的作品如何在西方被折射、从而更好地遵循英美世界的主流艺术规范和意识形态。同时去掉原译中的"是"和"的"。此处笔者受到曾经读过的勒菲弗尔的文章译名影响,将"勇气"改成了"大胆",但译文提交后,感觉这里不应改。"勇气妈妈"更符合原文的意思。笔者受到了前辈译文的影响而误判。

例如,勒菲弗尔写过一篇名为《大胆妈妈的黄瓜:文学理论中的文本、系统和折射》("Mother Courage's Cucumbers: Text, System and Refraction in a Theory of Literature")的文章(1982b),他在文中指出,为更好地遵循英美世界的主流艺术规范和意识形态,布莱希特(Brecht)的作品是如何在西方被折射的。

例如,勒菲弗尔写过一篇名为《大胆妈妈的黄瓜:文学理论中的文本、系统和折射》("Mother Courage's Cucumbers: Text, System and Refraction in a Theory of Literature")的文章(1982b),他在文中指出,布莱希特(Brecht)的作品如何在西方被折射、以更契合英美世界的主流艺术规范和意识形态。

例如，勒菲弗尔写过一篇名为《大胆妈妈的黄瓜：文学理论中的文本、系统和折射》（"Mother Courage's Cucumbers: Text, System and Refraction in a Theory of Literature"）的文章（1982b），他在文中指出布莱希特（Brecht）的作品——为了更契合英美世界的主流艺术规范和意识形态——在西方是如何被折射的。同时去掉前之改文中"指出"后的逗号。

例如，勒菲弗尔写过一篇名为《大胆妈妈的黄瓜：文学理论中的文本、系统和折射》（"Mother Courage's Cucumbers: Text, System and Refraction in a Theory of Literature"）的文章（1982b），他在文中指出布莱希特（Brecht）的作品<u>在西方是如何被折射的</u>——为了更契合英美世界的<u>主流艺术规范和意识形态</u>。实际上，"如何被折射"中的"折射"一词，笔者感觉不太好理解，当然这也映射出笔者自身的才疏学浅，意欲将该词替换成其他更易理解的词汇，但最终未改。

原译：比如她认为，对花瓶碎片的隐喻（见前文 164 页德里达的引用），左恩颇具逻辑但并非直译的翻译可能具有误导性。

原文：For example, she suggests that Zohn's logical but less than literal rendering of the metaphor about the fragment of an amphora (cited by Derrida above p. 164) may be misleading. (Chapter 6, *CTT*)

思维过程与修改轨迹：

比如她认为，对<u>双耳瓶</u>碎片的隐喻<u>（见本章前文德里达提及双耳瓶处）</u>……原文前文引用德里达提及双耳瓶处，笔者已然纠结过关于"amphora"一词的译文（未在本书中列出此部分内容的修改情况），译至此处，笔者又暂停对下文的翻译，再次思考自己给出的"双耳瓶"的译文是否准确。原译将"amphora"译为"花瓶"，印象中也多次看到过别处也这么译，但反复确认，"amphora"是一种双耳瓶，是用于盛放油、酒等液体的容器，所以"花瓶"也并不是"双耳瓶"的上义词。是否确实要克服前驱译文的阻力，将其更译为"双耳瓶"？笔者在修改前文时已经犹豫不决过，此处再次思考后，最终决定修改。

比如她认为，对双耳瓶碎片的隐喻（见本章前文德里达<u>关于双耳瓶的隐喻</u>），<u>左恩的译文</u>……改至此处，返回再改。

比如她认为，对双耳瓶碎片的隐喻（见本章前文德里达关于双耳瓶的隐喻），<u>左恩没有直译，其译文虽有逻辑性，但却也可能有误导性</u>。

比如她认为，对双耳瓶碎片的隐喻（见本章前文德里达关于双耳瓶的隐喻），左恩的译文不是直译，虽有逻辑性，却也可能有误导性。

比如她认为，对双耳瓶碎片的隐喻（见本章前文德里达关于双耳瓶的隐喻），左恩没有直译，其译文虽有逻辑性，却也可能有误导性。

比如她认为，对双耳瓶碎片的隐喻（见本章前文德里达关于双耳瓶的隐喻），左恩没有直译，其译文虽合情合理，却也可能会误导读者。

原译：关于各种可能的解释，皮姆提供了另外一种阐述。他把各种可能的解释与亚里士多德的四种原因联系起来，大致阐述如下：

物质原因：即目的语言本身。缺乏目的语言，就不能构建翻译。当然，物质原因也包括源语文本，包括计算机等辅助工具。

形式原因：翻译规范决定了特定翻译的最终形式，当然与源语文本也有恰当关系。

能力原因：即译者的身心，包括个人经验，情感状态，等等，再加上发起翻译行为的客户。

最终原因：即翻译目的。翻译目的由客户决定，但由译者接受并修正。另外还可能包括译者谋生这一普通目的。

原文：A different account of various possible kinds of explanation is offered by Pym, who links them to Aristotle's four causes, approximately as follows：

Material cause：the target language itself, out of which the translation is constructed; plus the source text; plus a computer and other aids.

Formal cause：the translation norms which determine the ultimate form of a given translation, the appropriate relation with the source text.

Efficient cause：the mind and body of the translator, including personal experience, emotional state etc.; plus the person of the client who initiates the act of translation.

Final cause：the goal of the translation, as determined by the client and accepted or refined by the translator; plus perhaps the general aim of the translator to earn a living. (Chapter 3, *MT*)

思维过程与修改轨迹：

关于各种可能的解释，皮姆提供了另外一种阐述。他把各种可能的

解释与亚里士多德的"四因"(或"四因说")联系起来,大致阐述如下:

质料因:即目的语言本身。缺乏目的语言,就不能构建翻译。当然,物质原因也包括源语文本,包括计算机等辅助工具。

形式因:翻译规范决定了特定翻译的最终形式,当然与源语文本也有恰当关系。

效力因(或动力因):即译者的身心,包括个人经验,情感状态,等等,再加上发起翻译行为的客户。

目的因(或所为因):即翻译目的。翻译目的由客户决定,但由译者接受并修正。另外还可能包括译者谋生这一普通目的。实际上,此处原译更易被理解,但笔者仍受到关于亚里士多德"四因说"约定俗成的译文的影响,犹豫片刻,还是将原译的译文改成了约定俗成的译文。

原译:尔后,萨里科斯基(Saarikoski)在翻译美国作家塞林格(Salinger)的《麦田守望者》(*Catcher in the Rye*)时违反了相应的翻译规范,助推了当时主流诗学限制的松动,进而为后继译者开启了选择其他翻译策略的大门,使得他们能够采用不同的翻译策略。

原文:Later, Saarikoski's norm-breaking translation of Salinger's *Catcher in the Rye* helped to loosen the dominant poetic constraints and open up other choices for subsequent translators, who were thus able to select a different range of strategies. (Chapter 4, *MT*)

思维过程与修改轨迹:

尔后,萨里科斯基(Saarikoski)在翻译美国作家塞林格(Salinger)的<u>《麦田里的守望者》</u>(*Catcher in the Rye*)时违反了相应的翻译规范,<u>促使主流诗学放宽限制</u>,进而为后继译者开启了选择其他翻译策略的大门,使得他们能够采用不同的翻译策略。实际上原译将塞林格此作译成《麦田守望者》,笔者犹豫片刻,还是臣服于最常用的译名"<u>《麦田里的守望者》</u>"。但译文提交后再看此处,感觉原译言简意赅,本不必修改。

第三章 译论作用的客观限度：
译论与翻译实践的罅隙

翻译需要译者对原文逐字逐句地阅读、理解，这是文本细读的过程，甚至可以说是一种极"细"的细读。译者对文本的理解往往要花费比普通读者更多的时间，这对于透彻理解源语文本多有裨益。理查兹也指出了细读和翻译之间的密切关系，"为了清晰，为了考查实际发生的事情，翻译同样是必要的"。①翻译活动使得译者尽可能以细读者身份去靠近原文，同时也得到新的视角，如理查兹所言，"翻译的过程并不容易。它们并不像看起来那样……在解释它们时，我们会发现自己被迫从一个不寻常的角度来贴近语言，而要做到这一点，首先必须冲开某些非常强大的阻力、打破根深蒂固的思维习惯"。②当然，文本细读并不只是用翻译的思维进行，但翻译中反反复复的揣摩与思考确是一种深度细读，从某种意义上讲，比布鲁克斯对艾略特诗歌《阿尔弗瑞德·普鲁弗洛克的情歌》的成功分析③所依赖的细读法还要具有多重性，不但要细读以获得源语文本的意义，还要把握源语文本与目标文本的意义，同时也要细读译者生产的目标文本在目标文化中的意义。在这层意义上，校译与翻译活动一样，皆为细读。

但译者和校译者为何要细读文本？根本原因是要尽可能尊重源语文本，希望尽可能忠实于源语文本。这也是译者和校译者在实际翻译活动中常常采取的策略，译本前言或后序中的译者个体叙事呈现出这样的事实与倾向：译者如若亲口在前言或后序中提及翻译实践中践行的规则，通常会强调自己对原文的忠实，或者强调自己在翻译中对忠实于原文的坚定意愿。这在笔者翻阅的上千份文体、地区、时代、资历、母语不同的译者前言或后序

---

① Richards, Ivor Armstrong. *Principles of Literary Criticism*[M]. London and New York: Routledge, 1924/2001:17.

② Ibid:243.

③ Brooks, Cleanth, Jr. and Robert Penn Warren. *Understanding Poetry: An Anthology for College Students*[M]. New York: Henry Holt and Company, 1938:585—596.

材料中少有例外,比如译者在其中自述希望"改变自己写文章的作风以求对于作者忠实",①"忠实于"原作者的"语气、细微差别、风格和方式",②"尽可能忠实",③"忠实地"再现源语文本"在内容上的精彩和深邃",④"力求保持字面上的忠实,甚至版面格式上的忠实",⑤等等,不胜枚举。当然,不同的译者对"忠实"的定义可能有所差别,声称自己忠实原文但实际操纵、改写源语文本的也不乏其例,译者和读者、翻译理论研究者对于"忠实"的定义也未必一致,但从译者的亲述来看,大多数译者所说的"忠实"就是指译文与原文的意思一致,译者至少期望其译本在读者眼里能保持通常意义上所说的对源语文本的忠实。不忠于原文的译者当然也会存在,比如切斯特曼所提及的译者马利宁(Jukka Mallinen)为了在译文中彰显自己的在场,在其翻译的小说中用自己的名字塑造了新的角色,但切斯特曼也认为这类翻译只是"一个奇怪而极端的例子",⑥并无普遍性意义。

译者在实际翻译中不约而同希望忠于原文的现象和当代译论诸多流派文思泉涌、俯仰之间异观频现的现状不无鲜明对比。当代译论研究擅长概念体系、抽象符号式的宏大叙事,但目前译论指向普遍性宏大命题的演进和翻译实践中微小叙事的保守停滞不无悖逆。译论锐意精进,术语概念新益求新,翻译实践却仍普遍保守,恪遵传统的忠实原则,小心翼翼地以源语文本为尊,或者至少可以说,译者个体仍希望自己、希望读者认为自己谨遵忠实原则,而对译论的接受却相对有限,尤其对等值以外的翻译理论吸收乏力。实际上,这可以看出,当代译论对译者群体的选择倾向关注不足,它所涉及的不仅仅是"译者主体性困境"⑦问题,而且是更加尖锐的译论忽视译者实践需求、译论与译者实践互悖带来的译论存在性意义问题。

对于译论宏大叙事和译者个体实践的微小叙事存在的这种罅隙,根茨勒也坦言,"虽然传统的翻译理论提出了某些形而上学的主张,但译文

---

① 朱光潜.第一版译者序[Z].1947.克罗齐.美学原理.朱光潜,译.北京:商务印书馆,2012:vi.
② Kaufmann, Walter. Translator's Introduction[Z]. Friedrich Nietzsche. *The Gay Science*. Trans. Walter Kaufmann. New York:Vintage Books,1974:25.
③ 金隄.一部二十世纪的史诗——译者前言[Z].詹姆斯·乔伊斯.尤利西斯.金隄,译.北京:人民文学出版社,1994:6.
④ 李雪顺.译后记[Z].何伟.寻路中国.李雪顺,译.上海:上海译文出版社,2011:426.
⑤ 孙周兴.编译后记[Z].弗雷德里希·尼采.权力意志.孙周兴,编译.上海:上海人民出版社,2018:629.
⑥ 安德鲁·切斯特曼.翻译模因论——翻译理论中的观点传播[M].傅敬民,译.上海:上海外语教育出版社,2020:146.
⑦ 蓝红军.译者主体性困境与翻译主体性建构[J].上海翻译,2017(03):21—27.

往往与之相悖"。①不过,根茨勒只是模糊地指出,这是因为接受语文化的约束性和创建文本新的关系之间存在矛盾,而人类具有改变文本关系的自由,因此无法采用统一范畴。②这一分析实际上体现了当代译论的倨傲,未能从译者的角度去考虑,并且逻辑不够谨严。如果是因为人类具有改变文本关系的自由,从而使得译者自由选择了与翻译理论相悖的译文,那么,为什么译者只普遍心甘情愿地受到传统的忠实于源语文本的思想指导,而罔顾其他译论所演绎的策略？当下译论衍生的翻译策略是否疏离了主流译者的实际翻译需求？翻译理论的主要目的就是解决翻译研究中存在的问题,③"试图充分地解释繁复的翻译现象",④虽然翻译学者希望通过扩大译论的定义范围,努力将译者群体和翻译实践包含在译论范围内,提出译者和翻译实践就是译论的观点,⑤⑥但翻译实践中仍然以传统的关于理论和实践的狭义概念为主,译论与翻译实践的疏离仍较分明。译论源于对翻译现象的演绎与总结,最终目的是擢升译者的翻译思维,解决已有问题,生产新的知识,助益翻译实践发展。而如果译论难以引起译者这一翻译实践主体的共鸣,甚至让译者觉得与自己"毫无关系",⑦生产的新知识不能解释译者普遍的选择倾向,即便能够继续保持理论的先锋性、建立指向宏大叙事的体系,其价值也会不断受到质疑。

第一节　对忠实原则的虔诚

此前所列的校译情况大都反映了译者及校译修改者对原文的亦步亦趋,绝大部分对译文的校译也都是以与原文尽可能接近为大前提的校译、修改。而下文所列则在某些细节的处理上格外体现出这一点,体现出笔者在校译修改时头脑里是如何反复出现"原文究竟是什么意思""该怎样

---

①②　埃德温·根茨勒.当代翻译理论(第二版修订本)[M].傅敬民,译.上海:上海外语教育出版社,2022:232.

③　Pym, Anthony. *Exploring Translation Theories*[M]. London and New York: Routledge, 2023:7.

④　王克非.关于翻译理论及其发展史研究[J].上海翻译,2021(06):13.

⑤　Pym, op. cit., 2023:7.

⑥　安德鲁·切斯特曼.翻译模因论——翻译理论中的观点传播[M].傅敬民,译.上海:上海外语教育出版社,2020:156.

⑦　Chesterman, Andrew, and Emma Wagner. *Can Theory Help Translators?* (second edition)[M]. London and New York: Routledge, 2014:1.

修改才能更适切原文"此类思维活动的。

原译：在北美学界，文学翻译仍然被认为是一项次要活动，机械有余而创造力不足，既不值得评论界的关注，也不能引起广大读者的兴趣。

原文：In many academic circles in North America, literary translation is still considered secondary activity, mechanical rather than creative, neither worthy of serious critical attention nor of general interest to the public. (Chapter 2, *CTT*)

思维过程与修改轨迹：

在北美学界，文学翻译仍然被认为是一项次要活动，机械有余而创造力不足，既不值得评论界的<u>认真</u>关注……思考片刻，将原文"serious critical attention"中的"serious"译出；改至此处，对下文如何翻译犹豫不决。看上去很容易处理的译文，实际修改时却碍手碍脚。

在北美学界，文学翻译仍然被认为是一项次要活动，机械有余而创造力不足，既不值得<u>审慎评判，也不值得普遍关注</u>。原文"… nor of general interest to the public"意思应该是"<u>也不值得广大读者对此产生兴趣</u>"，但这么说有些别扭，如何修改呢？

在北美学界，文学翻译仍然被认为是一项次要活动，机械有余而创造力不足，既不值得<u>评论界严肃</u>对待，也不值得<u>公众</u>普遍关注。此处发现"The public（公众）"一词未翻，但是"普遍"一词可部分涵盖"公众"之意。犹豫片刻，决定还是把"the public"也直接译出，以免被指摘不严谨。

在北美学界，文学翻译仍然被认为是一项次要活动，机械有余而创造力不足，既不值得评论界<u>认真</u>对待，也不值得公众普遍关注。

原译：庞德在上述曾经名声大噪现在已经停刊的有关雕塑和造型艺术的杂志中发表的文章，和他表意文字翻译法的发展有着密切的关系。

原文：The connection between Pound's articles in the vociferous, now defunct journals on sculpture and the plastic arts and the development of an ideogrammic method of translation was very close. (Chapter 2, *CTT*)

思维过程与修改轨迹：

庞德在上述杂志（<u>该杂志讨论雕塑和造型艺术，曾摇旗呐喊、现已停刊</u>）中发表的文章和他表意翻译法的发展有着密切的关系。试图切分原译的长句,使译文更加简洁,尽可能减少读者的视觉疲劳感。努力使"vociferous"的译文契合其意。

庞德在上述杂志中发表的文章——该杂志讨论雕塑和造型艺术,曾摇旗呐喊、现已停刊——和他表意翻译法的发展有着密切的关系。使用破折号仍然是希望减轻读者阅读负担,使之能高效断句。

原译:庞德的两个理论阶段都有一个共同的基础,即在艺术中对物质现实的指称要精准,但是在其第二阶段的理论中,被呈现的客体则完全不同。

原文:For Pound, the precision and accuracy of the reference to material reality in art remained fundamental in both periods, but in the later theory the object being presented was substantially different. (Chapter 2, CTT)

思维过程与修改轨迹:

对庞德而言,在两个理论阶段,艺术中指涉客观现实的精准性仍然至关重要,但是在其第二阶段的理论中,被呈现的客体则大不相同。

对庞德而言,在两个理论阶段,艺术指涉客观现实的精准性仍然都至关重要,但是在其第二阶段的理论中,被呈现的客体则大不相同。去掉前之改文中的"中"字。将原文的"both(都)"特地译出,显得拘谨,不过笔者在翻译时总会感觉对原文亦步亦趋虽未必是上策,但可降低出现硬伤的概率。

原译:然而,虽然他未曾言明,但是他的科学框架中仍然包含着他的宗教信仰和传教目标——用上帝的话语(word of God)将世人团结在共同的信仰周围。

原文:Nevertheless, his religious beliefs and missionary goals—attempts to unite people around a common belief in the inviolable word of God—although not explicitly stated, remain embedded within the scientific framework. (Chapter 3, CTT)

思维过程与修改轨迹:

然而,虽然他未曾言明,但是他的科学框架中仍然包含着他的宗教信仰和传教目标——将人们团结在对上帝神圣话语的共同信仰周围。是否要将原译未明言的"inviolable"译出?笔者稍稍犹豫后决定恪遵原文,将该词词义译出。

然而，虽然他未曾言明，但是他的科学框架中仍然包含着他的宗教信仰和传教目标——将人们团结在共同信仰周围：上帝之语不可侵犯。

然而，虽然他未曾言明，但是他的科学框架中仍然包含着他的宗教信仰和传教目标——将人们团结在"上帝之语不可侵犯"的共同信仰周围。

原译：对于许多译者来说，一个将自身模式和口头语言分离开来的语言学方法论不仅过于理想化，也过于"理论化"。

原文：A linguistic methodology that isolates its model from spoken language is both overly idealistic and perhaps too "theoretical" for many a translator's taste. (Chapter 3, *CTT*)

思维过程与修改轨迹：

对于许多译者来说，一个脱离了口头语言的语言模式，其方法论不仅过于理想化，或许也过于"理论化"。将原译未明言的"perhaps"也译出。

原译：当我主张不可能有完全的翻译(complete translation)时，我是在说，一种语言(即译入语)无法表达在另一种语言中已经表达出来的东西……这就意味着在给译入语说话者进行评级，如此我们就踏上了一条通向反动的种族主义意识形态的道路。

原文：If I assert that a complete translation is not possible, I am asserting that one language(namely, the language that I am translating into) cannot express what was already expressed in another language ... this implies attaching a rating to those who speak it, and we find ourselves on the surest road to a reactionary racist ideology. (Chapter 3, *CTT*)

思维过程与修改轨迹：

当我坚称不可能有完全的翻译(complete translation)时，我实则断言，一种语言(即译入语)无法表达在另一种语言中已经表达出来的东西……这就意味着在给译入语说话者进行评级，如此我们就确凿无疑地踏上了一条通向反动的种族主义意识形态的道路。将原译未处理的"surest"这层含义译出。

当我坚称不可能有完全的翻译(complete translation)时，我实则断言，一种语言(即译入语)无法表达在另一种语言中已经表达出来的东西……这就意味着在给译入语说话者进行评级，如此我们就踏上了一条确凿通向反动的种族主义意识形态的道路。

原译：威尔斯的研究在过去 20 年里有了很大的改进……

原文：Wilss's work has evolved over the course of the past two decades ...（Chapter 3，*CTT*）

思维过程与修改轨迹：

威尔斯的研究在过去的 20 年<u>中演进</u>……思考原译者将"evolved"译成"很大的改进"的原因，犹豫片刻，将其改成"演进"。

威尔斯的研究在过去的 20 年中<u>发展</u>演进……

原译：口头语言中包含着错误、转换、省略和间隙，这一事实向我们展示了意义的构成和语言的结构本质。

原文：The fact that spoken language contains errors, shifts, ellipses, and gaps begs to tell us something about meaning and something about the structural nature of language.（Chapter 3，*CTT*）

思维过程与修改轨迹：

口头语言中包含着错误、转换、省略和间隙，这一事实<u>不遗余力地</u>向我们展示了<u>与意义相关的内容，以及与语言的结构本质相关的内容</u>。后意欲将改文中的"与意义相关的内容，以及与语言的结构本质相关的内容"改成"<u>与意义相关的、与语言的结构本质相关的内容</u>"，最终因感觉前者更接近原文文意，放弃修改。此处根据汉语习惯，"以及"前面实际上不太使用逗号，但为了方便读者理解，将就如此。

原译：威尔斯对认知心理学以及人类行为理论产生了兴趣，很大程度上是因为其描述研究的结果强化了对科学总论部分的修订。

原文：He has become interested in cognitive psychology and theories of human behavior largely because the results from descriptive studies have forced modification of the general science branch.（Chapter 3，*CTT*）

思维过程与修改轨迹：

威尔斯对认知心理学以及人类行为理论产生了兴趣，很大程度上是因为<u>描述性研究的结果促使翻译科学概论作出调整</u>。

威尔斯对认知心理学以及人类行为理论产生了兴趣，很大程度上是因为描述研究的结果促使翻译科学概论<u>改进</u>。同时去掉前之改文中的"性"字。

威尔斯对认知心理学以及人类行为理论产生了兴趣，很大程度上是因为描述研究的结果<u>推动了</u>翻译科学概论<u>的</u>改进。

威尔斯对认知心理学以及人类行为理论产生了兴趣，很大程度上是因为<u>其</u>描述研究的结果推动了翻译科学概论的改进。修改了原译对"forced modification"的处理。

原译：在把文本分解成框架或单元后，译者将从一系列等值项或选择项中选取"最佳等值项"（optimal equivalent），然后将其组成一个完整的译文。

原文：After dividing the text up into frames or units, the translator was to pick the "optimal equivalent" from a varying field of equivalents or options; the building of the units then proceeds to the creation of an integrated whole. (Chapter 3, *CTT*)

思维过程与修改轨迹：

在把文本分解成框架或单元后，译者将从一系列等值项或选择项中选取"最佳等值项"（optimal equivalent）<u>；单元的构建将继续创建一个集成的整体</u>。此处仍努力保留原文中分号所传递的并列关系。

在把文本分解成框架或单元后，译者将从一系列等值项或选择项中选取"最佳等值项"（optimal equivalent）；单元的构建<u>继而创造出整体译文</u>。

在把文本分解成框架或单元后，译者将从一系列等值项或选择项中选取"最佳等值项"（optimal equivalent）；<u>单元构建完毕，继而产生整体译文</u>。

在把文本分解成框架或单元后，译者将从一系列等值项或选择项中选取"最佳等值项"（optimal equivalent）；<u>构建好单元</u>，继而产生整体译文。

在把文本分解成框架或单元后，译者将从一系列等值项或选择项中选取"最佳等值项"（optimal equivalent）；构建<u>了</u>单元，继而产生整体译文。

在把文本分解成框架或单元后，译者将从一系列等值项或选择项中选取"最佳等值项"（optimal equivalent）；<u>先构建单元</u>，继而产生整体译文。

原译：这里，术语体系出现了一些细微的改变：被视为整体的语篇具有"马赛克"品质，它的弹性特质允许将原文翻译成各种不同的具有"相对性"特质的目标译文。

原文：The terminology has shifted slightly; the unified text is now understood as having a kind of "mosaic" quality, an elasticity that allows it to be translated into a variety of "relative" target texts. (Chapter 3, *CTT*)

思维过程与修改轨迹：

这里，术语体系<u>稍有改变</u>：<u>整体语篇被视为"马赛克"</u>……对改文不满意，暂停校译下文，返回再改。

这里，术语体系稍有改变：<u>整体语篇被视为具有"马赛克"的灵活嵌合性质</u>……回读，再改。试图将"elasticity"的译文修改得适切其意。

这里，术语体系稍有改变：整体语篇被<u>认</u>为具有"马赛克"<u>灵活的</u>嵌合性质，<u>可以翻译成多种"相对的"目标文本</u>。试图将译文修改得更简洁。

这里，术语体系稍有改变：整体语篇被认为具有"马赛克"灵活的嵌合性质，<u>可被</u>翻译成多种"相对的"目标文本。

这里，术语体系稍有改变：整体语篇被认为具有"马赛克"<u>般</u>灵活的嵌合性，可被翻译成多种"相对的"目标文本。同时去掉前之改文中的"质"字。

这里，术语体系稍有改变：整体语篇被认为具有"马赛克"般<u>的灵活性</u>，可被翻译成多种"相对的"目标文本。

原译：纽伯特引进了一个新的术语——"译者相对性"（translatorial relativity），允许译者将原文"创造性地"转换为译文。

原文：Neubert introduces the term "translatorial relativity" in the reconstruction process, allowing for a "creative" process of transfer from the source text to the target text. (Chapter 3, *CTT*)

思维过程与修改轨迹：

纽伯特考虑到源语文本到目标语文本中的"创造性"转换，提出了一个新的术语"译者相对性"（translatorial relativity）。

纽伯特考虑到<u>从</u>源语文本到目标语文本中的"创造性"转换，提出了"译者相对性"（translatorial relativity）<u>这一新术语</u>。

纽伯特提出了"译者相对性"（translatorial relativity）<u>这一新术语</u>，考虑到了从源语文本到目标文本的"创造性"转换。此处对"allow for"的原译作了修改。

笔者同时也修改了文中其他涉及"allow for"译文处：

原译：纽伯特补充说，文本类型的参数是由语用和语义设定的，它同时允许具体作品的可变性，如此，翻译问题就成为了一个优化比较问题。

原文：He added that text type invariance, whose parameters are set by pragmatics and semantics, also allows for variables of the specific product, and the translation problem then becomes one of optimal comparison.

改文：纽伯特补充说，文本类型的参数是由语用和语义设定的，它同时<u>虑</u>及具体作品的可变<u>因素</u>，如此，翻译问题就成为了一个优化比较问题。

原译：比如，它并不意味着不同语言之间肯定存在某种合理的翻译步骤。

原文：It does not, for example, imply that there must be some reasonable procedure for translating between languages. (Chapter 3, *CTT*)

思维过程与修改轨迹：

比如，它并不意味着<u>必须有合理的步骤进行语言间的翻译</u>。

比如，它并不意味着<u>语言间的翻译必须有合理的步骤</u>。

比如，它并不意味着<u>不同语言之间肯定存在某种合理的翻译步骤</u>。

原译虽稍拗口，但表意准确，因此最终仍依循原译的处理方式，以忠于原文。

原译：传教工作所依赖的是建立一个触点，任何触点都行，然后从这里开启交流。

原文：Missionary work depends upon establishing a point of contact, any point of contact, and building from there. (Chapter 3, *CTT*)

思维过程与修改轨迹：

传教工作所依赖的是建立一个可以<u>发生联系的点</u>，任何<u>这样的点</u>都行，然后从这里开启交流。原译中的"触点"有歧义，读者可能未必将其理解为"a point of contact"，因此修改。

传教工作所依赖的是建立一个可以<u>交流</u>联系的点，任何这样的点都行，然后从这里开启交流。

原译:威尔斯认为,乔姆斯基/勒纳伯格相信,语言的普遍形式"源自于一个时至今日都无可置疑的假设,即存在语义和句法上的普遍形式,包括普遍的语用;这一点对诸多语言来说都确实如此"。

原文: Wilss suggests that the Chomsky/Lenneberg view of language universals "proceeds from the hypothesis, undisputed to date, that there are semantic and syntactic universals, including universal pragmatics; this holds true in many if not all natural languages". (Chapter 3, *CTT*)

思维过程与修改轨迹:

威尔斯认为,乔姆斯基/勒纳伯格相信,语言的普遍形式"源自于一个时至今日都无可置疑的假设,即存在语义和句法上的普遍形式,包括普遍<u>语用学</u>;这一点对诸多语言<u>(即便不是所有语言)</u>来说都确实如此"。稍作修改,试图使文字的语意更加连贯。

原译:乔姆斯基的转换生成语法在语言学领域中地位赫然,它影响了奈达的翻译"科学"也为其提供了可信度。

原文: Generative transformational grammar, along with its legitimacy within the field of linguistics, lent credence and influence to Nida's "science" of translation. (Chapter 3, *CTT*)

思维过程与修改轨迹:

乔姆斯基的转换生成语法在语言学领域中地位<u>正统</u>,它影响了奈达的翻译"科学"<u>,</u>也为其提供了可信度。原译将"its legitimacy"翻译成"地位赫然"似乎算不上很忠实。但笔者将"with its legitimacy"说成"地位<u>正统</u>"也聱牙佶屈,改成"地地道道"?似乎也不行。

乔姆斯基的转换生成语法是语言学领域<u>正统的研究方法</u>,它影响了奈达的翻译"科学",也为其提供了可信度。

乔姆斯基的转换生成语法是<u>正统的语言学理论</u>,它影响了奈达的翻译"科学",也为其提供了可信度。

原译:尽管存在这类批评,批评的主要原因就在于乔姆斯基的人文主义和笛卡尔动机,同时也在于他的深层/表层结构模式,但他却被翻译科学派学者"用"来证明自己的主张。

原文:Despite such criticism, largely because of Chomsky's humanistic and Cartesian agenda and because of his deep-structure/surface-structure model, Chomsky has been "used" by translation scientists to substantiate their claims. (Chapter 3, *CTT*)

思维过程与修改轨迹：

<u>乔姆斯基主要因为其人文主义和笛卡尔动机、深层结构/表层结构模型受到批评,但尽管存在这些批评,翻译科学派却"用"乔姆斯基的观点来证实自己的主张</u>。尝试修改原译的句式,希望译文更契合汉语的表达习惯,并衔接更自然。

乔姆斯基<u>受到批评</u>,主要因为其人文主义和笛卡尔动机、深层结构/表层结构模型,但尽管存在这些批评,翻译科学派却"用"乔姆斯基的观点来证实自己的主张。

乔姆斯基<u>主要因为</u>其人文主义和笛卡尔动机、深层结构/表层结构模型<u>受到批评</u>,但尽管存在这些批评,翻译科学派却"用"乔姆斯基的观点来证实自己的主张。

乔姆斯基主要因为其<u>理论中的</u>人文主义和笛卡尔动机、深层结构/表层结构模型受到批评,但尽管存在这些批评,翻译科学派却"用"乔姆斯基的观点来证<u>明</u>自己的主张。

原译：第二个是德国翻译科学家沃尔弗拉姆·威尔斯(Wolfram Wilss),他声称自己的模式**不是**基于乔姆斯基的工作,但他对乔姆斯基的无意借鉴或许要比他自己想象的要多很多。

原文：Wolfram Wilss, a leading German translation scientist, who argues that his model is *not* based upon Chomsky's work, has perhaps unwittingly adopted more from Chomsky than he is willing to admit. (Chapter 3, *CTT*)

思维过程与修改轨迹：

第二个是德国翻译科学家沃尔弗拉姆·威尔斯(Wolfram Wilss),他声称自己的模式**不是**基于乔姆斯基的工作,但他对乔姆斯基<u>不知不觉的</u>借鉴或许要比他自己<u>愿意承认</u>的要多很多。

1. 原文中的"than he is willing to admit"应该是"比他自己愿意承认的"之意,原译处理成"比他自己想象的",意思稍有偏差,笔者决定恪遵原文语意;

2. 改至此处,考虑对原文中的"has perhaps unwittingly adopted more from Chomsky than he is willing to admit"一语,如果使用"对……的借鉴不知不觉,也许比……"的结构翻译,似更贴近汉语的表达?但和原文意思不完全一致,于是放弃此念头;同时,笔者思考如何将"比他自己愿意承认的"改得更契合汉语的简练表达,但一时没想到,于是放弃修改;

3. 对"2"中提及的英文部分的翻译,笔者也尝试并比较了以下四种说法:

(译文一)<u>但他可能不知不觉地从乔姆斯基那里借鉴了比他愿意承认的更多的东西;</u>

(译文二)<u>但从乔姆斯基那里,他可能不知不觉地借鉴了比他愿意承认的更多的东西;</u>

(译文三)<u>但他对乔姆斯基不知不觉的借鉴或许要比他自己愿意承认的要多很多。</u>

(译文四)<u>但他不知不觉地借鉴了乔姆斯基,借鉴的内容比他自己愿意承认的要多很多。</u>

最终虽选择了"译文三",但对"比他自己愿意承认的要多很多"的表达并不满意。

原译:虽然也许奈达相信两种语言句子的背后共享一套深层结构,但是乔姆斯基并不认为深层结构具有普遍性。在乔姆斯基看来,一种语言的形式和另一种语言的形式不一定相像。

原文: Though Nida perhaps thought that the same deep structure could underlie a sentence in two particular languages, Chomsky does not claim that deep structures are universal. (Chapter 3, *CTT*)

思维过程与修改轨迹:

<u>尽管奈达可能认为,在两种特定语言中,句子的深层结构是相同的,</u>但是乔姆斯基并不认为深层结构具有普遍性。在乔姆斯基看来,一种语言的形式和另一种语言的形式不一定相像。尝试修改原译的句式,希望衔接更自然。

尽管奈达可能认为,<u>同样的深层结构可以生成两种特定语言中的句子,</u>但是乔姆斯基并不认为深层结构具有普遍性。在乔姆斯基看来,一种语言的形式和另一种语言的形式不一定相像。

也许奈达认为,<u>两种特定语言的句子背后是同一种深层结构,</u>但是乔姆斯基并不认为深层结构具有普遍性。在乔姆斯基看来，一种语言的形式和另一种语言的形式不一定相像。

原译：文本，不论其信息量有多大；解经，不论其多么清晰易懂，都永远不可能完整。

原文：The text, as dense as it may be, and the exegesis, as lucid as it may be, are never complete. (Chapter 3, *CTT*)

思维过程与修改轨迹：
欲将句子结构改成"无论文本信息量多大，无论解经多么清晰……"，但感觉还是原译更契合原文语意，因此未改。

原译：这使得威尔斯能够在基于人文主义/理想主义理解观的前结构主义语言理论中为自己的研究方法找到历史先例；也使得威尔斯能够采用乔姆斯基对语言能力/语言行为（competence/performance）所做的区分，并接受奈达所持的语言能力中包含语境成分的观点。

原文：This frees Wilss to find historical precedence for his approach in those pre-structuralist language theories that are based upon a humanist/idealist concept of understanding, to adopt the competence/performance distinctions as outlined by Chomsky, and to accept Nida's modification of competence to include a contextual component. (Chapter 3, *CTT*)

思维过程与修改轨迹：
这使得威尔斯不受拘束，可以在(基于人文主义/理想主义理解观的)前结构主义语言理论中为自己的方法找到历史优先权……因失误去掉了原译中的"研究"两字。原译将"find historical precedence for his approach"翻译成"为自己的方法找到历史先例"，可能是对"precedence(the right to precede in order, rank, or importance; priority)"(指"顺序、等级或重要性上的领先权；优先权")理解稍有偏差。笔者尝试了不同的译法："使自己的方法在诞生时间上占先""为自己的理论方法抢占先机""使自己的方法优先诞生"……最终选择了"为自己的理论方法抢占先机"。

这使得威尔斯不受拘束，在(基于人文主义/理想主义理解观的)前结构主义语言理论中,他为自己的理论方法抢占了历史先机；这也使得威尔斯能够采用乔姆斯基对语言能力/语言行为（competence/performance）

所做的区分,并接受奈达对语言能力的定义调整:能力包括对语境的考虑。

原译:勒菲弗尔称,基于这些进路的翻译理论无助于文学知识的增长,却容易引发对意识形态和公司团体的关注,不利于描写出一个恰当的翻译理论。

原文:Lefevere argued that translation theories based on such approaches did not further the growth of literary knowledge, but tended to have vested interests-ideological as well as corporate—that have impeded the description of an adequate theory of translation. (Chapter 4, CTT)

思维过程与修改轨迹:

勒菲弗尔称,基于这些路径的翻译理论无助于文学知识的增长,却往往有既得利益——意识形态的和企业的——这些都不利于描写出恰当的翻译理论。同时去掉原译中的"一个"两字。加破折号仍然是希望读者断句更方便、理解更高效。

勒菲弗尔称,基于这些路径的翻译理论无助于文学知识的增长,却往往有既得利益——意识形态的和企业的——这不利于描写出恰当的翻译理论。去掉了前之改文中的"些都"两字。

原译:我想介绍他们研究范式的双重性:一方面早期翻译研究派想要弃规定而重描写;另一方面其方法论又植根于俄国形式主义。

原文:I intend to show a double movement of the paradigm: while attempting to avoid prescription and focus on pure description, early translation studies favored a translation methodology much determined by its roots in Russian Formalism. (Chapter 4, CTT)

思维过程与修改轨迹:

我想介绍他们研究范式的双重动向:一方面早期翻译研究派想要避免规定,聚焦纯粹的描写;另一方面翻译研究又偏好多半植根于俄国形式主义的翻译方法论。笔者试图补充对"much"的翻译,但一开始补译得较为笨拙。

我想介绍他们研究范式的双重动向:一方面,早期翻译研究派想要避免规定,强调纯粹的描写;另一方面,翻译研究偏好的方法论多半植根于俄国形式主义。同时去掉前之改文中的"的翻译方法论"等字。

我想介绍他们研究范式的双重动向：一方面，早期翻译研究派想要避免规定，强调纯粹的描写；另一方面，翻译研究偏好的方法论<u>很大程度上</u>植根于俄国形式主义。

我想介绍他们研究范式的双重动向：一方面，早期翻译研究派想要<u>弃规定而重纯粹描写</u>；另一方面，翻译研究偏好的方法论很大程度上植根于俄国形式主义。

原译：霍尔姆斯也意识到，理论的发展不会无章可循，而其章法就在"辩证"二字，比如上述三个分支的任何一个分支都在为其他两个提供信息补充。

原文：Holmes realized that in reality, the development of theory would not be unidirectional, but more of a "dialectical" one, with each of the three branches supplying information for the other two. (Chapter 4, *CTT*)

思维过程与修改轨迹：

霍尔姆斯也意识到，理论的发展<u>不是单向的</u>，而更多的是一种"<u>辩证的</u>"发展，比如上述三个分支的任何一个分支都在为其他两个提供信息补充。改文并未见佳。

原译：这样的读者几乎是不可能存在的……

原文：Few such readers exist … (Chapter 4, *CTT*)

思维过程与修改轨迹：

这样的读者<u>少之又少</u>……犹豫是否需要修改，为使"few"的译文更加准确，最终还是决定作出修改。

原译：如果客体形式表征的**效力**（effectiveness）得到了翻译，就会推定客体本身也得到了翻译。

原文：If the *effectiveness* of the formal representation of the object gets translated, then presumably the object itself will be translated as well. (Chapter 4, *CTT*)

思维过程与修改轨迹：

如果客体形式表征的**效力**（effectiveness）得到了翻译，<u>那么客体本身</u>

差不多也得到了翻译。稍作修改,试图使译文衔接更自然。

原译:但是,她似乎偏好**陌生化**效果,赋予译者添加评论和段落的权力,以使译文在当代读者中取得和原文一致的效果。
原文:Yet she seems to favor including *ostranenie* effects, empowering translators to add remarks and passages in keeping with the effects of the original to make the text relevant to the contemporary reader. (Chapter 4, *CTT*)
思维过程与修改轨迹:
但是,她似乎偏好**陌生化**效果,赋予译者添加评论和段落的权力,<u>保持原文的效果,使文本对当代读者</u>……考虑将原译"以使译文在当代读者中取得和原文一致的效果"一句切分,使文字更易让读者理解。

但是,她似乎偏好**陌生化**效果,赋予译者添加评论和段落的权力,<u>使译文与原文的效果一致,对当代读者仍有意义</u>。

但是,她似乎偏好**陌生化**效果,赋予译者添加评论和段落的权力,使译文与原文的效果一致,<u>与同时代的读者息息相通</u>。

原译:巴斯奈特的方法论貌似激进,但她的诗学事实上反映了俄国形式主义的传统。
原文:Despite the radical appearance of her methodology, her poetics actually echo modernist and Russian Formalist conventions. (Chapter 4, *CTT*)
思维过程与修改轨迹:
巴斯奈特的方法论貌似激进,但她的诗学事实上反映了<u>现代主义和</u>俄国形式主义的传统。补译了原文中的"modernist"。

巴斯奈特的方法论貌似激进,但她的诗学事实上<u>重现</u>了现代主义和俄国形式主义的传统。

原译:霍尔姆斯坚持,在对客体(即译本)的应然进行理论概括前,首先要研究原文本,分析语言的兼容性,还要权衡那些会对方法论产生影响的翻译选择;而布洛克、勒菲弗尔和巴斯奈特则不同,他们是要让描述问题正视现存的评价标准。
原文:Whereas James Holmes tried very hard to avoid making theo-

retical generalizations about what the object(the translated text) should look like before the source text has been confronted, the language incompatibilities analyzed, and options weighed which will dictate methodology, Raymond van den Broeck, André Lefevere, and Susan Bassnett confronted the descriptive problem with evaluative standards already in place. (Chapter 4, *CTT*)

思维过程与修改轨迹：

霍尔姆斯坚持,<u>在尚未分析源语文本及语言的不一致、尚未权衡会决定方法论的选择时</u>……因此句较长,且较为抽象,看起来容易眼花,笔者此处先试将原文按序翻译,确定原译无逻辑硬伤后,再在原译的基础上修改。

霍尔姆斯坚持,在对客体（即译本）的<u>应然进行理论概括前,首先要研究原文本,分析语言的兼容性,还要权衡那些会决定方法论的翻译选择</u>；而布洛克、勒菲弗尔和巴斯奈特则<u>用已经建立的评价标准处理描述性问题</u>。句子的前半部分仍沿用原译。

霍尔姆斯坚持,在对客体（即译本）的应然进行理论概括前,首先要研究原文本,分析语言的兼容性,还要权衡那些会决定方法论的翻译选择；而布洛克、勒菲弗尔和巴斯奈特则用<u>已有</u>的评价标准<u>分析</u>描述性问题。

原译：比如,翻译研究派的学者同意,既要研究译者构建的<u>对</u>应体系,又要研究他们构建的变异体系。

原文：For example, translation studies scholars agreed that the scholar must analyze the system of both the correspondences and deviations constructed by the translator. (Chapter 4, *CTT*)

思维过程与修改轨迹：

比如,翻译研究的学者<u>达成一致</u>……对改文不满意,暂停校译下文,返回再改。

比如,翻译研究的学者<u>一致认为</u>,既要研究译者构建的对应体系,又要研究他们构建的<u>偏误</u>体系。译至此处,发现原文的"system"是单数,原译是否将其理解成了复数？

比如,翻译研究的学者一致认为,<u>译者构建的对应与偏误体系</u>……回读,再改。

比如,翻译研究的学者一致认为,<u>研究者必须分析译者构建的体系</u><u>（由对应和偏误组成）</u>。

比如,翻译研究的学者一致认为,研究者必须分析译者构建的<u>这一体系:由对应和偏误共同组成的体系</u>。

比如,翻译研究的学者一致认为,研究者必须分析译者构建的<u>这一体系——由对应和偏误共同组成的体系</u>。

原译:霍尔姆斯了解这一任务的艰巨性,他指出接下来必须要做的就是建立这样的汇编系统,并以<u>上述方式</u>对文学进行描写。

原文:Holmes, aware of the magnitude of such a task, argued that working out such a system of codification and undertaking the process of describing literature in the above fashion is the next necessary step for the field. (Chapter 4, *CTT*)

思维过程与修改轨迹:

霍尔姆斯知道这一任务的<u>重要性</u>,他指出,<u>翻译领域</u>接下来必须要做的就是<u>建立</u>这样的汇编系统,并以<u>上述方式</u>对文学进行描写。原文中的"magnitude"此处理解为"重要性"或许更可靠些,但又感觉"艰巨性"似乎也差不太多,是否修改? 笔者犹豫片刻后,感觉"重要性"和"艰巨性"还是有差别,决定修改。

原译:许多兴趣都得到了分享,如早期翻译研究派对俄国形式主义的共同关注;但是,参与者们也还带来了各自的专长和爱好,其中包括系统理论、实证研究、文学史以及科学哲学等。

原文:Many interests were shared, such as the early group's joint interest in Russian Formalism; yet the individual participants also brought their own expertise and interests, including systems theory, empirical studies, literary history, and philosophy of science. (Chapter 4, *CTT*)

思维过程与修改轨迹:

<u>学者们交流丰富的志趣</u>……对改文不满意,暂停校译下文,返回再改。

<u>学者们交流广泛的志趣</u>……译至此处,笔者才发现原译对"Many interests were shared"理解有误,笔者一开始也不自觉地以原译为标准去理解此语。

学者们<u>有许多共同的志趣</u>,<u>比如</u>早期翻译研究派都<u>关注俄国形式主义</u>;但是,参与者们<u>还有各自的专长和爱好</u>,其中包括系统理论、实证研

究、文学史以及科学哲学等。提交后发现改文中的"学者们""参与者们"缺乏逻辑联系。

原译：相比之下，霍尔姆斯则是在朝完全不同的方向前进，他的研究不是功能导向的，而是"物质"导向的（"materially" oriented）。

原文：James Holmes proceeded in a different fashion, one less functionally and more "materially" oriented. (Chapter 4, CTT)

思维过程与修改轨迹：

相比之下，霍尔姆斯则是在朝完全不同的方向前进，他的研究不<u>太以功能为导向</u>……对改文不满意，暂停校译下文，返回再改。试图将原文中的"less functionally"译文修改得更准确。

相比之下，霍尔姆斯则是在朝完全不同的方向前进，他的研究<u>功能导向性较弱</u>，"物质"<u>导向性较强</u>。

原译：这种决定既无对错之分，又兼而有之；一方面限制、开启和关闭了特定的途径和可能，另一方面又同时创造了新的关系和可供选择的选项。

原文：Such decisions are neither right nor wrong, but both, always limiting and opening up, closing off certain avenues and possibilities, but simultaneously creating new relations and possible alternatives. (Chapter 4, CTT)

思维过程与修改轨迹：

这种决定既无对错之分，又兼而有之；一方面限制、开启和<u>排斥</u>了特定的途径和可能，另一方面又同时创造了新的关系和<u>选择</u>。试图将译文修改得更加简洁。感觉原译"关闭了……途径和可能"搭配不那么自然，"可供选择的选项"语稍烦冗，因此修改。

这种决定既无对错之分，又兼而有之，<u>总是既限制又开放，既排斥了某些路径和可能，同时又</u>创造了新的关系和选择。

原译：为了确保"文学性"的传递，列维突出原作者风格中的那些独特的形式特点，这些特点体现了艺术作品自身的文学特征。

原文：To ensure transfer of "literariness", Levý foregrounded the particular communicative aspect of specific formal features of the original author's style that give the work of art its specific literary character. (Chapter 4, *CTT*)

思维过程与修改轨迹：

为了确保"文学性"的传递,列维突出<u>了</u>(原作者风格的<u>具体形式特征的</u>)特殊交际方面,这些特点赋予了艺术作品独特的文学特征。加括号其实是为了使读者断句方便,尽可能减少其视觉疲劳。为使译文更贴近原文,把原文中第一个"specific"改译成"具体"。

为了确保"文学性"的传递,列维<u>强调</u>了原作者风格的具体形式特征<u>(特殊交际方面)</u>,这些特点赋予了艺术作品独特的文学特征。

为了确保"文学性"的传递,列维强调了原作者风格的<u>独</u>特形式特征<u>(具体交际方面)</u>,<u>从而</u>赋予艺术作品独特的文学特征。同时去掉前之改文中的"了"字。

原译：译文不是一个统一作品,因为它的内容是互文构建的,所以充满了张力与矛盾。可以说,译文至少同时体现了原语表意系统和译语表意系统两个视角。

原文：The translation is not a unified work, but one that is full of tension and contradictions because the content is intertextually constructed, represented as it were by two perspectives simultaneously: from the view of the original signifying system and from that of the second language system. (Chapter 4, *CTT*)

思维过程与修改轨迹：

译文不是一个统一作品,<u>而是充满了对立与矛盾</u>,<u>因为译文内容是互文的</u>,<u>由两个角度同时表示</u>:从源语表意系统的角度和从第二语言系统的角度。对语序稍作修改,试图使逻辑关系更清晰。

译文并非<u>统一</u>作品,而是充满了对立与矛盾,因为译文内容是互文的,<u>同时从两个角度展示</u>:从源语表意系统的角度和从第二语言系统的角度。

译文并非统一作品,而是充满了对立与矛盾,因为译文内容是互文的,<u>可以说,</u>它同时从两个角度展示:从源语表意系统的角度和从第二语言系统的角度。

译文并非<u>浑然一体</u>,而是充满对立与矛盾,因为<u>内容互文</u>,可以说,<u>内容</u>同时从两个角度<u>再现</u>:从源语表意系统的角度和从第二语言系统的角度。同时去掉第二小句中的"了"。

译文并非浑然一体,而是充满对立与矛盾,因为互文构建了内容,并从两个角度再现:从源语表意系统的角度和从第二语言系统的角度。

译文并非浑然一体,而是充满对立与矛盾,因为互文构建、从两个角度再现内容:从源语表意系统的角度和从第二语言系统的角度。感觉顿号用得不太恰当,还需再改。

译文并非浑然一体,而是充满对立与矛盾,因为互文构建,并从两个角度再现:源语表意系统的角度、第二语言系统的角度。"构建"后面没有对象,读起来还是感觉生硬。同时去掉第四小句中的"内容"。

译文并非浑然一体,而是充满对立与矛盾,因为翻译互文构建了内容,可谓从两个角度再现了内容:源语表意系统的角度、第二语言系统的角度。

译文并非浑然一体,而是充满对立与矛盾,因为内容是互文构建的,可谓由以下两个视角同时再现:源语表意系统和第二语言系统。

原译:比如,在文学文本中常见的表达范畴不仅仅有美学/情绪范畴,还有传统的冲突消解,以及变易、模糊和失调(冲突未能消解),有时甚至还包括悖理(如意识流文本)。

原文:For example, categories of expression characteristic of literary texts include not just aesthetic/emotional ones, but variability, ambiguity, disequilibrium(unrealized resolutions) as well as conventional resolution, and in certain instances even irrationality(e.g., stream of consciousness texts). (Chapter 4, *CTT*)

思维过程与修改轨迹:

比如,文学文本中的表达类型……如将"表达"换成"表现",是否更贴切?

比如,文学文本的表现特征类别不仅包括审美/情感方面,还包括变化、朦胧、失衡(冲突未能消解)和常规结局,有时甚至还包括悖理(如意识流文本)。

比如,文学文本的表现特征类别不仅包括审美/情感方面,还包括变化、朦胧、失衡(冲突未能消解、结局不完整)和常规结局,有时甚至还包括悖理(如意识流文本)。

比如,文学文本的表现特征类别不仅包括审美/情感方面,还包括变化、朦胧、失衡(冲突未能消解)和常规结局,有时甚至还包括悖理(如意识

第三章　译论作用的客观限度:译论与翻译实践的罅隙

流文本)。去掉前之改文中的"、结局不完整"。

原译:"文学"文本中存在一种阐释(hermetic)和自指的品质,这种品质就是形式主义所感知、重视并建议保全的。

原文: There is an hermetic, self-referential quality in "literary" texts which Formalists perceive, value, and recommend be perpetuated. (Chapter 4, CTT)

思维过程与修改轨迹:

"文学"文本中存在一种<u>封闭的</u>、自指的品质,这种品质就是形式主义所感知、重视并建议保<u>持</u>的。看原译文将"hermetic"翻译成"阐释",猜测原译者是不是将"hermetic"误看成"hermeneutic"了。

原译:……勒菲弗尔则对该派的理论主张有着他人所不能及的深刻掌握。

原文: ... and André Lefevere, whose grasp of the theoretical position of the group was unique. (Chapter 4, CTT)

思维过程与修改轨迹:

……勒菲弗尔<u>则在该小组中的理论地位独一无二</u>。试图将译文修改得更简洁。同时试将原文中"unique"一词的意思修改得更贴切。

……勒菲弗尔<u>在该小组中的理论地位则</u>独一无二。

原译:通加诺夫反对他的同事,认为他们的研究是肤浅、机械的,他们的结果是虚假、抽象的。

原文: Tynjanov rejected his colleagues' investigations as superficial and mechanical and their results as illusory and abstract. (Chapter 5, CTT)

思维过程与修改轨迹:

通加诺夫反对他的同事,认为他们的研究是肤浅、机械的,他们的结果是<u>虚幻</u>、抽象的。感觉"illusory"更接近"虚幻"之意,因此修改。

原译:早期翻译研究学派提倡要研究历史过程,但却未能对其进行详述。同样,许多俄国形式主义者也未能从文学史的角度对他们的研究结果进行解读。

原文：As early translation studies tended to call for an investigation into the historical process but often failed to elaborate, so too did many Russian Formalists fail to interpret their results in terms of literary history. (Chapter 5, *CTT*)

思维过程与修改轨迹：

早期翻译研究学派提倡要研究历史过程,但往往没有对其进行详述。同样,许多俄国形式主义者也未能从文学史的角度对阐释他们的研究结果。补译原文中的"often"一词。同时去掉原译中的"进行解读"等字。

早期翻译研究学派提倡要研究历史过程,但往往语焉不详。同样,许多俄国形式主义者也未能从文学史的角度阐释他们的研究结果。同时去掉前之改文中的"对"字。试图将译文修改得更加简洁。

原译：如果社会情形要求翻译向接受文化中引进新的作品,改变现有关系,那么翻译文本将贴近原文,尽量(以符合目标语要求的方式)复制原文的形式和文本关系。

原文：Governed by a situation where their function is to introduce new work into the receiving culture and change existing relations, translated texts necessarily tend to more closely reproduce the original text's forms and textual relations(adequate to the source language). (Chapter 5, *CTT*)

思维过程与修改轨迹：

某种情况下,翻译要向接受文化输送新作品、改变现有关系,译本则往往要与目标语适切,更贴切地再现原文本的形式和文本关系。原译将"the source language"误译成了"目标语",笔者译完才发现自己也跟着错了。如前所述,此类误译在长篇著作的翻译中其实难免,只有从统计学视角来看一份译作的错误率才具有客观价值。而如果读者将这样的错误单独挑出,作为代表性案例指摘译者,对译者而言实则不公平。

某种情况下,翻译要向接受文化输送新作品、改变现有关系,译本则往往要再现原文本的形式和文本关系,与源语适切。

某种情况下,翻译要向接受文化输送新作品、改变现有关系,译本则往往要再现原文本的形式和文本关系(适切于源语)。

某种情况下,译本要向接受文化输送新作品、改变现有关系,则往往要更准确地再现原文本的形式和文本关系(适切于源语)。同时去掉最后一小句中的"译本"。

原译：例如，佐哈尔曾以他特有的笃定方式说"不论处于什么层面的文学结构，都要首先成为经典化系统的基本形式，而后才会被非经典化系统所采用"。

原文：For example, Even-Zohar says in his characteristically definitive fashion that "no literary structures on any level were ever adopted by the non-canonized system before they had become common stock of the canonized one". (Chapter 5, *CTT*)

思维过程与修改轨迹：

例如，佐哈尔曾以他特有的笃定方式说"<u>在成为正典系统的一部分之前，任何层面的文学结构都不会被非正典体系接纳</u>"。此处笔者对原文的逻辑亦步亦趋。

例如，佐哈尔曾以他特有的笃定方式说"<u>如果不能成为正典系统的组成部分</u>，任何层面的文学结构都不会被非正典体系接纳"。

例如，佐哈尔曾以他特有的笃定方式说"<u>不论文学结构处于哪一层面，如果不能成为正典系统的组成部分，都不会被非正典系统接纳</u>"。

例如，佐哈尔曾以他特有的笃定方式说"不论文学结构处于哪一层面，如果不能首先成为<u>正典</u>，都不会被非正典系统接纳"。

例如，佐哈尔曾以他特有的笃定方式说"不论文学结构处于哪一层面，如果不能首先成为正典，<u>就</u>不会被非正典系统接纳"。"佐哈尔曾以他特有的笃定方式说"读来感觉有些欧化，但改起来也麻烦，而且这么说也没错，因此不改。

原译：通加诺夫呼吁一种文学进化的价值验证"科学"，这一呼吁突出的是那些能够指涉其他符号的符号（决定性要素就在于形式创新），而非指涉物质世界的符号。

原文：His call for a value-proof "science" of literary evolution privileged signs referring to other signs—the innovation of form was the determining factor—and not to the material world. (Chapter 5, *CTT*)

思维过程与修改轨迹：

<u>他提倡价值中立的"科学"，文学演进关注指涉其他符号的符号，形式创新是决定性要素</u>……对改文不满意，暂停校译下文，返回再改。

他提倡创立关于文学演进的、价值中立的"科学"，<u>能指涉其他符号（而非物质世界）的符号</u>……暂停翻译，回读，再改。

他提倡创立价值中立的、关于文学演进的"科学"，能指涉其他符号<u>（不指涉物质世界，由形式创新决定）</u>的符号……仍不满意，再次返回修改。

他提倡创立价值中立的、关于文学演进的"科学"，<u>使</u>能指涉其他符号<u>（而不是物质世界）</u>的符号<u>处于优先地位，形式创新是其决定因素</u>。

他提倡创立价值中立的、关于文学演进的"科学"，使能指涉其他符号（而不是物质世界）的符号处于优先地位，形式创新是其<u>地位</u>的决定因素。改至此处，发现还是应该点明句中的"他"指的是谁。

<u>通加诺夫</u>提倡创立价值中立的、关于文学演进的"科学"，使指涉其他符号（而不是物质世界）的符号处于优先地位，形式创新<u>程度决定符号的地位</u>。同时去掉前之改文中的"能"字。

通加诺夫提倡创立价值中立的、关于文学演进的"科学"，使指涉其他符号（而不是物质世界）的符号处于优先地位，<u>而符号的地位由形式创新程度决定</u>。

通加诺夫提倡创立价值中立的、关于文学演进的"科学"，使指涉其他符号（而不是物质世界）的符号处于优先地位，而符号的地位由形式创新<u>（程度）</u>决定。

原译：事实上，佐哈尔提出的有关文学系统的许多发人深思的假设都是受到其对翻译思考的启发，特别是他对希伯来文学独特处境的思考，希伯来文学普遍缺乏自己的文本，从俄国和犹太文学翻译而来的文本在其文学系统中扮演了独特的角色。

原文：In fact, his thinking about translation, especially in relation to the unique situation of Hebrew literature, with its general lack of texts and the unique role translated Russian and Yiddish literature play in its literary system, led Even-Zohar to some of his most provocative hypotheses about literary systems. (Chapter 5, *CTT*)

思维过程与修改轨迹：

事实上，佐哈尔<u>关于翻译的思考，尤其是关于</u>希伯来文学独特处境的思考——希伯来文学普遍缺乏自己的文本，从俄国和犹太文学翻译而来的文本在其文学系统中扮演了独特的角色——<u>激发了佐哈尔，使之提出</u>

了关于文学系统的很有挑战性的假说。因为此句原文较长，检查译文时，在原文和原译之间需要反复切换，效率很低，看得也很辛苦，因此先按照原文的语序直译，然后与原译对照。

事实上，佐哈尔提出的有关文学系统的具有挑战性的假设都是受到他对翻译思考的启发，特别是他对希伯来文学独特处境的思考——希伯来文学普遍缺乏自己的文本，从俄国和犹太文学翻译而来的文本在其文学系统中扮演了独特的角色。又基本改回原译。

原译：经典化文学尝试建立新的现实模型，并试图至少以一种**非自动化**（布拉格结构主义学派术语）的方式来阐明它所承载的信息；而非经典化文学则必须保持在高度自动化的保守模型之内。

原文：While canonized literature tries to create new models of reality and attempts to illuminate the information it bears in a way which at least brings about *deautomatization*, as the Prague Structuralists put it, non-canonized literature has to keep within the conventionalized models which are highly automatized. (Chapter 5, *CTT*)

思维过程与修改轨迹：

文学正典尝试建立新的现实模型，并试图至少以一种**去自动化**的方式来阐明它所承载的信息，正如布拉格解构主义者所言，非经典文学则无法突破高度自动化的俗套模式。试图将"deautomatization"的译文改得更贴切。改文提交后发现此句衔接尚不够顺畅。

原译：多元系统理论对历史视野的引进还采用了俄国未来主义的思想：在现有制度化系统中出现的新颖和创新元素所带来的冲击是导致文学系统进化的原因。

原文：The historical horizon was introduced along the lines of Russian Futurism as well: the shock caused by the appearance of new and innovative elements in the existing codified system is what causes a literary system to evolve. (Chapter 5, *CTT*)

思维过程与修改轨迹：

多元系统理论具有俄国未来主义色彩……看到原文，立即想尝试这一表达，但随即觉得不合适。

多元系统理论采用了俄国未来主义思想，同时也有历史视野：在现有制度化系统中,新颖的、创新的元素带来冲击,促使文学系统演进。试图将译文修改得更简洁,同时将原句切分成短句,以便于读者理解。

多元系统理论采用了俄国未来主义思想,同时也有历史视野:<u>现有制度化系统出现的</u>新颖的、创新的元素带来冲击,促使文学系统演进。

多元系统理论采用了俄国未来主义思想,同时也<u>具</u>有历史视野:现有制度化<u>的</u>系统<u>中</u>出现的<u>新颖、创新元素</u>带来<u>了</u>冲击,促使文学系统演进。

原译:要想制定一个"更加接近""现实世界"的模式,就必然要提出一个系统的系统(多元系统)概念,只是这个系统的内部交叉更加复杂。

原文:To augment this with the notion of a system of systems, a multiple system, i.e., a system whose intersections are more complex, is but a logical step necessitated by the need to elaborate a model "closer" to "the real world". (Chapter 5, *CTT*)

思维过程与修改轨迹:

<u>要用系统之系统的概念强化这一点,多系统(即更盘根错节的系统)只是一个逻辑步骤,这是阐明一个"更接近""真实世界"的模式的需要决定的</u>。修改了原译关于"augment"的译文。

先按照原文语序将句子译出,然后与原译比照。参看机器翻译结果如下:

(DeepL 翻译)用系统的概念来加强这一概念,即多系统,即交集更复杂的系统,只是一个逻辑上的步骤,因为需要阐述一个"更接近""真实世界"的模型。

(谷歌翻译)为了用系统系统的概念来补充这一点,多系统(即交叉点更复杂的系统)只是需要向"现实世界"阐述"更紧密"的模型所必需的逻辑步骤。

要用系统之系统的概念强化这一点,<u>要阐述一个"更接近""真实世界"的模式,就必须有多系统(即更盘根错节的系统)逻辑步骤</u>。尝试稍稍调整句序,看语意衔接是否更顺畅。

<u>不妨</u>用系统之系统的概念来补充说明:要阐述一个"更接近""真实世界"的模式,就必须<u>得</u>有多系统(即更盘根错节的系统)<u>这一</u>逻辑步骤。

要想阐述一个"更加接近""现实世界"的模式,就必然要提出一个系统的系统(多元系统,也即内部更盘根错节的系统)概念,这只是一个逻辑步骤。

用系统之系统（即多元系统，内部更盘根错节的系统）的概念来补充这一点，只是一个逻辑步骤；而如果需要详细描述一个"更接近""现实世界"的模式，就必须有这一步骤。

用系统之系统（即多元系统，内部更盘根错节的系统）的概念来补充这一点，只是一个逻辑步骤，但这是详细描述一个"更接近""现实世界"的模式所必须的步骤。

用系统之系统（即多元系统，内部更盘根错节的系统）的概念来增砖添瓦，只是一个逻辑步骤，但这是详细描述一个"更接近""现实世界"的模式所必需的。

用系统之系统（即多元系统，内部更盘根错节的系统）的概念来强化这一点，只不过是个逻辑步骤，但这是详细描述一个"更接近""现实世界"的模式所必需的。

原译：但是，尽管佐哈尔的理论允许自身的扩展，他的工作和假设主要还是聚焦在文学上，这一点在他的近期作品中能够得以体现，在这些作品中，他基于自身的发现对"普遍性（universals）"进行了阐述。

原文：Despite the fact that his theory allows for expansion, Even-Zohar's own work and hypothesizing tended to focus primarily upon the literary, as demonstrated by his more recent work formulating "universals" based upon his findings. (Chapter 5, *CTT*)

思维过程与修改轨迹：

但是，尽管佐哈尔的理论允许自身的扩展，他的研究和假设主要还是聚焦在文学上，这一点体现在他的近期研究成果中，在这些成果中，他基于自身的发现阐述了"普遍性"。试图将译文修改得更简洁。

但是，尽管佐哈尔的理论允许自身的扩展，他的研究和假设主要还是聚焦在文学上，这一点体现在他的近期研究成果中：根据他的研究发现，他阐述了"普遍性"。

但是，尽管佐哈尔的理论允许自身的扩展，他的研究和假设主要还是聚焦在文学上，这一点体现在他的近期研究成果中：他基于自己的研究发现阐述了"普遍性"。

但是，尽管佐哈尔的理论允许自身的扩展，他的研究和假设主要还是聚焦在文学上，比如，他根据近期研究发现阐述了"普遍性"。

原译：倘若翻译文学同时具备主要和次要两种功能，那么儿童文学、侦探小说和民间故事会不会也是如此呢？

原文：If translated literature seems to function as both primary and secondary, might not the same be true for children's literature, detective novels, folktales? (Chapter 5, *CTT*)

思维过程与修改轨迹：

倘若翻译文学同时<u>行使</u>主要和次要两种功能，那么儿童文学、侦探小说和民间故事<u>难道不也可能如此</u>？试图将译文修改得更简洁。仔细品味原文"function"的意思，原译其实译得不错，笔者的改文过于拘泥于原文。

原译：图里总结，这种整体上对原文"忠实"的缺乏，并不是因为译者不关心原文的文本内部关系，而是因为他们的目标主要就是在目的语文化中实现可接受的译本。

原文：The reason for this general lack of concern for "faithfulness" to the source text, Toury concluded, was not that the translators were indifferent to the textual relations within the source text, but that their main goal was to achieve acceptable translations in the target culture. (Chapter 5, *CTT*)

思维过程与修改轨迹：

图里总结，<u>之所以对源文本的"忠实"普遍缺乏关注</u>……对改文不满意，暂停校译下文，返回再改。

图里总结，之所以对<u>"忠实"于源文本的问题</u>普遍缺乏关注，并不是因为译者不关心原文的文本内部关系，而是因为他们的目标主要是在目的语文化中实现可接受的译本。原译对"this general lack of concern for 'faithfulness' to the source text"的处理可能稍有疏漏。同时去掉最后小句中的"就"字。

原译：因此，翻译中的决定都是译者最初目标偏好的自然结果；所做的改变也都取决于接受系统的文化条件。

原文：The operational decisions were thus a natural outcome of a preference for the translators' initial teleological goal; the changes were dictated by the cultural conditions of the receiving system. (Chapter 5, *CTT*)

思维过程与修改轨迹：

因此，翻译中的决定都是<u>优先考虑译者初始目标</u>的自然结果……修改原译对"preference"的处理，使译文更贴近原文，对改文不满意，暂停校译下文，返回再改。

因此，翻译中的决定都是<u>译者初始目标地位优先</u>的自然结果……

因此，翻译中的决定都是<u>优先考虑译者最初目标</u>的自然结果；所作的改变也都取决于接受系统的文化条件。

原译：朗贝尔和戈普呼吁，不仅要研究两个不同系统中的作者、文本、读者和规范之间的关系，同时还要关注作者意图和译者意图之间的关系、源语系统中的语用及接受和目标语系统中的语用及接受之间的关系、不同文学系统之间的关系，甚至不同社会因素（包括出版和发行）之间的关系。

原文：Lambert and Van Gorp called for not only a study of the relation between authors, texts, readers, and norms in the two differing systems, but also for relations between authors' and the translators' intentions, between pragmatics and reception in source and target systems, between authors and other writers in the source and target systems, between the differing literary systems, and even between differing sociological aspects including publishing and distribution. (Chapter 5, *CTT*)

思维过程与修改轨迹：

朗贝尔和戈普呼吁，不仅要研究两个不同系统中的作者、文本、读者和规范之间的关系，同时还要关注作者意图和译者意图之间的关系、<u>源语和目标语系统</u>中的语用及接受之间的关系、<u>源语和目标语系统中作者和其他作家之间的关系</u>、不同文学系统之间的关系，甚至不同社会因素（包括出版和发行）之间的关系。补译原文中的"between authors and other writers in the source and target systems"。"不仅"前面最好要有主语，但笔者未改。

原译：翻译研究学派的英美分支此时提出的问题并没有忽略翻译文本会把文学手法引进另外一个文学系统的事实，但他们同时也指出，折射在更为广阔的社会学现象中也起到了很大的作用。

原文：The questions the Anglo-American branch raise at this point do not ignore the fact that translated texts introduce new literary devices into another literary system, but also suggest that refractions are much involved in larger sociological phenomena as well. (Chapter 5, *CTT*)

思维过程与修改轨迹：

英美学派此时提出这些问题,并未忽视这样的事实:译本会将文学手法引入另一文学系统,这些问题同时表明,折射也与更宏观的社会学现象紧密相关。试图将原句切分成短句,以便于读者理解。修改原译对"much involved in"的处理。

英美学派此时提出这些问题,并未罔顾这样的事实:译本会将文学手法引入另一文学系统,这些问题同时表明,折射也与更宏观的社会学现象紧密相关。

原译：最为重要的是,他第一次从翻译研究的角度承认,文学系统研究不能将自己仅仅局限在对欧美文学的发展进行研究。

原文：And most importantly, for the first time within the translation studies perspective, he acknowledged that the study of literary systems cannot be isolated to its Euro-American development. (Chapter 5, *CTT*)

思维过程与修改轨迹：

最重要的是,他第一次从翻译研究的角度认识到……对改文不满意,暂停校译下文,先返回再改。同时去掉"为"。修改原译对"acknowledged"的处理,使译文更贴近原文。

最重要的是,他首次从翻译研究的角度提出,(欧美)文学系统的研究不能脱离欧美发展。

原译：然而,图里的这条法则后来被改成"即便是把原文看作译文形成的一个关键要素,成名译者也不太会被它的构成所影响"。

原文：A later formulation, however, reads, "Even when taking the source text as a crucial factor in the formulation of its translation, accomplished translators would be less affected by its make-up". (Chapter 5, *CTT*)

思维过程与修改轨迹：

然而,图里后来又修改这条法则如下……对改文不满意,暂停校译下文,先返回再改。

然而,这条法则后来被修改如下:"即便是把原文看作译文形成的一个关键要素,娴熟的译者也不太会受原文构成影响"。

然而,这条法则后来被修改如下:"即便是把原文看作译文形成的一个关键要素,娴熟的译者受原文构成的影响也较少"。

然而,这条法则后来被修改如下:"即便是把原文看作译文形成的一个关键要素,原文的构成对娴熟的译者影响也较少"。同时将下文中"accomplished translators"的译文也改为"娴熟的译者"。

原译:在德里达看来,"Des"可以和"some(一些)"、"of the(这些)"、"from the(那些)"以及"about(关于)"产生共鸣。
原文:"Des" for him resonates with "some", with "of the", with "from the", with "about". (Chapter 6, *CTT*)
思维过程与修改轨迹:
在德里达看来,"des"的意思和"一些(some)"、"⋯⋯的(of the)"、"来自⋯⋯(from the)"、"关于(about)"差不多。

原译:如果"原初(original)"在美学上或科学上没有固定的身份,每次进入翻译时都会发生变化,那会怎么样?
原文:What if the "original" has no fixed identity that can be aesthetically or scientifically determined but rather changes each time it passes into translation? (Chapter 6, *CTT*)
思维过程与修改轨迹:
如果"原初(original)"没有固定的美学或科学属性,每次进入翻译时都会发生变化,那会怎么样? 不知道是不是原译者翻译时太匆忙了,将"identity"译成"身份"。但这也不难理解,翻译的体量那么大,从统计学意义上而言,一些小概率的犯错不可避免,译者都会不可避免犯些让自己啼笑皆非的错误。

原译:通过指出用于讨论概念的术语是如何为它们自身所描述的理论设置边界的,解构主义挑战了语言、写作和阅读的局限。
原文:Deconstruction challenges limits of language, writing, and reading by pointing out how the definitions of the very terms used to

discuss concepts set boundaries for the specific theories they describe. (Chapter 6, CTT)

思维过程与修改轨迹：

通过指出用于讨论概念的术语<u>的定义</u>是如何为它们自身所描述的理论设置边界的,解构主义挑战了语言、写作和阅读的局限。加上"的定义"似有画蛇添足之嫌,但想来想去,为严谨起见,决定还是加上。

原译:他对读者(尤其是译者)提出了挑战,要求他们反复思量那决定翻译解决方案的时刻,包括对物品的命名、对身份的确定以及对句子的刻写。

原文:He challenges the reader(and especially the translator) to think and rethink every moment a translation solution is posed, an item named, an identity fixed, or a sentence inscribed. (Chapter 6, CTT)

思维过程与修改轨迹：

他<u>挑战</u>读者(尤其是译者),要求他们反复思量那决定翻译解决方案的时刻,包括对物品的命名、对身份的确定以及对句子的<u>题</u>写。

他挑战读者(尤其是译者),<u>促使</u>他们反复思量……改至此处,暂停修改,参看 DeepL 译文:他挑战读者(尤其是译者),每当提出一个翻译方案、命名一个项目、固定一个身份或刻画一个句子的时候,都要进行思考和再思考。

他挑战读者(尤其是译者),促使他们<u>每当提出翻译方案、命名项目、固定身份或书写句子的时候,都要思考和再思考</u>。画线部分基本采用了 DeepL 的译文。

他挑战读者(尤其是译者),促使他们每当<u>在</u>提出翻译方案、命名<u>客体</u>、确定身份或<u>刻写</u>句子的时候,都要思考和再思考。还是觉得拘泥于原文的"think and rethink(思考和再思考)"有安全感。但提交后发现此处受到了 DeepL 译文的影响,实际上原文译成"反复思量"非常精当,本不必作此修改。

原译:就翻译理论而言,其不可避免地要将某种可确定的意义假定为必须要在另外一种语言中进行重构的东西,而解构主义质疑的正是这种对语言和某种可识别的意义或深层结构的区分,因此,解构也就成了一个重新思考一般翻译理论的多产场所。

原文：In terms of translation theory, which invariably posits some determinable meaning as that which must be reconstituted in another language, the very separation of language from an identifiable meaning or deep structure becomes the target of deconstruction's questions and thus a fruitful place to begin re-examination of translation theory in general.（Chapter 6，*CTT*）

思维过程与修改轨迹：

就翻译理论而言,<u>它总是假定某种可确定的意义必须用另一种语言重构</u>,而解构主义质疑的正是这种对语言和某种可识别的意义或深层结构的<u>分离,而这种分离</u>也就成了一个重新思考一般翻译理论的多产场所。回看改文,"这种分离也就成了一个重新思考一般翻译理论的多产场所"简直不知所云,而且搭配也不当。如何处理得更加易懂？此外,原译"解构主义质疑的正是这种对语言和某种可识别的意义或深层结构的区分"是否要改成"<u>这种对语言和某种可识别的意义或深层结构的分离正是解构主义所要质疑的</u>"？

就翻译理论而言,它总是假定某种可确定的意义必须用另一种语言重构,<u>而语言与可识别的含义或深层结构高度分离,这成为解构主义问题的目标,因此也是</u>重新审视翻译理论的富有成果的地方。检查此句与前后文是否连贯。

就翻译理论而言,它总是假定某种可确定的意义必须用另一种语言重构,而语言与可识别的含义或深层结构<u>的</u>高度分离,成为解构主义问题的目标,因此<u>对</u>重新审视翻译理论富有<u>成效</u>。同时去掉前之改文中的"这"。"Fruitful"要不要说成"<u>颇有成效</u>"？

就翻译理论而言,它总是假定某种可确定的意义必须用另一种语言重构,而语言与可识别含义或深层结构的高度分离,成为解构<u>理论的</u>问题<u>目标</u>,因此对重新审视翻译理论富有成效。"成为解构理论的问题目标"是否要改成"成为解构理论的目标问题"或"成为解构理论问题的目标"？

就翻译理论而言,它总是假定某种可确定的意义必须用另一种语言重构,而语言与可识别含义或深层结构分离,<u>这</u>成为解构<u>主义</u>问题<u>的</u>目标,因此对重新审视翻译理论富有成效。同时去掉前之改文中"深层结构的高度分离"中的"的高度"。

原译：在专著《事物的秩序》（*The Order of Things*）（1973）中的"分

类(Classifying)"这一章,福柯指出,在 18 世纪"认知"自然就是在语言基础上"建立"一种"真正的"语言,这种语言能揭示使所有语言都变得可能的条件。

原文: In the chapter "Classifying" from The Order of Things (1973), Foucault suggests that, during the eighteenth century, to "know" nature was to "build" upon the basis of language a "true" language, one which revealed the conditions in which all language was possible. (Chapter 6, CTT)

思维过程与修改轨迹:

参看 DeepL 译文:在《事物的秩序》(1973)中的"分类"一章中,福柯提出,在 18 世纪,"认识"自然就是在语言的基础上"建立"一种"真正的"语言,这种语言揭示了一切语言得以实现的条件。

在专著《事物的秩序》(The Order of Things)(1973)中的"分类(Classifying)"这一章,福柯指出,在 18 世纪"认知"自然就是在语言基础上"建立"一种"真正的"语言,<u>它揭示了所有表达都可能存在的条件</u>。原文"all language"中的"language"是单数,译成"表达"是否更准确?

出于好奇,笔者在校译结束约一年半后查看 DeepL 译文,发现和前之所得译文有别(与前之所查阅的 DeepL 译文的不同之处以加黑波浪线标出):在《事物的秩序》(1973)的"分类"一章中,福柯提出,在 18 世纪,"认识"自然就是在语言的基础上"建立"一种"真正的"语言,一种揭示所有语言可能的条件的语言。(https://www.deepl.com/translator,2023 年 5 月 10 日 15:03)

原译:对问题进行真正思考以及进行存在式(exsitentially)体验(不会逸入对自身之外存在的预设概念或历史定义中)的过程解构了本体论的历史,也解构了对存在的传统解释。

原文: The process of really thinking about the question, of experiencing the question existentially(by not escaping into preconceived notions or historical definitions of Being outside of oneself) destructures the history of ontology and of how Being has traditionally been interpreted. (Chapter 6, CTT)

思维过程与修改轨迹:

对问题<u>的真正思考</u>,对问题的存在主义式体验(不遁入自身之外的、对"存在"先入为主的概念或历史定义中)——这样的过程解构了本体论的历史,也解构了对存在的传统解释历史。原译可能漏看了原文中的最后一个"of"。

原译:德里达在《延异》中的修辞策略让人想起了福柯对"他者"的定义——人的无声的孪生兄弟,德里达的修辞策略不仅仅表现在使用了一个可以明确指涉断裂和分离的术语,而且,它还在听觉和修辞的表层一致性的掩盖下,通过一个听不出来的违背写作法则的错误,通过潜意识地唤醒一个已经被遗忘的概念模式,用"无声的"讽刺制造出了一种拼写和理论的紊乱。

原文:Recalling Foucault's definition of "The Other" as man's mute twin, Derrida's rhetorical strategy in the essay "Différence" not only uses a term which explicitly refers to scission and division, but also, via its violation of the laws of writing with its inaudible mistake, via its subconsciously recalling a forgotten conceptual mode, uses "mute" irony to create a discourse of graphic and theoretical disorder below the surface of audible and rhetorical conformity. (Chapter 6, *CTT*)

思维过程与修改轨迹:
德里达在《延异》中的修辞策略<u>回顾</u>了福柯对"他者"的定义——人的无声的孪生兄弟,使用了明确指涉断裂和分离的术语<u>;</u>它还在听觉和<u>修辞一致性的表面之下</u>,通过一个听不出来的<u>、</u>违背写作法则的错误,通过潜意识地唤醒一个被遗忘的概念模式,用"无声的"讽刺制造出了一种拼写和理论的紊乱。此处修改主要删除了原译中的部分文字。

原译:德里达指出,专有名词也经常引起多元语义的共鸣,而(Babel)这个专有名词就含有"confusion(混乱)"的概念,如在"incoherent babel"或"confusion of tongues"(语言的混乱)这一表达中,另如在"confused state of mind"(头脑的混乱)中,这些混乱会在永久性结构被中断时发生。

原文:Derrida suggests that even proper nouns always resonate polysemanticaliy, for this proper noun already carries with it notions of "confusion" as in "incoherent babel" or a "confusion of tongues" and as in a "confused state of mind" when a permanent structure is interrupted. (Chapter 6, *CTT*)

235

思维过程与修改轨迹：

德里达指出，专有名词也经常引起多元语义的共鸣，而(Babel)这个专有名词就含有"混乱(confusion)"之意，就像"模糊混乱的嘈杂声(incoherent babel)"、"语言的混乱(confusion of tongues)"、"思维的混乱(confused state of mind)"<u>这些短语中表达的混乱一样，恒定的结构中断了</u>。稍作修改，试图使语意衔接更自然。

德里达指出，专有名词也经常引起多元语义的共鸣，而(Babel)这个专有名词就含有"混乱(confusion)"之意，就像"模糊混乱的嘈杂声(incoherent babel)"、"语言的混乱(confusion of tongues)"、"思维的混乱(confused state of mind)"这些短语中表达的混乱一样，<u>稳定连续</u>的结构中断了。

德里达指出，专有名词也经常引起多元语义的共鸣，而(Babel)这个专有名词就含有"混乱"之意，就像"模糊混乱的嘈杂声"或"语言的混乱"，<u>以及(稳定连续的结构中断时产生的)"思维的混乱"</u>这些短语中表达的混乱一样。同时将原译中部分括号及其内的英文原文删除。

原译： 但它们都是语言内的：它们与原文中属于语言的东西有关，而与意义无关，意义是语言外的关联，易被改述(paraphrase)和模仿(imitation)。

原文： But they are all intralinguistic: they relate to what in the original belongs to language, and not to meaning as an extralinguistic correlate susceptible of paraphrase and imitation. (Chapter 6, *CTT*)

思维过程与修改轨迹：

但它们都是<u>语内</u>的：它们与原文中属于语言的东西有关，而与意义无关，意义是<u>语外关联</u>，<u>可以</u>改述和模仿。笔者左右权衡，为忠于原文"susceptible of"之意，最终改掉了原译中的"易被"。同时将原译中部分括号及其内的英文原文删除。

原译： 乔伊斯在什么时间被翻译，在什么条件下被翻译，这和历史密切相关。

原文： When and under what conditions Joyce gets translated is of historic relevance. (Chapter 6, *CTT*)

思维过程与修改轨迹：

乔伊斯<u>何时</u>被翻译，在什么条件下被翻译，<u>这具有历史意义</u>。反复思考"of historic relevance"改成"具有历史意义"是否比"和历史密切相关"更贴近原文。最后其实也不确定哪种表达更贴近原文,但感觉"具有历史意义"更好理解。

原译:本杰明认为:"人的理性是自然禀赋的结果,因此多样性和差异化都可以被解释为对人类正常生活方式的一种偏离"。

原文:"Man's rationality," argues Andrew Benjamin, "is a consequence of nature's endowment and consequently diversity and difference can be explained and accounted for as a digression and deviation away from the way that is proper to man in virtue of his being human". (Chapter 6, *CTT*)

思维过程与修改轨迹:

本杰明认为:"人的理性是自然禀赋的结果,因此多样性和差异化都可以被解释为对<u>人因其为人而特有的方式</u>的一种偏离"。反复思考"in virtue of his being human"该如何译,"<u>人之所以为人</u>""<u>作为人</u>"? 最后选择"人因其为人",但放在句中读来仍感觉拗口。

原译:译者们也在普遍尝试解构主义的策略,并不断积累经验(见第7章),但解构主义对实践译者的最大影响还是发生在后殖民主义翻译领域里。

原文:Translators experimenting with deconstructuive strategies are also widespread and accumulating(see Chapter 7 below). But nowhere has deconstruction had a larger impact upon practicing translators than in the area of postcolonial translation. (Chapter 6, *CTT*)

思维过程与修改轨迹:

参看 DeepL 译文:实验解构策略的译者也很普遍,并且不断积累(见下文第七章)。但解构对从业译者的影响最大的莫过于后殖民翻译领域。

然后笔者给出了以下两种改文。

(改文一)<u>尝试解构策略的译者也很普遍,且在不断增加(见第七章),但解构对从业译者影响最大的莫过于后殖民主义翻译领域。</u>

(改文二)尝试解构策略的译者也很普遍,且在不断增加(见第七章),但后殖民主义翻译领域中的解构对从业译者影响最大。

尝试解构策略的译者也很普遍,且在不断增加(见第七章)。<u>后殖民</u>

主义翻译领域中的解构对从业译者影响最大。同时去掉前之改文中"但"字。最终在"改文二"基础上修改形成修改稿终版。

原译：斯皮瓦克在她的文章中考虑到了社会的边缘——不识字的农民、部落的人、城市的最底层、达利特人——并讨论了底层研究小组（subaltern studies group）的成果以及他们对"底层意识（subaltern consciousness）"的寻求，这个小组在20世界80年代兴起于印度，核心领导是古哈（Ranagit Guha）。

原文：In her essay, Spivak considers the margins of society—the illiterate peasants, the tribals, the lowest level of urban subproletariaie, and the untouchables—and discusses the findings of the subaltern studies group headed by Ranagit Guha in the 1980s in India and their search for the "subaltern consciousness". (Chapter 6, *CTT*)

思维过程与修改轨迹：

参看 DeepL 译文：在她的文章中，斯皮瓦克考虑了社会的边缘——文盲农民、部落、城市最底层的亚无产阶级和贱民——并讨论了20世纪80年代以拉纳吉特-古哈为首的印度亚平等研究小组的研究结果，以及他们对"亚平等意识"的探索。

斯皮瓦克在她的文章中考虑到了社会的边缘——不识字的农民、部落的人、<u>城市最底层的亚无产阶级、贱民</u>——并讨论了底层研究小组（subaltern studies group）的成果以及他们对"底层意识（subaltern consciousness）"的<u>探索</u>，这个小组在20<u>世纪</u>80年代兴起于印度，<u>以古哈（Ranagit Guha）为首</u>。"The untouchables"一般指"贱民"，原译将之译为"达利特人"，考虑到"达利特人"虽也指贱民，但通常对应"Dalit"一词，因此笔者最终亦步亦趋恪遵原文，将"the untouchables"译成"贱民"。

斯皮瓦克在她的文章中考虑到了社会的边缘——不识字的农民、部落的人、城市最底层的亚无产阶级、贱民——并讨论了底层研究小组（subaltern studies group）的成果以及他们对"底层意识（subaltern consciousness）"的寻求，这个小组以古哈（Ranagit Guha）为首，于20世纪80<u>年代兴起于印度</u>。欲将原译中的"寻求"改成"探索"，但又觉得差别不大，最终维持原译。

原译：斯皮瓦克拒绝对土著印度生活做任何元小说式的建构。为了做到这一点,她不仅提供了故事的译文,还以译者前言、作者访谈和后记等形式提供了语境信息。

原文:Spivak refuses to make claims for any meta-fictional construction of the indigenous Indian life. She does this by providing, in addition to the translated stories, contextual information in the form of a translator's preface, an interview with the author, and an afterword. (Chapter 6, *CTT*)

思维过程与修改轨迹:

参看 DeepL 译文:斯皮瓦克拒绝为任何元虚构的印度土著生活提出主张。她的做法是,除了翻译的故事之外,还以译者序言、作者访谈和后记的形式提供背景信息。

斯皮瓦克拒绝<u>任何对印度原住民生活的元虚构式建构</u>。<u>她的做法是,不仅</u>给出故事的译文,还以译者前言、作者访谈和后记<u>的</u>形式提供语境信息。同时去掉原译中的"了"字。试图稍作修改,使译文衔接更自然。

原译:风格在流畅的同时又不流畅,在具有标记性的同时又没有标记性。

原文: The style is simultaneously fluent and non-fluent, marking and remarking as it goes. (Chapter 6, *CTT*)

思维过程与修改轨迹:

参看 DeepL 译文:风格同时是流畅的和非流畅的,边走边标,边走边评。

风格<u>既流畅又不流畅</u>;具有标记性<u>和再标记性</u>。试图将译文改得更简洁。

原译:这些解构的手段可以抑制轻而易举的消费,并不断指向交流的中介本质以及斯皮瓦克的政治意图。

原文: The deconstructive devices arrest easy consumption and continually point to the mediated nature of the communication as well as to Spivak's political agenda. (Chapter 6, *CTT*)

思维过程与修改轨迹:

参看机器翻译,但发现都将"consumption"译成了"消费":

(DeepL 翻译)解构性的手段阻止了简单的消费,并不断地指向交流的媒介性质以及斯皮瓦克的政治议程。

（谷歌翻译）破坏性的手段使人们容易消费，并不断指出沟通的中介性质以及 Spivak 的政治议程。

<u>解构</u>的手段<u>避免了文本的快餐式理解接受，不时彰显</u>交流的中介性和斯皮瓦克的政治意图。

解构的手段避免了文本的快餐式理解接受，不时彰显交流的<u>调节本质</u>和斯皮瓦克的政治意图。

解构的手段避免了<u>对</u>文本的快餐式理解接受，不时彰显交流的调节本质和斯皮瓦克的政治意图。

原译：埃莱娜·西苏（Helene Cixous）和其他法国女权主义者创造了女性写作（ecriture feminine）这一术语来指代法国的一种新女性主义写作，和她们一样，魁北克的女性也创造了女性中的重写（reecriture au feminine）这一新术语来指代那种超越了二元对立界限的写作/翻译。

原文：Just as Hélène Cixous and other French feminists coined the term *écriture féminine* to refer to a new kind of feminist writing in France, so too have the Québécois women coined a new term *réécriture au féminine* (rewriting in the feminine) to refer to writing/translation that extend beyond the bounds of binary oppositions. (Chapter 7, *CTT*)

思维过程与修改轨迹：

埃莱娜·西苏（Helene Cixous）和其他法国女权主义者创造了"<u>阴性书写（écriture féminine）</u>"这一术语<u>，以</u>指代法国的一种<u>新的阴性书写</u>；和她们一样，魁北克的女性也创造了"<u>以阴性形式重写（réécriture au féminine）</u>"这一新术语<u>，以</u>指代那种超越了二元对立界限的写作/翻译。此处笔者留下书面文字与译者沟通："'au féminine'在法语中本应写作'au féminin'，此处女性主义者在'féminin'后加'e'，将其变为阴性形式；上文哈伍德的著作标题中使用'féminine'或亦为此故。是否需要加注解释，请酌定。"

原译：虽然翻译理论家有时很难对罗宾逊的作品进行分类，但是他提出的富有启发性的问题能够促使理论家们进行思考。而且罗宾逊不断将翻译理论和翻译实践进行比对，这就使他深受美国翻译协会（ATA）等机构的实践译者们欢迎。

原文：While translation theorists sometimes have difficulty categorizing Robinson's work, his provocative questions push theorists, and his continual checking of theory against practice has made him popular among practicing translators in organizations such as the American Translators Association(ATA). (Chapter 7, *CTT*)

思维过程与修改轨迹：

虽然翻译理论家有时很难对罗宾逊的作品进行分类，但是他提出的<u>具有挑衅性的</u>问题能够促使理论家们思考。而且罗宾逊不断<u>用实践来检验理论</u>，这就使他深受美国翻译协会（ATA）等<u>组织</u>的实践译者<u>的</u>欢迎。同时删除"进行思考"中的"进行"两字，但却保留"进行分类"中的"进行"两字。有时作出的修改就是出于那一瞬间对文字的感受。

虽然翻译理论家有时很难对罗宾逊的作品进行分类，但是他提出的<u>问题锋芒逼人</u>，能够促使理论家们思考。而且罗宾逊不断用实践来检验理论，这就使他深受美国翻译协会（ATA）等组织的实践译者的欢迎。

修改后与 DeepL 译文校对：虽然翻译理论家们有时难以对罗宾逊的作品进行分类，但他的挑衅性问题却推动了理论家们的工作，他对理论与实践的不断检验，使他在美国翻译家协会（ATA）等组织中深受实践译者的欢迎。

原译：也许，在支持语言学方法和支持文学方法的学者之间正在进行着令人鼓舞的对话。

原文：Perhaps the most encouraging dialogue among translation scholars is taking place between those who favor linguistic approaches and those who favor literary approaches. (Chapter 7, *CTT*)

思维过程与修改轨迹：

参看 DeepL 译文：也许翻译学者之间最令人鼓舞的对话正在那些赞成语言学方法的人和赞成文学方法的人之间进行。

也许，<u>翻译学者之间最令人鼓舞的对话发生在那些分别赞成语言学和文学研究方法的学者之间</u>。试调整句序，看哪种句式读来更自然。

也许，翻译学者之间最令人鼓舞的对话发生在那些分别<u>拥护</u>语言学和文学研究方法的学者之间。

也许，<u>分别偏好语言学和文学研究方法的翻译学者开始对话，这最令人鼓舞</u>。试图将译文改得更简洁。

原译：新的问题正在被提出，这些问题有关于不同文化是否在不同程度上具有相同的言语行为（礼貌、咒骂、间接、判断），以及译者应该在多大程度上脱离字面而传达施为。

原文：Questions are being raised as to whether different cultures have the same speech acts to different degrees(politeness, cursing, indirection, judging) and to what degree translators should deviate from the literal in order to communicate the performative. (Chapter 7, *CTT*)

思维过程与修改轨迹：

参看 DeepL 译文：不同文化是否有不同程度的相同言语行为（礼貌、咒骂、间接、判断），以及为了交流表演性的信息，译者应该在多大程度上偏离字面意思，这些问题正在被提出。

不同文化是否在不同程度上具有相同的言语行为（礼貌、咒骂、<u>拐弯抹角</u>、<u>评判</u>），译者应该在多大程度上脱离字面而传达施为，<u>这些问题被提了出来</u>。试调整句序，看哪种句式读来更自然。同时去掉"以及"。

不同文化是否在不同程度上具有相同的言语行为（礼貌、咒骂、迂回、评判），译者应该在多大程度上脱离字面而传达施为，这些问题被提了出来。

原译：如在乔伊丝·克里克（Joyce Crick）(1989)对弗洛伊德作品英译的分析中有一个例子，一位叫詹姆斯·斯特雷奇（James Strachey）的译者用一种更加临床医学的写作方式取代了原文那个更加人性化的视角，这就让读者想起了韦努蒂在《译者的隐身》(The Translator's Invisibility)中提出的对弗洛伊德译者的症候式阅读。

原文：Joyce Crick's (1989) analysis of translations of Freud's work into English, for example, in which translators such as James Strachey replaced a more humanistic perspective with a more clinical-medical way of writing serves as one example, remind the reader of Lawrence Venuti's symptomatic reading of Freud's translators laid out in *The Translator's Invisibility*. (Chapter 7, *CTT*)

思维过程与修改轨迹：

如在乔伊丝·克里克（Joyce Crick）(1989)对弗洛伊德作品英译的分析中<u>，有一个例子：</u>一位叫詹姆斯·斯特雷奇（James Strachey）的译者用一种更加<u>冷漠的、医学式</u>的写作方式取代了原文更加人性化的视角，这就让读者想起了韦努蒂在《译者的隐身》(*The Translator's Invisibility*)中提出的对弗洛伊德译者的症候式阅读。笔者本只想使用"冷漠的"一词来翻译"clinical",但希望译文尽可能与原译靠近,因此又加上了"医学式的",实为画蛇添足。

原译:《Target》的编辑们还与德国哥根廷的一个短暂但却多产的研究小组交换了意见,该小组主要关注美国文学的德语译本,并且和北美的学者及研究人员分享了很多关于文学翻译的思想。

原文: The *Target* editors also exchanged ideas with the short-lived but prolific research group in Götingen, Germany, who primarily looked at translations from American literature into German, and shared many of the beliefs regarding literary translation with North American scholars and researchers. (Chapter 7, *CTT*)

思维过程与修改轨迹:

参看 DeepL 译文:《目标》编辑们还与德国哥廷根的研究小组进行了交流,该小组成立时间不长,但成果丰硕,主要研究美国文学的德文翻译,与北美学者和研究者分享了许多关于文学翻译的信念。

《目标》的编辑们还与德国哥廷根的研究小组<u>进行了交流</u>,该小组<u>存在时间不长,但成果丰硕</u>,主要关注美国文学的德语译本,并且和北美的学者及研究人员分享了很多关于文学翻译的思想。试图将原译中的长句切分成短句,以更便于读者理解。

原译:德里达认为,或许可以"还原"那个处于视野之外的空间,而如果这是可能的,那么翻译就或将成为使其显眼可见的场所。

原文: Derrida suggests that "recovering" that out of sight place may be possible, and as far as it may be possible, translation will be the place where it may become visible. (Chapter 7, *CTT*)

思维过程与修改轨迹:

参考 DeepL 译文:德里达提出,"恢复"那个视而不见的地方也许是可能的,只要有可能,翻译就会成为它可能显现的地方。

德里达认为,<u>那个看不见之处或许可以"复原"</u>,如果可能,翻译将成<u>使其可见之所</u>。试图将译文改得更简洁。

德里达认为,那看不见之处<u>或可</u>"复原",如果可能,翻译将<u>成其</u>可见之所。

德里达认为,那看不见之处或可"复原",如果可能,翻译将成使其显形之所。

原译:在海德格尔和德里达之后,翻译的哲学问题成了哲学研究的核心问题之一。

原文:In the wake of Heidegger's and Derrida's initiative, the philosophical problem of translation is studied as one of the central problems in philosophy. (Chapter 7, *CTT*)

思维过程与修改轨迹:

自开山鼻祖……试图将原文中的"initiative"意思译得更明晰。对改文不满意,暂停校译下文,返回修改。

自海德格尔和德里达首创伊始……不满意,返回再改。

自海德格尔和德里达草创伊始,翻译的哲学问题就成了哲学研究的核心问题之一。

自海德格尔和德里达首开先河,翻译的哲学问题就成了哲学研究的核心问题之一。

原译:而在福柯之后,翻译的政治问题在学术及社会中也越来越受到文学批评家和社会学家的关注。

原文:In the wake of Foucault, the political problem of translation within the academy and within society is becoming increasingly of interest to both literary critics and sociologists. (Chapter 7, *CTT*)

思维过程与修改轨迹:

参看 DeepL 译文:在福柯之后,学术界和社会内部的翻译政治问题越来越受到文学理论家和社会学家的关注。

而在福柯之后,学术界及社会中的翻译政治问题也越来越受到文学批评家和社会学家的关注。改文几乎完全采用了 DeepL 的译文。

原译:在翻译中,隐藏的实体变得可见,以沉默的方式标记出了实际话语(practical utterances)所必需的条件,且讽刺性地消除了任何有关真理或字面意义的概念。

原文:In translation, hidden entities become visible, silently marking conditions necessary for particular utterances, and, ironically, dispelling any notion of truth or literal meaning. (Chapter 7, *CTT*)

思维过程与修改轨迹：

参看 DeepL 译文：在翻译中，隐藏的实体变得可见，默默地标示出特定语句所必需的条件，而且具有讽刺意味的是，消除了任何真理或字面意义的概念。

在翻译中，隐藏的实体变得可见，<u>无声地标记出特定话语所必需的条件，而且具有讽刺意味的是，这也</u>消除了任何有关真理或字面意义的概念。原译将原文中的"particular"看成了"practical"，笔者在疲劳翻译时也会出现此类失误。

在翻译中，隐藏的实体变得可见，无声地标记出特定话语所必需的条件，<u>也消除了任何有关真理或字面意义的概念——这不无讽刺意味</u>。

在翻译中，隐藏的实体变得可见，无声地标记出特定话语所必需的条件，也消除了<u>真理或字面意义</u>——这不无讽刺意味。

原译： 因为在复制（原文）文本关系的过程中，一种双重建构（double constitution）变得十分清晰：目标文化所施加的语言约束十分强大，但在当下创造新关系的可能也十分丰富——这说的不仅仅是旧关系转移到了新时空，还有一系列的表意实践既能强化又能改变当下的表意实践。

原文： For in the act of reproducing the textual relations (of the original text), a double constitution becomes quite lucid: the language restraints imposed by the receiving culture are enormous, yet the possibility of creating new relations in the present are also vivid—not just the old relations transported to a new time and place, but also a myriad of signifying practices that both reinforce and alter present signifying practices. (Chapter 7, *CTT*)

思维过程与修改轨迹：

参看 DeepL 译文：因为在再现（原文的）文本关系的行为中，一种双重构成变得相当明晰：接受文化所施加的语言约束是巨大的，然而在当下创造新关系的可能性也是鲜活的——不仅仅是将旧的关系搬运到新的时间和地点，而且还有无数的符号实践，它们既加强又改变当下的符号实践。

<u>因为再现（原文）文本关系的行为包含双重构成，一目了然</u>……暂停

校译下文，回读改文。

因为再现（原文）文本关系的行为<u>明明白白地</u>包含着一种双重构成：目标文化施加的语言约束性很强，但在当下<u>创建新关系的可能性也</u>……改至此处，意欲放弃对此句的继续修改，但还是再坚持修改了一下。

因为<u>在复制（原文）文本关系的过程中，一种双重建构水落石出</u>：目标文化施加的语言约束性很强，但在当下创建新关系的<u>可能也很多——不仅是将旧关系转移至新的时空，而且还有许多表意实践，它们加强且改变当下的表意实践</u>。试将自己置于读者视角泛读，觉得看不太懂。比如什么叫"表意实践"呢？

因为在复制（原文）文本关系的过程中，一种双重建构水落石出：目标文化施加的语言约束性很强，但在当下创建新关系的可能也很多——<u>有被转移至新时空的旧关系，还有许多指涉（它们加强且改变当下的指涉）</u>。

因为在复制（原文）文本关系的过程中，一种双重建构水落石出：目标文化施加的语言约束性很强，但<u>也</u>可能在当下创建<u>许多新</u>的关系——<u>不仅</u>有被转移至新时空的旧关系，还有许多指涉（它们<u>强化</u>且改变当下的指涉）。

因为在复制（原文）文本关系的过程中，一种双重建构（double constitution）变得十分清晰：目标文化施加的语言约束性很强，但也<u>明显</u>可能在当下创建许多新的关系——不仅有被转移至新时空的旧关系，还有许多指涉（它们强化且改变当下的指涉）。最终感觉原译对"becomes quite lucid"的处理更忠实原文，因此舍弃笔者前面对此语译文的修改。又试图将语言改得更加通俗易懂些，但学者对学术语言似乎有种不成文的期待，总希望学术语言更具学术性，因此最终笔者还是缺乏将译文修改得更简单明了的勇气，因此作罢。

原译：在这种方法中，"意义"的概念被改变了。相反，变得可见的是一个不稳定的实体，其在隐性和显性之间的关系中连贯一致。

原文：In such an approach, the very concept of "meaning" is altered. What becomes visible instead is an unstable entity, cohering in the *relation* between the implicit and the explicit. (Chapter 7, *CTT*)

思维过程与修改轨迹：

参看 DeepL 译文：在这种方法中，"意义"的概念被改变了。取而代之的是一个不稳定的实体，凝聚在隐性和显性的关系中。

第三章 译论作用的客观限度:译论与翻译实践的罅隙

在这种方法中,"意义"的概念被改变了。<u>不稳定的实体变得可见,出没于显隐关系之间</u>。试图将译文改得更简洁,但"出没"一词不准确,还需再改。

在这种方法中,"意义"的概念被改变了。不稳定的实体变得可见,<u>融贯</u>于显隐关系之间。

原译:然而,对于"单语"研究的学者来讲,这种关系仍然处于他们的视野之外,难以掌握。

原文:For the scholar who works "monolinguistically", however, such relations tend to remain out of sight and difficult to grasp. (Chapter 7, *CTT*)

思维过程与修改轨迹:

参看 DeepL 译文:然而,对于"单语"工作的学者来说,这种关系往往是视而不见,难以把握的。

然而,<u>"单语"学者仍然无法看到这种关系,不易掌握</u>。试图将译文改得更简洁。

然而,"单语"学者仍然无法看到<u>也不易把握这种关系</u>。

原译:我感觉本书的第一版可能已经为过去十年翻译领域中出现的部分研究打开了一些空间。

原文:I feel as if the first edition of this book helped provide openings for some of the work that has emerged in the field in the last decade. (Chapter 7, *CTT*)

思维过程与修改轨迹:

参看 DeepL 译文:我觉得这本书的第一版有助于为过去十年在该领域出现的一些工作提供开端。

<u>我觉得,本书的第一版似已助力过去十年翻译领域中的部分研究</u>……此例中,省略号处均表示对已修改的文字不满意,暂停对下文修改,返回再改。

我觉得,<u>过去十年的翻译研究中</u>,本书的第一版似已……

我觉得,<u>本书的第一版不无裨益</u>,已为过去十年翻译领域中的部分研究……

我觉得,本书的第一版不无裨益,已为<u>翻译领域在过去十年中出现的</u>

247

一些研究……

我觉得,本书的第一版不无裨益,过去十年翻译领域中的部分研究得以洞烛先机。

我觉得,本书的第一版不无裨益,已为翻译领域在过去十年中出现的一些研究开辟了新的天地。

我觉得,本书的第一版不无裨益,已为翻译领域在过去十年中萌发的一些研究开辟了新的天地。

我觉得,本书的第一版不无裨益,使翻译领域在过去十年中萌发了一些新的研究。

我觉得,在过去十年中,本书的第一版为翻译领域开阔视听,滋萌了一些新的研究。

我觉得,在过去十年中,本书第一版为翻译领域开阔视听,滋益了一些新的研究。就这么一句话,笔者执着地改来改去,这也是校译中令自己哑然失笑的体验。

原译:尽管当代翻译理论自诞生以来已经有了长足的发展,但它现在正处于一个非常激动人心的新阶段的前夕,这个阶段可以对构成意义的关系进行剖析,从而完善我们对语言、文学话语和身份的后现代概念。

原文:Although contemporary translation theory has evolved a long way since its beginnings, it now stands on the threshold of a very exciting new phase, one which can begin to unpack the relations in which meaning is constituted, and thus better inform our postmodern conception of language, literary discourse, and identity. (Chapter 7, *CTT*)

思维过程与修改轨迹:

尽管当代翻译理论自诞生以来已经有了长足的发展,但它现在正处于一个非常激动人心的新阶段的前夕,这个阶段可以开始剖析构成意义的关系,从而完善我们对语言、文学话语和身份的后现代概念。本想尽可能保留原译(这也可以让笔者自己更省力),但初步修改后,把句子连起来读一读,还是觉得应将其修改得更凝练。

尽管当代翻译理论自诞生以来已经有了长足的发展,但它现在正处在新的起点,意气飞扬,整装待发……暂停校译下文,回读,再改。

尽管当代翻译理论自诞生以来已经有了长足的发展,但它现在正处在新的起点,整装待发,意气飞扬,这个阶段可以开始剖析构成意义的关系,从而完善我们对语言、文学话语和身份的后现代概念。

尽管当代翻译理论自诞生以来已经有了长足的发展,但它现在正处在新的起点,蓄势待发,意气飞扬,这个阶段可以开始剖析构成意义的关系,从而完善我们对语言、文学话语和身份的后现代概念。

原译:鉴于翻译研究领域的边界已经从语言和文本分析扩展到了构成文化的复杂符号的整个网络,来自单一学科的学者已经不太可能提供所有答案。

原文:Given how the boundaries of the field have expanded from linguistic and textual analysis to that entire network of complex signs that constitute culture, no one scholar from one discipline can possibly hope to provide all the answers. (Chapter 7, *CTT*)

思维过程与修改轨迹:

参看 DeepL 译文:鉴于该领域的边界如何从语言学和文本分析扩展到构成文化的那整个复杂符号网络,没有一个学科的学者可能希望提供所有的答案。

鉴于翻译研究领域的边界已经从语言和文本分析扩展到了构成文化的整个复杂符号的网络,没有哪个学科的某一名学者能迎刃立解所有问题。

鉴于翻译研究领域的边界已经从语言和文本分析扩展到了构成文化的整个复杂符号的网络,没有哪个学科的某一名学者能包揽所有问题的答案。

鉴于翻译研究领域的边界已经从语言和文本分析扩展到了构成文化的整个复杂符号的网络,没有哪个学科的某一名学者能一举解决所有问题。

鉴于翻译研究领域的边界已经从语言和文本分析扩展到了构成文化的整个复杂符号的网络,不能指望某个学科的某一名学者能一举解决所有问题。

鉴于翻译研究领域的边界已经从语言和文本分析扩展到了构成文化的整个复杂符号的网络,没有哪个学科的某一名学者能一举解决所有问题。意欲使用前之改文。

鉴于翻译研究领域的边界已经从语言和文本分析扩展到了构成文化

的整个复杂符号的网络,没有哪个学科的某一名学者<u>有望</u>能一举解决所有问题。提交后发现,此处"某一名学者"节奏拖沓,其实本来写成"某个学者"就好,但当时考虑到"某个"似有对学者的不尊重之意,所以未使用"某个"这一节奏更明快的表达。但这其实是种感觉误差,是因为笔者过于沉浸于译文中而产生的感觉误差,后将译文放置一段时间,提交后再次阅读,并未感觉"某个学者……"在此处有何不妥。本也可改成"某位学者"。因此,翻译时笔者因为过于沉浸于译文中,和原文的距离过近,对文字的感觉被放大,和通常情况下对相同文字的感觉存在偏差。

原译:新观点实非法律所颁布,而是如传染病一般,在人际间传播。

原文:New attitudes are not promulgated by law, but spread, almost like an infection, from one person to another. (Preface, *MT*)

思维过程:

"传染病"是贬义的、负面的意象,但"新观点"却是中立的,原文用传染病来比喻新观点的传播,实在称不上高明,因为传染病为普通人所避之不及,而新观点却并非如此。此处笔者欲淡化"传染病"的负面意象,但最终还是选择忠于原文,对原译未作改动。

原译:……但是,我想要一个听起来有点像"gene"那样的单音节词,因此将其缩写为 meme,希望前辈们不要责怪于我。

原文:… but I want a monosyllable that sounds a bit like "gene". I hope my classical friends will forgive me if I abbreviate mimeme to *meme*. (Chapter 1, *MT*)

思维过程与修改轨迹:

……但是,我想要一个听起来有点像"gene"那样的单音节词,因此将其缩写为 meme,希望<u>我的希腊古典学朋友们</u>不要责怪我。原文中的"classical"此处似应选用该释义:"Relating to ancient Greek or Latin literature, art, or culture(与古希腊或拉丁文学、艺术或文化有关的)。"同时将原译中的"于"字删除。

原译:在列举了巨型喷气式飞机、微软处理器、电话、避孕药、石油钻机、氢弹和登月(原文 the moon landing site,登月地点)之后,作者提出了对现代生活也有不可估量影响的第八个奇迹:海森堡的不确定性原理(简单地说,就是我们不可能同时确定量子的位置和动力)。

原文:After listing the jumbo jet, the microprocessor, the telephone, the contraceptive pill, the oil rig, the H-bomb and the moon landing site, the writer proposes an eighth wonder that has also had immeasurable influence on modern life: Heisenberg's uncertainty principle (roughly: that we cannot simultaneously be certain about both the location and the momentum of a particle). This is an excellent example of a meme, and of the effect that mutualist memes can have. (Chapter 1, *MT*)

思维过程与修改轨迹:

在列举了巨型喷气式飞机、微处理器、电话、避孕药、石油钻机、氢弹和登月(原文 the moon landing site,登月地点)之后,作者提出了对现代生活也有不可估量影响的第八个奇迹:海森堡的不确定性原理(简单地说,就是我们不可能同时确定粒子的位置和动量。"量子"改为"粒子"更确切。改文提交后,发现句末缺了一个括号,可能是被修改标记扰乱了视线,改后也未认真检查。

原译:另一方面存在的极端例子,则来自罗宾逊,认为译者有权利用源语文本和目的文本之间的广泛关系,并按照自己的感受进行翻译。

原文:An example of the other extreme is Robinson(1991), who argues that translators have the right to translate just how they feel, exploiting a wide range of relations between source and target. (Chapter 1, *MT*)

思维过程与修改轨迹:

而二元对立关系的另一极端,以罗宾逊为例,他认为译者有权利用源语文本和目的文本之间的广泛关系,并按照自己的感受进行翻译。稍作修改,希望使句意更明朗、准确。

原译:它并非"一直先在的",而是"制造出来的",同时具有历时性和共时性。

原文:It is not "given-for-all-time" but "made", both historically and instantaneously. (Chapter 1, *MT*)

思维过程与修改轨迹:

它并非"一直给定的"……站在读者的角度来理解,笔者发现"一直给定的"一语其意不明,于是立即放弃该译法。

它并非"给定不变的",而是在历时与共时的合力下"被形塑而成的"。

原译:我们也可以比较一下德莱顿(Dryden)的译文,他使得维吉尔(Virgil)的谈吐像个 17 世纪末的英国绅士(1680/1975);而薄柏(Pope)在翻译荷马史诗时,仿佛也让荷马戴着花式假发。

原文:Compare Dryden, making Virgil speak like a late 17th-century English gentleman([1680] 1975); or Pope's Homer in powdered wigs. (Chapter 2, *MT*)

思维过程与修改轨迹:

我们也可以比较一下德莱顿(Dryden)的译文,他使得维吉尔(Virgil)的谈吐像个 17 世纪末的英国绅士(1680/1975);而蒲柏(Pope)在翻译荷马史诗时,仿佛也让荷马戴着上了发粉的假发。此处原文"powdered wigs"译成"上了发粉的假发"是否准确?笔者也查看了机器翻译,有的将其翻成"涂脂抹粉的假发"。犹豫片刻,还是译成"上了发粉的假发"。

原译:我在此要特别强调他的无条件(不考虑语境)和有条件(根据语境)等值可能性概念。该概念对于计算机翻译无疑也意义重大,因为它详细说明了特定原文中的 X 如何可能翻译为目的语中的 Y。

原文:I refer in particular to his notion of unconditioned(=regardless of context) and conditioned(=in context) equivalence probabilities which specify how likely it is that a given source item X will be translated as a target item Y: invaluable information for the translating computer, of course. (Chapter 2, *MT*)

思维过程与修改轨迹:

我在此要特别强调他的无条件(不考虑语境)和有条件(根据语境)等值可能性概念。该概念对于计算机翻译无疑也意义重大,因为它详细说明了特定原文中的 X 被翻译为目的语中 Y 的可能性有多大。试图将语意修改得更明朗、更准确。

原译:在逻各斯阶段,译者相信有一种普适的纯粹语言,倡导机器翻译的学者经常坚持某种数学般的神经平面图,或许表达为逻辑的普适性语言,而其他语言学家却津津乐道普适性深层结构。

原文：Where the Logos-stage translators believed in a universal pure language, machine translation scholars have often posited some kind of mathematical neutral plane, perhaps stated in the universal language of logic, and other linguists have talked of a universal deep structure. (Chapter 2, MT)

思维过程与修改轨迹：

在逻各斯阶段，译者相信有一种普适的纯粹语言，倡导机器翻译的学者经常坚持某种<u>数学中性面</u>。或许表达为逻辑的普适性语言，而其他语言学家却津津乐道普适性深层结构。"mathematical neutral plane"应该是指"中性面"吧？这一概念似乎是物理学领域的。但既然作者这么写，那就译成"数学中性面"吧。

原译：(可以预见，这一观念将最终反过来引起进一步反应，导致再次提倡恢复原文本的地位。)

原文：(Predictably, this perception in turn will eventually give rise to further reactions, proposals to reinstate the source text etc.) (Chapter 2, MT)

思维过程与修改轨迹：

(可以预见，这一观念<u>终</u>而引起进一步反应，<u>提倡恢复原文本的地位</u>。)删除原译中的"导致"，同时将原译中的"再次……恢复"改成"恢复"。

原译：至为首要之工作(鲜有人完成)，
自己对自己真实，
既非娇柔造作，也不弄虚作假，
既非刻意献媚，也不有所保留；
敞开心扉，百密不疏。
原文：The first great work(a Task perform'd by few)
Is that your self may to your self be True;
No Masque, no Tricks, no Favor, no Reserve;
Dissect your Mind, examine ev'ry Nerve. (Chapter 2, MT)

思维过程与修改轨迹：

<u>首要工作(鲜有人做)</u>
<u>对己真实；</u>

不矫揉造作，不偏袒保留；
剖析内心，细致周到。

首要工作（鲜有人做）
真诚对己；
不偏不袒，无矫无饰；
剖析内心，周到细致。

首要工作（鲜有人做）
赤诚对己：
无饰无诈，无偏无遗；
剖析自我，细谨周至。

改后发现，其实原译除了开头的"至为"可删除外，其余处皆不必改。笔者因为对诗歌的形式较为敏感，所以会忍不住去关注原文诗歌中的形式，虽然原文算不上诗歌，只是借用诗歌的形式书写出的韵语。原文第三行短元音和长元音交替，读起来有节奏，末两行押尾韵，"dissect""examine"押"i"的短元音韵，故而据此调整了一点音韵。"细谨周至"也可替换为"剥茧抽丝""鞭辟入里"等，最后一字和"遗"押韵比较好。但总体来看，此处全文修改实无必要，笔者也向原译者说明了这一点。原译者最终也并未采用此改文。

原译：皮姆这样概括奎因的观点，译者可以不赞成如何翻译出什么：可能并不存在预先注定正确的翻译。

原文：Pym summarizes Quine's point as being that translators may "legitimately disagree" about how something should be translated; there can be no one translation that is necessarily predetermined to be correct. (Chapter 2, *MT*)

思维过程与修改轨迹：

皮姆这样概括奎因的观点，译者对如何翻可以持有"合理的歧见"：可能并不存在预先注定正确的翻译。试图将原文引号里的内容如实译出。

皮姆这样概括奎因的观点，译者对如何翻可以"合理地持有不同意见"：可能并不存在预先注定正确的翻译。

原译：……随着不同大学机构建构不同语言的语料库,这项工作将持续进行下去。

原文：... and this work is continuing, with corpora being set up in different languages and universities. (Chapter 2, *MT*)

思维过程与修改轨迹：

……<u>不同的语言建立了各自的语料库,许多大学也建立了语料库</u>,这项工作将持续进行下去。笔者对"corpora being set up in different languages and universities"的理解与原译者稍有差别。

原译：毫无疑问,所有这些权威机构的所作所为,都是以维护社会的名义进行,但是就权威的本质而言,这些权威机构只是将某项法规成为法律而已。

原文：True, all these authorities act in the name of society, but it is their nature *qua* authorities that makes a law a law. (Chapter 3, *MT*)

思维过程与修改轨迹：

毫无疑问,所有这些权威机构的所作所为,都是以维护社会的名义进行,<u>其实使法律成为法律的是这些机构的自然权威属性</u>。试图将译文修改得更接近原文语意。

毫无疑问,所有这些权威机构的所作所为,都是以维护社会的名义进行,其实<u>不过是这些机构的自然权威属性使法律成为法律而已</u>。

原译：对于翻译这一普遍观点如何概念化、词语化,不同语言各有千秋。

原文：There is wide and documented variation between languages on how the general idea of translation is conceptualized and lexicalized. (Chapter 3, *MT*)

思维过程与修改轨迹：

<u>翻译的大致概念如何被概念化、词汇化</u>……为便于理解,"conceptualized and lexicalized"可能需要增译。

关于<u>翻译的大致概念,人们是如何理解的</u>,词典中是如何阐释的,不同语言之间差别很大,这有文字记载。

原译：……对于翻译必须满足"绝对等值"或者"绝对充分"的要求才

能取得地位,这种说法完全不能代表真实情况。

原文:... it is not the case that a translation must meet the demands of some kind of "absolute equivalence" or "adequacy" before it can be granted translation status. (Chapter 3, *MT*)

思维过程与修改轨迹:

……<u>这并不是说</u>,翻译必须满足某种"绝对等值"或"绝对充分"的要求,<u>才能获得翻译地位</u>。试图将译文修改得更加自然。

……<u>翻译并非一定要满足</u>"绝对等值"<u>或者</u>"绝对充分"的要求<u>才能取得地位</u>。试图将译文修改得更简洁。

原译:事实上,文学翻译中存在着很多无论怎么说都与源语文本并非"等值"的例子。经常被援引的例子有象征主义流派尝试只翻译语音形态,比如朱科夫斯基思(Zukovskys)从英语中翻译的卡图卢斯(Catullus)或扬德尔(Jandl)译自英语的卡图卢斯(Catullus)和扬德尔(Jandl)的作品(见 Toury 1980:44),或者伪称是德安丁(D'Antin)手稿、标题为《词语:豌豆与树枝》的讽刺诗集。实际上,该讽刺诗集是冯鲁腾(van Rooten)采用语音翻译策略法译了英语的一本诗集《母鹅韵诗》(1967)。

原文:Indeed, the literature is full of examples of translations which are far from being "equivalent" to their source texts in any customary sense. Much-quoted examples are the experimental symbolist translations of phonetic form alone, such as those of the Zukovskys from Catullus or Jandl from English(see Toury 1980:44), or the volume-length spoof entitled *Mots d'heures: gousses, rames* which purports to be the D'Antin manuscript. This latter is a collection of phonetic translations into French of "Mother Goose Rhymes" by van Rooten(1967). (Chapter 3, *MT*)

思维过程与修改轨迹:

事实上,文学翻译中存在着很多与源语文本<u>远不</u>"等值"的例子,经常被援引的例子有<u>只翻译语音形式的实验象征主义翻译</u>,比如朱科夫斯基思(Zukovskys)<u>译自英语</u>的卡图卢斯(Catullus)和扬德尔(Jandl)的作品(见 Toury 1980:44),或者伪称是德安丁(D'Antin)手稿、标题为《<u>时间之语:荚果与树枝</u>》的谐趣仿诗集。实际上,该诗集是冯鲁腾(van Rooten)采用语音翻译策略法译了英语的一本诗集《<u>鹅妈妈童谣</u>》(1967)。

第三章　译论作用的客观限度：译论与翻译实践的罅隙

事实上，文学翻译中存在着很多与源语文本远不"等值"的例子，经常被援引的例子有只翻译语音形式的实验象征主义翻译，比如朱科夫斯基思(Zukovskys)译自英语的卡图卢斯(Catullus)和扬德尔(Jandl)的作品(见 Toury 1980:44)，或者伪称是德安丁(D'Antin)手稿、标题为《时光之语：荚果与枝丫》的谐趣仿诗集。实际上，该诗集是冯鲁腾(van Rooten)采用语音翻译策略法译了英语的一本诗集《鹅妈妈童谣》(1967)。感觉将法文"rames"译成"枝丫"更有意境；《鹅妈妈童谣》是国内熟知的通俗译文，笔者借用了此译文，不过译者未采用。

原译：期待性规范由(特定类型的)翻译的读者期待所确立，涉及(该类型的)翻译应该像什么。

原文：Expectancy norms are established by the expectations of readers of a translation(of a given type) concerning what a translation(of this type) *should* be like. (Chapter 3, *MT*)

思维过程与修改轨迹：

期待性规范由(特定类型的)翻译的读者期待所确立，<u>关注</u>(该类型的)翻译<u>应该是什么</u>。原文中的"what ... *should* be like"译成"是什么"似更准确。

原译：……因此，有别于非翻译文本的隐性翻译，有别于目的语中相似的或平行于文本的隐性文本，往往在某种程度被认为差强人意。(至少，这是对此类翻译的误判，当然也可能存在另外一些因素，可以被用来推翻这样的判断，参见第五章。)

原文：... a covert translation that is recognized to be "different" from non-translated, similar(parallel) target-language texts can thus be judged unsatisfactory in some way. (At least, this would be the default judgement on such a translation; there may, of course, be additional factors that would override this judgement—see Chapter 5.)(Chapter 3, *MT*)

思维过程与修改轨迹：

……<u>隐形译本</u>有别于非翻译文本，<u>也</u>有别于目的语中<u>的相似(平行)</u>文本，往往在某种程度<u>上</u>不如人意。(至少，这是对此类翻译的常见看法，当然也可能存在另外一些因素，可以被用来推翻这样的判断，参见第五章。)原文中的"the default judgement"指的似应为"默认的评论"；原文

"unsatisfactory"为贬义,原译"差强人意"则是褒义词,因此修改。

原译:人们对显性翻译或隐性翻译的期待,也一定程度有赖于目的语言的文化传统,包括翻译传统本身。

原文:Whether a translation is expected to be overt or covert will also depend partly on the cultural tradition in the target language, including the translation tradition itself. (Chapter 3, *MT*)

思维过程与修改轨迹:

<u>人们是期待显性还是隐性翻译,这也部分取决于目标语言的文化传统,包括翻译传统本身。</u>稍作修改,试图使语意更自然、准确。

<u>就一个文本的翻译而言,人们是期待看到显性翻译还是隐性翻译,一定程度上由目的语的文化传统决定,包括翻译传统。</u>增加阐释性语言,希望更有利于读者理解。

原译:就翻译而言,在制定或确认规范方面最为出色的权威,可能就是那些能力出众的专业型译者,团体中那些德高望重的成员,那些被其他团体同样认为出类拔萃的专家。

原文:With respect to translation, the norm authorities *par excellence* are perhaps those members of society who are deemed to be competent professional translators, whom society trusts as having this status, and who may further be recognized as competent professionals by other societies also. (Chapter 3, *MT*)

思维过程与修改轨迹:

就翻译而言,在制定或确认规范方面最为出色的权威,可能就是那<u>些称职的专业型译者</u>,团体中那些德高望重的成员,那些被其他团体同样认为<u>称职的</u>专家。原文中的"competent"可以表示"有能力的",但如果说成"能力出众的",似乎过犹不及,因此修改。不过因为原文后文多次提及"competent"(或"competence"),因此笔者此处修改后留注如下:"如对'competent'采用改译,下文中的'competence''competent'或'non-competent'也可改为'称职''称职的'或'不称职的',已用阴影标注。不采用则忽略。"

原译:举个简单的例子:很多文本特征,其分布从量化上看都是正常的，呈现为钟形曲线或正态曲线。

原文：To take a simple example：the occurrence of many textual features approximately follows a statistically normal distribution，a bell curve. (Chapter 3，*MT*)

思维过程与修改轨迹：

举个简单的例子：<u>许多文本特征的出现概率呈正态分布，即钟形曲线</u>。"normal distribution"译成"正态分布"应该更准确。

原译：或许有人会说，在这一点上我正陷入自然主义谬误，想从"是(is)"中产生出"应该(ought)"。

原文：It may be argued at this point that I am committing the naturalistic fallacy of deriving "ought" from "is". (Chapter 3，*MT*)

思维过程与修改轨迹：

(改文一)或许有人会说，在这一点上我正陷入自然主义谬误，想从"<u>实然(is)</u>"中<u>推导</u>出"<u>应然(ought)</u>"。

(改文二)或许有人会说，在这一点上我正陷入自然主义谬误，想从<u>事实陈述</u>中推导出<u>价值判断</u>。笔者不知原译者偏好哪一种译法，因此将此处两种修改方式都列出，供原译者选择。

原译：……除非译文读者被提前告知，这种违反常理的词语搭配，在特定文本类型(比如文学翻译)中是出于某种动机。

原文：... unless they are persuaded that such deviation is motivated, e.g. in a literary text. (Chapter 3，*MT*)

思维过程与修改轨迹：

……除非<u>可以让他们相信</u>：这种<u>有悖</u>常理的搭配在特定文本类型(比如文学翻译)中<u>出现是有原因的</u>。总感觉"是出于某种动机"略含情感色彩，或语势略强烈，因此将其改成"是有原因的"。

原译：我们可以以观察文本规律为起点，但它本身并不能证明存在着某种规范，因为其中可能有别的原因，比如译者无能为力的认知局限。

原文：We can start with an observed textual regularity, but this in itself does not prove the existence of an underlying norm, as it may have other causes, such as cognitive constraints over which the translator has no influence, such as lack of knowledge or particular task conditions. (Chapter 3, *MT*)

思维过程与修改轨迹：

我们可以以<u>将观察到的</u>文本规律<u>作为</u>起点……暂停校译下文,回读,再改。

我们可以<u>从</u>观察到的文本规律<u>开始</u>,但是规律本身并不能证明<u>潜在规范的存在</u>,因为规律可能由其他因素作用产生,比如译者无能为力的认知局限。稍作修改,希望将译文修改得语意更明朗、衔接更自然。

原译: 或许,未来受过专业培训的译者需要在文学翻译、法律翻译或者医学翻译方面接受专门培训……

原文: Perhaps professionally trained translators of the future will need to specialize in more demanding work such as literary, legal or medical translation ... (Chapter 3, *MT*)

思维过程与修改轨迹：

或许,未来受过专业培训的译者需要在文学翻译、法律翻译或者医学翻译方面对<u>术业有专攻</u>……将原文中的"specialize"译成"接受专门培训"是否不够准确？犹豫片刻,决定修改。

原译: 有关创造性翻译和解决翻译问题方面更为一般性观点的讨论,比如怎样运用不同的思想……

原文: For a discussion of strategies from the more general point of view of creativity and problem-solving in translation, such as the use of divergent and convergent thinking ... (Chapter 4, *MT*)

思维过程与修改轨迹：

有关创造性翻译和解决翻译问题方面更<u>常规</u>的讨论,比如怎样运用<u>发散和趋同思维</u>……试图将译文修改得更准确。

有关创造性翻译和解决翻译问题方面更<u>笼统</u>的讨论,比如怎样运用发散和趋同思维……

原译: 这种翻译策略包括其他种类的语义调整,比如指示方向方面的(物理)意义变化……

原文: These would include other modulations of various kinds, such as change of(physical) sense or of deictic direction ... (Chapter 4, *MT*)

思维过程与修改轨迹：
这种翻译策略包括其他种类的语义调整，比如<u>(身体的)感觉和方向指示的改变</u>……原文中的"(physical) sense"此处似指身体的感觉，下文相应译例涉及"从口头转变为视觉"的策略，亦说明与身体感觉相关。

原译： 其他变化可能涉及文本中使用修辞性问句或感叹句的使用……

原文： Other such changes might involve, for instance, the use of rhetorical questions and exclamations in texts ... (Chapter 4, *MT*)

思维过程与修改轨迹：
其他变化可能涉及文本中<u>反问句和感叹句</u>的使用……沿用"rhetorical questions"较为约定俗成的译法。

原译： 为了方便起见，TT 不仅代表尝试性理论(Tentative Theory)，而且代表目的语文本(Target Text)。这两个概念在此碰巧重叠。

原文： It is convenient that TT stands not only for Tentative Theory but also Target Text: the two coincide here. Translation strategies(both comprehension and production) are used in the process which derives TT from P1. (Chapter 5, *MT*)

思维过程与修改轨迹：
TT 不仅代表尝试性理论(Tentative Theory)，而且代表目的语文本(Target Text)，<u>倒是方便</u>。
TT 不仅代表尝试性理论(Tentative Theory)，而且代表目的语文本(Target Text)，<u>这两个概念的首字母缩写碰巧一样</u>。感觉"碰巧"一词可以覆盖原文中"convenient"的语意，但改完自己也怀疑将原译中的"为了方便起见"删去是否恰当。假如笔者修改的是自己的文字，则不会有此畏首畏尾、不敢修改的感觉。

原译： 当然，这种差异也可能源自其他原因，但进一步的讨论与这里所探讨的问题无关。

原文： There may also be other reasons for this difference, of course, but further discussion will not be relevant in this context.

(Chapter 5, MT)

思维过程与修改轨迹：

当然，这种差异也可能源自其他原因，但<u>不在本文的讨论范围内</u>。

当然，这种差异也可能源自其他原因，但<u>本文不会就此展开进一步讨论</u>。其实前面"不在本文的讨论范围内"的改文更简洁，但为了与原文意思更接近，又作修改，实为画蛇添足。

原译：前面引用的维也纳宾馆里的公示语翻译，就是一个很好的例子。该公示语译文清晰地传递了交际信息，但非母语特征也是昭然若揭。

原文：A good example is the Vienna hotel text cited above, which communicates clearly and well despite the signs of non-nativeness. (Chapter 5, MT)

思维过程与修改轨迹：

前面引用的维也纳宾馆里的公示语翻译，就是一个很好的例子。该公示语译文清晰地传递了交际信息，但非母语特征也是<u>显而易见</u>。原译中的"昭然若揭"一般指反面人物露出原形或事物的真相彻底暴露，与原文语意不符，因此修改。

原译：……人与人之间的关系，并非只有烂漫的爱情。

原文：... that romantic love is not the only good relationship between people. (Chapter 5, MT)

思维过程与修改轨迹：

……<u>人们之间好的情感形式有很多种</u>，并非只有浪漫的爱情这一种。感觉还是原译简洁，是否维持原译不改？犹豫片刻，还是决定修改，尽量将"good relationship"这层意思译出。

……人们之间<u>美好的关系</u>形式有很多种，并非只有浪漫的爱情这一种。

原译：就信息理论而言，"注意间距"相当于"降低噪音"。

原文：In information-theory terms, minding the gap thus corresponds to reducing "noise". (Chapter 5, MT)

思维过程与修改轨迹：

<u>用信息理论的术语来说</u>，"注意间距"相当于"<u>减噪</u>"。犹豫片刻，还是

决定将原文中的"terms"译出。

原译：经由越来越多的真实情境体验,学员不仅开始识别已然界定过的关联情境特征,而且包括未曾界定过的关联情境特征。这些未曾界定的关联情境特征,尽管它们与手头的翻译任务密切相关,事实上,指导翻译的人和学习翻译的人都可能未曾对它们做过明确界定。这种更为高级的识别,基于学员对照以前例子发觉其中相似性的能力。

原文：After more experience of real situations, trainees begin to recognize not only relevant situational features that have been previously defined but also ones that have not been so defined; these may even be such that neither instructor nor learner can in fact define them explicitly, although they are mainfestly relevant to the task at hand. This more advanced kind of recognition is based on the trainee's ability to perceive similarity with prior examples. (Chapter 6, *MT*)

思维过程与修改轨迹：

经由越来越多的真实情境体验,学员不仅开始<u>认识到以前已经定义的相关情境特征,而且还认识到那些未被定义的特征</u>……见到原文,第一反应是仿照原文句序翻译,但发现这样翻出的译文不够简洁。

经由越来越多的真实情境体验,学员<u>开始认识到已然定义的、未定义的相关情境特征</u>;这些特征甚至可能是指导者和学习者都无法明确定义的,尽管它们与手头的任务密切相关。要掌握这种更高级的识别能力,学员首先要能对照先例并识别其间的相似性。

<u>经过越来越多的实战体验</u>,学员开始认识到<u>一些相关情境特征,这些特征有的先前已被阐明,有的尚未被阐明。尽管这些未被阐明的特征与手头的翻译任务密切相关,但翻译的指导者和学习者可能都无法将其阐明</u>。要掌握这种更高级的识别能力,学员首先要能对照先例、识别其间的相似性。此句抽象论述较密集,为使阅读更轻松,加上顿号,但这里顿号的使用并不严谨。

原译：学习者不再只是对界定的或非界定的一系列情境特征做出反应,而是不知不觉地对这些特征进行分类,从而对必要的行为做出选择,即解决问题。

原文：The learner is no longer simply reacting to a defined or undefined set of situational features, but overtly ranking these features and drawing conclusions about requisite action: in a word, solving a problem. (Chapter 6, *MT*)

思维过程与修改轨迹：
学习者不再只是对界定的或非界定的一系列情境特征做出反应，他们分明在对这些特征进行分类，从而对必要的行为做出选择，即解决问题。原译将"overtly"处理成"不知不觉地"，是不是译者因视觉疲劳而将"overtly"误看作"covertly"？

原译： 就像行为在直觉理解和理性的、故意的行为之间摇摆，不断地在"技巧性世界"和"非技巧性世界"之间轮换。
原文： It is as if the proficient performer wavers between intuitive understanding and rational, deliberative action, alternately involved in "the world of the skill" and detached from it. (Chapter 6, *MT*)

思维过程与修改轨迹：
就像行为在直觉理解和理性的、审慎的行为之间摇摆，不断地在"技巧性世界"和"非技巧性世界"之间轮换。原译者可能因视觉疲劳将"deliberative"误看成了"deliberate"。

原译： 如作者所言，如果的确出现深思，不是出于解决问题，而是对自己的本能进行反思。专家行为是超越分析的理性，老谋深算（calculative）的理性。
原文： If any deliberation does occur, the authors say, it is not a matter of problem-solving but rather "critically reflecting on one's intuitions"(32). Expert performance is beyond analytical, "calculative" rationality. (Chapter 6, *MT*)

思维过程与修改轨迹：
如果译者审慎思考什么问题，可能并不是为了解决问题，而是反思自己的直觉……暂停校译下文，回读，再改。
如果译者审慎思考什么，可能并不是为了解决问题，而是琢磨自己的直觉……感觉"琢磨"并未比原译的"反思"更好。删除前之改文中"什么"后面的"问题"。
如果译者审慎思考什么，可能并不是为了解决问题，而是反思自己的直觉。专家的思考超越了条分缕析、深思熟虑(calculative)的理性。

原译：对我论述的超模因有一个清晰的意识，就能有效地监督、调节整个翻译事务中的各种协调关系。

原文：An awareness of what I called supermemes stakes out the basic co-ordinates of the whole business of translation. (Chapter 6, *MT*)

思维过程与修改轨迹：

认识我所说的超模因，就可以清晰地标注整个翻译行业的基本坐标。试图将译文修改得更简洁，同时将"basic co-ordinates"如实译成"基本坐标"。

原译：因此，低水平的决定往往更为自动化，甚至更为无意识，任由监控思维聚焦于翻译任务中哪些更为综合的方面。

原文：Lower-level decisions are then made more automatically, unconsciously even, leaving the mental monitor free to focus on more global aspects of the task. (Chapter 6, *MT*)

思维过程与修改轨迹：

意识参与度较低的决策会更加自动化，甚至更加无意识化，从而使思维可以跟踪更宏观的任务。试图将译文修改得更符合原文意思。

原译：吉尔(Gile, 1994)也提出过类似观点，强调聚焦翻译过程而非翻译产品的有用性，不仅体现于培训，而且也体现于提供反馈或评估，尤其是早期培训阶段。

原文：Gile(1994) makes a similar point, stressing the usefulness of focusing on the translation process rather than the product, both in training and in feedback or assessment, particularly during the early phases of training. (Chapter 6, *MT*)

思维过程与修改轨迹：

吉尔(Gile, 1994)提出了类似的观点，强调在培训、反馈或评估中，特别是在培训的早期阶段，注重翻译过程而不是产品结果，这才有用。稍微调整句序，试图使译文衔接更自然。

原译：但毫无疑问，我在翻译同一句话时，根据不同的语境，我还是进

265

行了不同的翻译。

原文：But I would of course translate the same sentence rather differently in a different target context. (Chapter 6, *MT*)

思维过程与修改轨迹：

当然,假如目标语境不同,我翻译这同一句话的方式也会大不相同。试图使译文更契合原文语意。

原译：第三种方法,针对完美的原文与译文关系已有的假设进行考察。在某些翻译中,原文和译文的关系显然并不完美。

原文：A third approach is to examine stated assumptions about the desired source-target relation that are clearly inappropriate in certain cases. (Chapter 6, *MT*)

思维过程与修改轨迹：

第三种方法是检查针对原文和译文间理想关系的已有假设,但在某些情境中,这些假设明显不合适。原文"that"后面"be"动词的复数形式"are"说明,该从句是进一步说明"stated assumptions"的。

原译：通过按顺序从一种观念过渡到另外一种观念,学员甚至可能会对翻译本质上存在的共存差异产生一种互补感。

原文：By swinging from one viewpoint to another, in an ordered succession, trainees may even acquire a sense of the complementarity, of the co-existence of differences, which lies at the very heart of translation. (Chapter 6, *MT*)

思维过程与修改轨迹：

在从一种观点有序转向另一种观点的过程中,学员甚至可能会感觉到互补性、差异的共存性,而这正是翻译的核心。试图使译文更契合原文语意。

原译：他们的翻译策略基于两种变相的释义:第一种释义根据源语文本的句子或某个部分引出,第二种相似的释义依据目的语引出。

原文：Their approach to translation is based on two sets of paraphrased variants: paraphrases are first elicited for a sentence or section of the source text, and then a second set of similar paraphrases is elicited in the target language. (Chapter 6, *MT*)

思维过程与修改轨迹：
他们的翻译策略源自两轮释义的演变：首先（用源语）对源语文本中的句子或部分内容释义，然后用目标语对以上释义再进行释义。试图使文字的衔接更自然。

原译：正如对规范的描述性研究一样，对伦理的描述性研究仅仅是为了描述一个看似真实的案例，并不对学者认为该案例应该如何抱有任何先入之见。

原文：Like descriptive research on norms, descriptive research on ethics simply aims to describe what appears to be the case; no stand is taken about what the scholar thinks should be the case. (Chapter 7, *MT*)

思维过程与修改轨迹：
正如对规范的描述性研究一样，对伦理的描述性研究仅仅旨在描述所见，但学者不置可否，不说应该怎么做。"What appears to be the case"该怎么译？"看上去是那个样子""看上去是那么回事"？总感觉处理起来比较棘手；经常是这类看起来很简单的文字让笔者反复思虑。

正如对规范的描述性研究一样，对伦理的描述性研究仅仅旨在描述实际情况，至于实际本应如何，学者不置可否。

正如对规范的描述性研究一样，对伦理的描述性研究也仅旨在描述实际情况，至于实际本应如何，学者不作评论。

原译：通过对存在或者普世性的普遍性逻辑进行类推，我们现在可以引入具有规范性的操作人 O。"O"表示"义务（obligation）"或"应当（ought）"。它标志着某种规范的存在。

原文：On the analogy of the standard logical quantifiers of existence or universality, we can now introduce the normative operator O, for "obligation" or "ought". It marks the existence of a norm. (Chapter 7, *MT*)

思维过程与修改轨迹：
类似于存在或普遍性的标准逻辑量词，我们现在可以引入规范运算符 O。"O"表示"义务（obligation）"或"应当（ought）"。它标志着某种规范的存在。此处修改时尽量使用术语约定俗成的译法。

原译：那么，公式 Op 就意味着有义务以 P 描述的事态发生方式采取行动。

原文：The formula Op then means that there is an obligation to act in such a way that the state of affairs described by p comes about. (Chapter 7, *MT*)

思维过程与修改轨迹：
那么，公式 Op <u>表示有义务采取某种行动，使 p 描述的事态出现</u>。

原译：我之所以认为制约期待规范的价值在于清晰，仅仅是因为清晰有助于更为便捷地处理信息。

原文：I suggest that the value governing the *expectancy norms* is that of clarity, simply because clarity facilitates processing. (Chapter 7, *MT*)

思维过程与修改轨迹：
我之所以认为<u>清晰这一准则对其他一切期待规范都有影响</u>，仅仅是因为清晰有助于更为便捷地处理信息。

我之所以认为<u>清晰这一准则统辖其他一切期待规范</u>，仅仅是因为清晰有助于更为便捷地处理信息。

我之所以认为清晰这一准则<u>的重要性凌驾于其他一切期待规范之上</u>，仅仅是因为清晰有助于更为便捷地处理信息。修改后感觉其实不改似乎更好。

原译：……同一个人，在不同的照片中依然具有"真实的相似"这一特性。

原文：... many different photos may all be equally true resemblances of the same person. (Chapter 7, *MT*)

思维过程与修改轨迹：
……<u>不同的照片是对同一个人真实的近似呈像</u>。试图将文字修改得更易理解。

原译：有些家族的相似之处甚至可能是这样，我们根本不想把相似的文本描述成一种翻译，而是把它描述成另一种东西：例如，想想那种文学时尚，他们所追逐的文本，或依靠吞食其他文本而生存，或有赖于语内和语际的互文性而蓬勃发展。(请比较"追星小说")。

原文:Some family resemblances may even be such that we would not want to describe the resembling text as a translation at all but as something else: think for instance of the literary fashion for texts that feed cannibalistically upon other texts, thriving on intertextuality, both within and across languages(cf. fanfiction). (Chapter 7, *MT*)

思维过程与修改轨迹：

有些家族<u>相似性甚至可能使我们根本不想把相似文本描述为翻译</u>……先试将此句起首部分按照原文顺序译出，感觉句子太长，需调整结构。

<u>对于某些具有家族相似性的文本</u>，我们根本不想<u>将其描述为翻译文本</u>，而是将其描述为其他文本，比如这样的文学文本：它们通过吞食其他文本<u>生存</u>，会在语内和语际的互文性中蓬勃发展(请比较"同人小说")。

原译：首先，如果人们公认真理是一种具有调节性的价值，那么，就必须建立并维护源语和目的语之间的关系价值。

原文:First of all, if truth is agreed to be a regulative value, then the truth of the source-target relation is something that must be established and maintained. (Chapter 7, *MT*)

思维过程与修改轨迹：

首先，如果人们公认真理是一种<u>约束性价值</u>，那么，就必须建立并维护源语和目的语之间的关系价值。

首先，如果人们公认真理是一种<u>规范性</u>价值，那么，就必须建立并维护源语和目的语之间的关系价值。总觉得原译中"调节性的价值"不是很好理解，但其实也想不出更好的译法。

原译：关于译者和职业之间的互惠关系，皮姆对于其中的另一个方面也做过评论，认为只要按照我们自己的意愿在同样的情形下如何被翻译那样去翻译就可以了。

原文:A further aspect of the reciprocal relation between the translator and the profession appears in Pym's comment that maybe we should simply translate as we would like to be translated ourselves, given similar circumstances. (Chapter 7, *MT*)

思维过程与修改轨迹：

皮姆对译者和翻译职业间互惠关系的另一层面……对改文不满意，暂停校译下文，返回再改。

皮姆进一步说明了译者和翻译职业间的互惠关系……反复思考能不能将"A further aspect of the reciprocal relation between the translator and the profession"译成上面这些文字，感觉意思虽不算紧密贴合，但似乎也能接受，主要是这样表达可能更易被理解。下文"we should simply translate as we would like to be translated ourselves"感觉棘手，直译就是"我们应该像我们自己愿意被翻译那样简单地进行翻译"，这层意思很容易懂，但这话怎么说都感觉七扭八拗，佶屈聱牙，因此反复考虑如何翻译。

皮姆进一步说明了译者和翻译职业间的互惠关系。皮姆认为，换位思考、将心比心地去翻译即可。

原译： 其中的问题在于，信任只有在某种东西碰巧要消除它的时候才被视为存在。

原文： The default position is perhaps that this trust is deemed to exist *unless* something happens to dispel it.（Chapter 7，*MT*）

思维过程与修改轨迹：

默认立场也许是这样的：这种信任被认为是存在的，**除非**发生什么将其消除。试图按照原文句序来翻译，但读来别扭。

除非有什么情况会消除信任，否则人们默认信任存在。

原译： ……社会的发展，也是基于逐渐消除明显的不公正，基于"零碎的工程"，而非建立于一些假定的理想体系。

原文： ... society develops by gradually getting rid of obvious injustices, by "piecemeal engineering", rather than by setting up some presumed ideal system.（Chapter 7，*MT*）

思维过程与修改轨迹：

……社会通过逐渐消除明显的不公正、通过"渐进社会工程"发展，而不是通过建立设想的理想系统发展。修改"piecemeal"的译文，使之更贴近原文语意，同时试图将译文修改得更利于读者理解。

原译：……无论如何，对那些已经快乐无比的人，根本不需要增进他们的道德诉求。但是，人类痛苦的存在，的确会产生明显的道德诉求。

原文：… there is no moral appeal to increase the happiness of someone who is quite happy anyway, but the existence of human suffering does make a clear moral appeal for help. (Chapter 7, *MT*)

思维过程与修改轨迹：

笔者此处先试图弄清原文的意思，大概是"让幸福的人更加幸福，这不是道德诉求；但人类的痛苦确实有道义的诉求，需要帮助"，但这么说似乎过于学究气，把本来比较通俗易懂的意思用"道义的诉求"这样抽象的语言表达，意思反而不明朗，因此准备辅以阐释性翻译，给出以下两种改文，供原译者参考。

（改文一）……<u>不管怎样，我们没有义务锦上添花、要让幸福的人更加幸福。但是，从道义上来讲，对人类存在的痛苦，我们确实需要雪中送炭。</u>

（改文二）……<u>不管怎样，并没有道义驱使我们要让幸福的人更加幸福。但是人类存在的痛苦却需要帮助，这是道义的诉求。</u>

原译：……波普认为，如果我们因此而对我们的哲学和伦理要求作出负面的表述，它会增加伦理概念的清晰度。

原文：… it adds to ethical clarity, says Popper, if we thus formulate both our philosophical and ethical demands negatively. (Chapter 7, *MT*)

思维过程与修改轨迹：

……波普认为，如果我们<u>从反面来阐述</u>我们的哲学和<u>道德需求，伦理的概念会更清晰</u>。笔者也不确定将"negatively"改成"从反面来阐述"是否更契合原文语意，但思来想去，原译"作出负面的表述"好像又无法"增加伦理概念的清晰度"，因此决定修改。

原译：例如，在讨论如何运用成分分析的方法来翻译参考性内容时，奈达（Nida，1969：492）使用了一些充满意象的词语，比如"行李箱"，"指示义容器"等。由此而言，其关键在于行李应该"妥妥帖帖、毫无损害"地抵达目的地。

原文：Nida (1969：492) uses the image of words being like suitcases of clothes, containers for components of denotative meaning; what then matters is that the clothes should arrive at their destination "in the best possible condition, i.e. with the least damage". (Chapter 7, *MT*)

思维过程与修改轨迹：

例如，在讨论如何运用成分分析的方法来翻译参考性内容时，奈达(Nida，1969:492)使用了一些意象，比如使用了"衣服的手提箱"、"盛放组件的容器"等词的象征意义。由此而言，其关键在于行李应该"妥妥帖帖、毫发无损"地抵达目的地。思考片刻，决定将"with the least damage"改成"毫发无损"，但其实此处笔者想换用其他的词语表达完好之意，比如"完好无损"等词，但此处笔者可能受到原译"毫无损害"一词影响，希望换用的词语修改幅度尽可能小一些，"毫发无损"和"毫无损害"只有两个字的差别，因此选用该词。

原译：因此，译者实际上需要尽力消除误解。通过尽量地消除误解，译者扩大了读者群，使得那些没有机会接触原作的读者参与和原作的沟通。

原文：In so doing, the translator also extends the readership and thus diminishes the number of potential receivers who remain excluded from the communication, deprived of the chance to understand. (Chapter 7, *MT*)

思维过程与修改轨迹：

这样的话，译者也扩大了读者群，减少了被排除在交流之外、被剥夺了理解机会的潜在接收者的数量。试图依照原文句序译出文意，但译后感觉原文表达亦稍烦冗，准备进行较大幅度的修改。

译者这样做，就扩大了读者群，使更多的潜在接收者有机会交流、理解。笔者也犹豫这样翻译会不会被指摘不忠于原文，但是反复确认原文即此意，为读者理解方便，最终决定维持修改。

原译：同样令人奇怪的是，文件提及了译者对原作者的义务，也提及了译者对宽泛意义上翻译职业的义务，却未以同样的方式明确表明译者对译文读者的义务。

原文：It is surprising, too, that the translator's obligations to the original writer are mentioned, and also to the translator profession at large, but obligations to the readers of a translation are not highlighted in the same way. (Chapter 7, *MT*)

思维过程与修改轨迹：

同样令人奇怪的是，文件提及了译者对原作者<u>以及整个翻译行业的义务</u>，<u>但却未同等重视</u>译者对译文读者的义务。修改了原译中关于"at large"的译文。

原译： 一方面，人们必须在语言使用的惯例中做出选择，另一方面，人们也有责任采取解放话语实践，做出某种改变。

原文： People have to choose between conventional language use on the one hand, and practising emancipatory discourse with its commitment to some sort of change on the other. （Chapter 7，*MT*）

思维过程与修改轨迹：

参看 DeepL 译文：人们必须在传统的语言使用和实践解放性话语及其对某种变革的承诺之间做出选择。

<u>人们要么使用传统语言，要么使用旨在作出某种变革的解放性话语</u>。此处改文受 DeepL 译文影响较大。

原译： ……翻译契约是由译者作为接受者与译者作为输出者订立。所以，翻译的对话是自己与自己的对话。

原文： ... the contract is between translator-as-receiver/interpreter and translator-as-utterer. Between the two halves of this single self, there therefore must be a dialogue. （Chapter 7，*MT*）

思维过程与修改轨迹：

……翻译契约是由<u>作为接受者（或阐释者）的译者和作为输出者的译者订立的</u>。所以，<u>在译者的这两种身份之间</u>，一定有某种对话。原译"翻译的对话是自己与自己的对话"更好理解，但笔者反复思考，最终还是决定为忠于原文作出修改。

第二节　忠实过度的问题

笔者在修改中经常会因为希望忠于原文而对原文亦步亦趋，过于小心翼翼，这也可能与笔者的认知有关：亦步亦趋忠于原文的译文有时虽不够辞贯圆通，但却不易因为遗漏原文要素而被指作翻译硬伤。基于此种指导思想，笔者在修改时会不自觉地出现过分拘泥于原文、束手束脚的情况,具体见下文。

原译:功能学派的这种未曾言明的事实和许多强势的社会、商业机构的经济利益休戚相关。
原文: The non-dit behind the functionalist approach is very much allied to the economic interests of very powerful social and business institutions. (Chapter 3, CTT)
思维过程与修改轨迹:
功能学派的这种<u>隐晦动机</u>和许多强势的社会、商业机构的经济利益<u>联系在一起</u>。
功能学派的这种隐晦动机和许多强势的社会、商业机构的经济利益<u>紧密联系在一起</u>。笔者作此修改时,认为与原译中的"休戚相关"相比,原文"is very much allied to"与"紧密联系在一起"意思更贴合,但这实属笔者放大了对语词的感觉、过分拘泥于原文的结果。原译"休戚相关"使用到位,效果较好,本不应修改。

原译:纽伯特引进了一个新的术语——"译者相对性"(translatorial relativity),允许译者将原文"创造性地"转换为译文。
原文: Neubert introduces the term "translatorial relativity" in the reconstruction process, allowing for a "creative" process of transfer from the source text to the target text. (Chapter 3, CTT)
思维过程与修改轨迹:
纽伯特考虑到源语文本到目标语文本<u>中</u>的"创造性"转换,提出了一个新的术语"译者相对性"。
纽伯特考虑到<u>从</u>源语文本到目标语文本中的"创造性"转换,提出了"译者相对性"这一新术语。
纽伯特提出了"译者相对性"这一新术语,考虑<u>到了</u>从源语文本到目标文本的"创造性"转换。同时去掉前之改文中的"中"字。实际上笔者此处为了忠实而过于拘谨,前之改文读来反而更通畅些。

原译:布洛克总结道:"我们可以和勒菲弗尔一样说,'只有源文本的交际价值,它的时空和传统元素,都在目标文本中用最接近的等值物进行了替换',翻译才能说是完全的"。

原文：Van den Broeck concluded, "It is therefore right to say with Lefevere that a translation can only be complete, 'if and when both the communicative value and the time-place-tradition elements of the source text have been replaced by their nearest possible equivalents in the target text'". (Chapter 4, *CTT*)

思维过程与修改轨迹：

布洛克总结道："<u>因此，与勒菲弗尔一样，我们可以说</u>，'只有源文本的交际价值<u>、</u>它的时空和传统元素都在目标文本中用最接近的等值物进行了替换'，翻译才能说是完全的"。去掉原译中"传统元素"后的逗号，同时把原译未译出来的"therefore"也补上，实际上加不加本无所谓，可见笔者对原文忠实得有些过于谨小慎微了。

原译：有必要将翻译文学纳入到多元系统中。这种情况鲜被提及，但任何对文学历史进行观察的人都无法否认翻译文本的重要影响，以及它们在特定文学共时和历时研究中所起到的作用。

原文：It is necessary to include *translated literature* in the polysystem. This is rarely done, but no observer of the history of any literature can avoid recognizing as an important fact the impact of translations and their role in the synchrony and diachrony of a certain literature. (Chapter 5, *CTT*)

思维过程与修改轨迹：

有必要将翻译文学纳入到多元系统中。<u>很少有人这么做，但任何文学历史的观察评论者</u>都无法否认翻译文本的重要影响，以及它们在特定文学共时和历时研究中所起到的作用。笔者一开始将"observer"译成"观察者""观评者"，最后改成"观察评论者"，只为确保译文尽可能完全涵盖"observer"在此处的所指。

原译：……从文学角度来看，功能元素总是被认为不如原文的文本特征来得那么具备活力或创新性。

原文：... from a literary point of view, the functional elements can invariably be judged as less dynamic or innovative than the source text's features. (Chapter 5, *CTT*)

思维过程与修改轨迹：

……从文学角度来看，功能元素<u>的活力和创新性</u>总是被认为不如<u>原文本</u>。

……从文学角度来看，功能元素的活力和创新性总被认为<u>弱于</u>原文本。同时去掉前之改文中的"是"字。

……从文学角度来看，<u>人们始终认为</u>，功能元素的活力和创新性<u>不如</u>原文本。

……<u>文学视角的观点始终认为</u>，功能元素的活力和创新性不如原文本。

……<u>持文学视角的观点始终认为</u>，功能元素的活力和创新性不如原文本。此处笔者被画线部分的原文牢牢拘囿，改文过度忠于原文，译文提交后笔者才发现，自己竟然译出"持文学视角的观点始终认为"如此文不从字不顺的语句，简直不敢相信。原译此处本不必修改。可见有时要与原文保持一定的时间距离，将原文和译文放置一段时间，自己再来查看，可能会获得更全面的视角，做出更客观的判断。

原译： 德曼谈到原著中某些地方是"十分明确的"，但译者们却未能理解本雅明，没有"弄懂"。

原文： De Man talks about the original being "absolutely unambiguous" in places and says that the translators have trouble following Benjamin, that they do not "get it". (Chapter 6, *CTT*)

思维过程与修改轨迹：

德曼<u>认为</u>原著中某些地方是"十分明确的"，但译者们却<u>跟不上本雅明的思路</u>，<u>不"懂"</u>。文稿提交后发现，此处笔者对画线部分的处理过于拘泥于原文，此处原译挺好，本不必修改。

原译： 这类翻译的句子分布特征，不是对称的钟形曲线，而是不对称曲线，表明过度使用了短句或长句。但也可能有另外一种假设，我们也可能发现大量中规中矩的标准化句型，长度均匀，很少太短或太长的句子。

原文： Instead of a symmetrical bell curve the translations might show a skewed curve, showing an over-use of short or long sentences. But a more likely hypothesis is that we would find instances of normalization, showing over-use of the central, average range, and under-use of the two extremes. (Chapter 3, MT)

思维过程与修改轨迹：
这类翻译的句子分布特征，不是对称的钟形曲线，而是偏态曲线，表明过度使用了短句或长句。但更常见的是对标准句型的过度使用，这些句长均匀，很少会太短或太长。

这类翻译的句子分布特征，不是对称的钟形曲线，而是偏态曲线，表明过度使用了短句或长句。但我们更可能会看到一些常态句型，对标准句型过度使用，句长均匀，很少会太短或太长。感觉"hypothesis（假说）"一词的含义可以借由译文中的"可能"一词体现，所以未单独翻译该词。此处改文不如前之改文简洁，修改时有点拘泥于原文。

原译： 也就是说，如果特定文化中的其他成员接受他们的翻译行为，或者更具体地说，特定文化中被其他有能力做出判断的成员认可的成员接受他们的翻译行为，那么，他们就属于"有能力的职业译者"这一范畴或者子集。

原文： That is, translators belong to the subset of "competent professionals" if they are acknowledged to do so by other members of their culture(or perhaps, more specifically, by members who are themselves acknowledged by yet other members as having the ability to make this evaluation). (Chapter 3, MT)

思维过程与修改轨迹：
也就是说，如果译员被其文化中的其他成员接受，被认为是"称职的职业译者"（或者更具体地说，得到已获其他成员认可、有能力评判的成员的肯定），他们就属于"称职的职业译者"。此处本打算使用原译的句法结构。

也就是说，在特定文化中，他们的翻译行为被其他成员接受，或者更具体地说，他们的翻译行为得到了该文化中其他有能力评判的成员认可，那么，他们就属于"称职的职业译者"这一范畴或者子集。此处仍尽量在形式上沿用原译风格，去除前之改文中添加的括号；"the subset of（范畴）"本不打算译出，因为此语含义可借由"belong to（属于）"一词共现，但最终为尽可能忠于原文，还是译出，并沿用原译。

第四章　校译中遇到的其他问题举隅

译文修改过程中还需考虑诸多其他因素，这些因素至少对笔者施加着精神影响。如前所言，笔者对译文的修改需考虑译者的资历和身份，译者本身是资深大家，笔者就不便更不必多作修改。此外，译者的专业也会影响笔者对译文的修改方式，如果译者是中文专业的，笔者在修改时一定会不自觉地认为译者对汉语特别敏感，从而更加关注译文是否符合汉语习惯，特别会注意汉语的措辞是否精当，尽可能少出现佶屈聱牙的译文；而如果译者是英文专业出身，笔者则会不由自主地将注意力多集中于是否将原文语意忠实译出，而对于汉译表达中的一些微瑕则可能忽略不计。当然，在大多数情况下，笔者都尽力心无旁骛，不受这两方面的影响。这可以说是笔者投译者所好的一种做法，并不利于译文的质量把控，因此并不推荐，但实际上这种影响并不是笔者有意识地控制能够避免的。

此外还有一些细节亦需注意，比如笔者在修改时需使用修改标记，这样可使译者清晰看出笔者改于何处。但这也需要注意一个问题，即夹杂着红色修改标记的文字对阅读而言并不友好，有时改后文字可能并不通顺，但却很可能受到修改标记的干扰，使笔者误以为很通顺，因此在修改之后，笔者需在不带修改标记、无视线干扰的版本中查看自己的改文是否通顺。凡此种种，都是在译文修改过程中可能会遇到、需要解决的问题，不再逐一列举。

以下仅列举在修改中出现的其他几类问题。

第一节　理解不透彻之阙

笔者才疏学浅，阅读名家著作时，必然会遇到超出自己认知的原文，往往在有限的时间内虽多方问询亦未获解，如此，笔者对这部分原文的理解并无把握。对原文不理解、对原文理解不透彻的发生概率其实并不低，但通常情况下，笔者初见令自己难以参透的原文，多读两遍，再借助不同的工具,基本可以解决问题。但有些原文的文字本身及其所涉内容远远超出笔者的认知范围,笔者凭自身学识无法理解,求诸学养深厚的博学之士、专业之才,也未必能迎刃而解,只能罗列在此,敬请读者批评指正。

原译:虽然某些实践者远离"解构"这一术语,而倾向于使用"翻译创新学派(affirmative productivity)",但是为了表述的明晰,我还是会用解构这一说法。

原文:While certain practitioners distance themselves from the term "deconstruction" in favor of "affirmative productivity", for the sake of clarity I will use the term deconstruction. (Chapter 6,*CTT*)

思维过程与修改轨迹:

<u>尽管某些从业者</u>远离"解构"这一术语,<u>偏好用"积极生产率"来表达,但为清楚起见,我仍将使用"解构"一词</u>。译者把"affirmative productivity"译成"翻译创新学派",笔者没想明白该错误发生的原因,担心自己理解有误,因此反复思考。译者在面对浩繁的文本时,有时候因为视觉出现差错、长时间翻译产生疲劳感会出现自己也难以理解的错误。笔者校译时也同样会出现莫名其妙的错误。

尽管某些从业者<u>因为偏好"积极生产力(affirmative productivity)",因此</u>远离"解构"这一术语,但为清楚起见,我仍将使用"解构"一词。

尽管某些从业者因为偏好"<u>积极生产</u>(affirmative productivity)",因此远离"解构"这一术语,但为清楚起见,我仍将使用"解构"一词。笔者将这里的"affirmative productivity"译成"积极生产",同时做好标注,请原译者关注后文中含"affirm"等词、与此处"affirmative"词义有关联的译文。但实际上笔者对"affirmative productivity"并不完全理解,也不知道这样翻译是否可行。

原译:例如,在"Annona gebroren aroostokrat Nivia, dochter of Sense and Art, with Spark's pirryphlickathims funkling her fran",这个短语中,乔伊斯消除了所有对拉丁语、德语和希腊语的指涉,他写道"Annona genata arusticrata Nivea, laureolata in Senso e Arte, il ventaglio costellato di filettanti"。

原文:For example, in the phrase "Annona gebroren aroostokrat Nivia, dochter of Sense and Art, with Spark's pirryphlickathims funkling her fran", Joyce eliminates all reference to Latin, German, and Greek and writes "Annona genata arusticrata Nivea, laureolata in Senso e Arte, il ventaglio costellato di filettanti". (Chapter 6, *CTT*)

思维过程与修改轨迹：

例如，<u>对于</u>"Annona gebroren aroostokrat Nivia, dochter of Sense and Art, with Spark's pirryphlickathims funkling her fran", <u>这一表述</u>，乔伊斯<u>去除</u>了所有对拉丁语、德语和希腊语的指涉，他写道"Annona genata arusticrata Nivea, laureolata in Senso e Arte, il ventaglio costellato di filettanti"。原文引号中的内容，笔者只能根据自己能看懂的词汇支离破碎地猜测大致意思，但并无把握；参看机器翻译的译文，也不确定其译文是否准确；请教懂相关语种的专业人士，也未能得到确凿答案。

原译：通过让语言自己言说，海德格尔发现"词暗指了在(is)与作品(work)之间的关系，这里的在是不存在的在，作品也是非在者的作品"。

原文：What is revealed to Heidegger by letting language speak for itself is that "the word implies the relation between the 'is' which is not, and the work which is in the same case of not being a being". (Chapter 6, *CTT*)

思维过程与修改轨迹：

通过让语言自己言说，海德格尔发现"词暗指了'是'（实为'非'）与作品（<u>亦为'非在'</u>）之间的关系"。

通过让语言自己言说，海德格尔发现"词暗指了'是'（实为'非'/<u>'不是'</u>）与作品（亦为'非在'/<u>'不是存在'</u>）之间的关系"。

通过让语言自己言说，海德格尔发现"词暗指了<u>不在的'在'</u>与<u>同样不是存在的作品</u>之间的关系"。笔者才疏学浅，力有不逮，感觉此处无论如何修改都吃力不讨好；无论怎么解释，译文都晦涩难懂。虽求教于哲学专才，却未能求教于研究海德格尔的专家，最终在有限的时间内，未完全疏通此处文字，译文改来改去，仍不知所云。

原译：斯皮瓦克认为，后殖民主义研究和后殖民主义翻译可以结合起来消除她称之为"大规模的历史多重转喻(massive historical metalepsis)"的东西，并且可以通过展示西方话语影响他们理解自身的方式来重新定位殖民主体。

原文：Spivak argues that postcolonial scholarship and translation can combine to undo what she calls a "massive historical metalepsis" and can re-situate the colonial subject by showing the effect of Western discourse upon their understanding of themselves. (Chapter 6, *CTT*)

斯皮瓦克认为,后殖民主义研究和后殖民主义翻译可以结合起来,消除她称之为"大规模的历史越界干涉/取代(massive historical metalepsis)"的对象,并且可以通过展示西方话语影响他们理解自身的方式来重新定位殖民主体。

斯皮瓦克认为,后殖民主义研究和后殖民主义翻译可以结合起来,消除她称之为"大规模的历史越界干涉/取代(massive historical metalepsis)"现象,并且可以通过展示西方话语影响他们理解自身的方式来重新定位殖民主体。笔者并不理解原文中的"massive historical metalepsis",在有限的时间内也未能下功夫查找到有助于理解的资料。

原译：然而,并非任何违反规范的问题都同样重要,有些甚至为人所期待。

原文：However, not all instances of norm-breaking are equally important, and some might even be desirable. (Chapter 5, *MT*)

思维过程与修改轨迹：

然而,并非所有违反规范的问题都同样糟糕,有些反而如人所愿。本句原文令人费解,至少笔者未完全明白其逻辑。本句前后句意之间的递进关系不合逻辑,笔者怀疑"important"或为"imperfect"之误,所以罕见地违拗原文,将"important"译成了"糟糕"。当然,这更可能是由于笔者没看懂此处作者的逻辑。

第二节 援引不精确之疏

原文作者虽是名家,笔底珠玑,但洋洋数十万言,难免偶现疏失,遇到此种情况,是将出现疏失的原文照样译出,还是补充说明？这些亦需根据具体情境决定。当遇到疑似原文疏漏时,笔者第一反应必然是怀疑自己是否理解错误,然后或反复阅读理解,或查证可靠资料,确定原文究竟是否存在疏漏。实际上,最理想的方法应当是和原作者沟通,确认原译是否有误、笔者理解是否有误,但由于种种限制,笔者并未尽此方法去处理,因此这是笔者之失。

原译:塔切蒂翻译了玛丽·沃斯通克拉夫特·雪莱(Mary Wollstonecraft Shelley)的《不朽的凡人》(*The Immortal Mortal*),韦奴蒂对其译文的分析特别具有洞察力。

原文:Venuti's analysis of Tarchetti's translation of Mary Wollstonecraft Shelley's "The Immortal Mortal" is particularly insightful. (Chapter 2, *CTT*)

思维过程与修改轨迹:

塔切蒂翻译了玛丽·沃斯通克拉夫特·雪莱(Mary Wollstonecraft Shelley)的《不朽的凡人》(*The Immortal Mortal*),韦<u>努</u>蒂对其译文的<u>分析很有见地</u>。

塔切蒂翻译了玛丽·沃斯通克拉夫特·雪莱(Mary Wollstonecraft Shelley)的<u>《终有一死的永生者》</u>("*The Mortal Immortal*"),韦努蒂对其译文的分析很有见地。此处笔者读到玛丽·雪莱的作品名,感觉与自己记忆中的该作品名存在差别,于是查证作品,发现作者根茨勒引证出错,玛丽·雪莱的作品名不是 *The Immortal Mortal*,而是 *The Mortal Immortal*。

塔切蒂翻译了玛丽·沃斯通克拉夫特·雪莱(Mary Wollstonecraft Shelley)的<u>《不朽的凡人》</u>("*The Mortal Immortal*"),韦努蒂对其译文的分析很有见地。

原译:那么,在奈达看来,如果不用普遍接受的语言学方法,意义又将如何确定呢?在《翻译科学探索》中的"对译者的基本要求(Basic Requirements of the Translator)"这一节里,奈达如是写道……

原文:How, according to Nida, then is meaning to be determined, if not by accepted linguistic methods? In a section called "Basic Requirements of the Translator" Nida writes … (Chapter 3, *CTT*)

思维过程与修改轨迹:

此句中,发现引号中若用"of",文意不对,因此查证原文所引内容,发现作者在原文中引用时出错,故笔者此处向译者作出书面说明如下:"查证原文,发现作者引用疏漏,奈达原文使用的介词为'for',此处是加注解释,还是直接改掉,请酌定。"

原译：他再次提及列维的《翻译是一个抉择过程》(1967)，认为翻译涉及选择，而每个决定又会对其他决定产生影响。

原文：Referring again to Levý's "Translation as a Decision Making Process" (1967), Holmes argued that translation involves decision-making, and one decision affects each other decision. (Chapter 4, *CTT*)

思维过程与修改轨迹：

此处原文列出的标题与前文有出入，原译也未统一，故笔者向译者作出书面说明如下：

1. 此标题译文与前译（本章 24 页该标题译文）不一，请留意统一；

2. 此与译者第三章中的"译注 2"①矛盾。若使用此处译文，需删除第三章中译注 2 的相关内容；

3. 作者于本章前文引此标题时（"Much influenced by Jiří Levý's article, 'Translation as a Decision Process'(1967)"），标题中未见"Making"，是否注释说明，请酌定。

原译：早在 1952 年坎波斯兄弟就成立了 Noigrandres 小组并创办了同名期刊，领导了一场巴西有关当代法语和英美实验性诗歌和理论的运动。"Noigrandres"一词是从庞德《诗章》的第二十章创造而来，在这一章中庞德努力要破译一个普罗旺斯表达，"Noigandres, eh noi ganders!"

原文：As early as 1952, the de Campos brothers founded the Grupo *Noigrandres* with a journal under the same name, leading a Brazilian movement in contemporary French and Anglo-American experimental verse and theory. "*Noigrandres*" is coined from Pound's Canto XX, in which Pound is struggling to decipher one Provencal term, "Noigandres, eh *noi* gandres/Now what the DEVIL can that mean!" (Chapter 7, *CTT*)

思维过程与修改轨迹：

早在 1952 年,坎波斯兄弟就成立了"柔歌(*Noigandres*)"小组,并创办了同名期刊,<u>引领了巴西当代法国和英美实验诗歌与</u>理论的运动。"柔歌(*Noigandres*)"一词是庞德<u>在</u>《诗章》第二十章中<u>生造</u>而来,在这一章

---

① 译者在第三章中给出的译注 2 对"n. as n."的译文作了较详细的说明，但此处译者对此类结构的译文处理与译注中所阐明且秉持的原则矛盾。详见该书第 27 页脚注。

中,庞德努力要破译一个普罗旺斯词语,"Noigandres,哦,*noi gandres*!/这玩意儿到底什么意思?"笔者发现此处原文中的"Noigrandres"和自己记忆中的"Noigandres"有别,且原文对该词的写法前后不一,于是查阅作者根茨勒纸质版原文,①发现作者对"Noigandres"的写法确实和此处一样,前后矛盾;于是再作核实,确认该词本应为"Noigandres";《西方翻译理论通史》②中将其译为"柔歌",笔者沿用此译,但《西方翻译理论通史》中亦将该词误作"Noigrandres"。

第三节 沟通不到位之失

即便笔者将校译文字呈递给译者,有时也会因为沟通不及时、不到位带来失误。比如 MT 第三章中引用的一首法语诗,笔者校译时发现原译中拷贝的法语诗歌有一部分单词缺失了开音符、闭音符,因此修改并标注,但这一信息却未能有效传递给译者,在出版的译著中,该诗中涉及有开音符、闭音符的法语单词书写仍然有误。③此类因交流不到位带来的瑕疵有时甚至显得可笑,但却实实在在地发生了,以下仅举两例:

原译:或许,与其说韦奴蒂的理论是后现代的还不如说它是现代的,他的"替代选项"仍然是在用传统的"忠实"和"自由"之辩来进行表达的。

原文:Venuti's theory may be more modernist than postmodern, and his "alternative" is still couched in the same "faithful" vs. "free" debate that has characterized translation for thousands of years. (Chapter 2,*CTT*)

思维过程与修改轨迹:

韦努蒂的理论可能更偏向现代的,而不是后现代的,他的"选择性方案"仍然囿于"忠实"和"自由"之争的思维表达,数千年来,这一争辩始终赫然蛰伏在翻译领域(或"是典型的翻译之争")。

韦努蒂的理论可能更具有现代性,而不是后现代性,他的"选择性方

---

① Gentzler, Edwin. *Contemporary Translation Studies*[M]. Shanghai: Shanghai Foreign Language Education Press, 2004:196.
② 刘军平.西方翻译理论通史[M].武汉:武汉大学出版社,2019:600.
③ 安德鲁·切斯特曼.翻译模因论——翻译理论中的观点传播[M].傅敬民,译.上海:上海外语教育出版社,2020:77—78.

案"仍然囿于"忠实"和"自由"之争的思维表达,数千年来,这一争辩始终赫然<u>盘踞</u>在翻译领域(或"是典型的翻译之争")。

韦努蒂的理论可能更具有现代性,而不是后现代性,他的"<u>另类</u>方案"仍然囿于"忠实"和"自由"之争的思维表达,数千年来,这一争辩始终赫然盘踞在翻译领域(或"是典型的翻译之争")。

韦努蒂的理论可能更具有现代性,而不是后现代性,他的"<u>另类替代方案</u>"仍然囿于"忠实"和"自由"之争的思维表达,数千年来,这一争辩始终赫然盘踞在翻译领域(或"是典型的翻译之争")。此处括号里的内容是笔者提供给译者的可选译文,笔者本来的意思是译者看到笔者的修改标记时,可以选择使用"始终赫然盘踞在翻译领域"这个略带感性色彩、稍显华丽的表达,也可选用"是典型的翻译之争"的平实表达,如何选择,译者视自己喜好而定。但由于笔者标注得不够清晰,也未作必要的解释,译者误以为此处括号里的内容也是改文的一部分,因此至译著出版,括号及其中的内容也未及时删除。这是沟通失误带来的问题,实属笔者之责。

原译:对于我来说,这就是现代普通语言学的立场,而且目前还没有发现足够的理由来改变这一立场。

原文:This seems to me to have been the position of the founders of modern general linguistics, and no cogent reason for modifying it has been offered. (Chapter 3, *CTT*)

思维过程与修改轨迹:

对于我来说,这就是现代普通语言学<u>奠基人</u>的立场,而且目前还没有发现足够的理由来改变这一立场。文稿提交后,发现此处的修改标记不知怎么消失了,所以此句的修改意见未能成功传递。

后　记

　　人类一切理性行为的最终目的都是满足自身的感性需求。
　　这里的"理性"和"感性"分别指通俗意义上所讲的理智思考与内心需求。人们希望住好房、获得高薪工作、得到第一名……其根本动力及目的，都是满足感性需求，满足内心需要的舒适感、安稳感，突破平庸从而在尘世获得成就感，等等。人们一切理性的、主动的行为都因个体内心的需求产生。
　　译者何尝不是如此。译者为何选择翻译一本书？假如这是译者的理性选择，那么这看似理性的选择，根本上服务的是译者获得成功等的感性需求；假如译者是出于兴趣爱好主动做出的选择，那么这样的选择就更受内在感性力量驱动了。译者在翻译某一句话时，为何采用这样的译文而不是其他的译文？表面上是理性的分析告诉译者，这样的译文更契合此处，但根本原因是契合的译文使译文整体质量更高，使自己离成就感更近，或使译文在读者那里更容易被接受，满足自己对价值感的追求，等等。终其整个过程，译者都受到了强大而隐性的感性需求之影响。作为译校者的笔者，在校译过程中同样受此感性影响。
　　当前人工智能迅猛发展，与日俱进，可在弹指间完成过去需译者经年累月才能完成的翻译工作，翻译质量有时甚至可能更高。而笔者完成《当代翻译理论》和《翻译模因论》的校改工作后不久，OpenAI 开发的基于大型语言模型研发的聊天机器人 ChatGPT 也于 2022 年 11 月 30 日正式发布，人工智能技术达到一个全新的高度。但无论其如何发展，技术对译者思维和心理过程的计算都无法像译者自己感知的那么真切。人类的思维发展和内心自洽永远离不开自己的感知和内视，就好比交通工具的发展使人类的出行变得越来越便捷，但人类的步行仍然有其必要性，人类不会也不能因此而不走路。

如果本书能够让读者理解内在世界和感性力量的驱动对译者、校译者笔下的译文产生的巨大影响，那么笔者也就幸运地达到目的了。

本书在写作与出版中得到上海第二工业大学的支持，在此一并表示感谢。

王世钰

2023 年 9 月 19 日

图书在版编目(CIP)数据

翻译过程显微：校译者的思维与心理活动 / 王世钰著 .— 上海：上海社会科学院出版社，2024
ISBN 978 - 7 - 5520 - 4340 - 2

Ⅰ.①翻… Ⅱ.①王… Ⅲ.①翻译—研究 Ⅳ.①H059

中国国家版本馆 CIP 数据核字(2024)第 055455 号

翻译过程显微
——校译者的思维与心理活动

著　　者：	王世钰
责任编辑：	王勤
封面设计：	杨晨安
出版发行：	上海社会科学院出版社
	上海顺昌路 622 号　邮编 200025
	电话总机 021 - 63315947　销售热线 021 - 53063735
	https://cbs.sass.org.cn　E-mail：sassp@sassp.cn
照　　排：	南京理工出版信息技术有限公司
印　　刷：	苏州市古得堡数码印刷有限公司
开　　本：	710 毫米×1000 毫米　1/16
印　　张：	18.5
插　　页：	1
字　　数：	308 千
版　　次：	2024 年 5 月第 1 版　2024 年 5 月第 1 次印刷

ISBN 978 - 7 - 5520 - 4340 - 2/H・077　　　　　　　　定价：88.00 元

版权所有　翻印必究